COLOMBO/PATRIGNANI MV AGUSTA

MARIO COLOMBO / ROBERTO PATRIGNANI

MV AGUSTA

MOTORBUCH VERLAG STUTTGART

Schutzumschlaggestaltung: Johan Walentek

Inhalt

Zur Einführung

MV Agusta folgt in der Reihe der Monographien des italienischen Verlags Libreria dell'Automobile den Marken Moto Guzzi und Gilera: eine durchaus logische Marschordnung. Moto Guzzi, der ruhmreiche, traditionsbeladene Name aus Pionierzeiten hatte den Auftakt gemacht; Gilera, die älteste italienische Firma, die heute noch am Leben ist, war Nummer 2 gewesen. Nun aber ist MV Agusta an der Reihe, ein Werk, dem es in einer kurzen, doch äußerst intensiven Lebensspanne gelang, in der Motorsportszene weltweit zum Begriff zu werden, und zwar durch eine Unzahl Erfolge, wie sie niemand anders in so kurzer Zeit hat erringen können. Drei Markennamen aus Italien, dem Land, das viel für den Motorradsport getan hat und das auch heute noch fast allein in Europa der immer stärker werdenden japanischen Invasion die Stirn bietet. Drei Symbole, die es wohl verdienen, in einer Buchreihe gemeinsam gewürdigt zu werden.

In der bunten internationalen Palette stellt MV einen vielleicht einmaligen Sonderfall dar: eine Firmengründung mit dem einzigen Ziel, ein Luftfahrtunternehmen in ein Werk mit rentabler Friedensproduktion zu verwandeln, ein Werk, das nach anfänglichen Erfolgen gegen jede Managerlogik zwar nach und nach zu großem Ruhm aufsteigt, jedoch immer weniger Gewinn abwirft, weil es mit der Zeit zwar zum Lebensinhalt, aber auch zum Spielzeug, zum Hobby seines Gründers und Inhabers, des Grafen (Conte) Domenico Agusta, geworden ist.

Es war weder das erste noch das einzige Mal, daß ein Unternehmen sich voll und ganz mit der Person seines Gründers identifizierte. Um bei unserer Reihe zu bleiben: Gilera und besonders Guzzi wuchsen und gediehen ja durch die Ideen ihrer Schöpfer. Doch kein anderes Werk wurde derart vollständig vom Willen eines einzigen Menschen dominiert und war in allem und jedem von ihm abhängig. Es war der Conte, der entschied, welches Modell gebaut wurde, der Technik und Styling festlegte, der Fertigung und Vertrieb in Gang setzte und Mitarbeiter einstellte; es war er, der die sportlichen Aktivitäten des Hauses erfolgreich leitete, der die Piloten auswählte und die Zielsetzung bestimmte. Und nicht zufällig finden sich bei MV – außer während des kurzen Gastspiels des Ingenieurs Remor – in all den Jahren weder große Konstrukteure noch bedeutende Manager, sondern nur unterwürfige Befehlsempfänger. Der Conte war, wenn man so will, Vaterfigur und Diktator, aus heutiger Sicht weltfremd und weit entfernt von einem modernen Führungsstil. Doch trotz seiner Fehler war er in der Lage, seine Maschinen zum Erfolg zu führen, vorbei an allen Klippen der Rennszene, in der langes Herumdiskutieren (so demokratisch es auch sein mag) unweigerlich den Sieg kostet.

Deshalb ist MV und ihr sportlicher Erfolg aufs engste mit der Person des Conte Domenico Agusta verbunden und hat ihren Gründer, den »Patron«, auch praktisch nicht überlebt. »Patron« – so nannte man noch einen anderen Großen in der Geschichte der Motorisierung: Ettore Bugatti. In vielem war er dem Conte ähnlich: in seiner Passion für den Motorsport, in der Suche nach der reinen Form, in der persönlichen Ausstrahlung. Als der Conte Agusto starb, geriet MV wie viele andere Firmen ins Abseits: Verwaltungsrat, Budgetierung, wirtschaftliche Schwierigkeiten bei der Aufgabe unrentabler Bereiche, rettende und zugleich erstickende Hilfen des Staates mit seiner verknöcherten Bürokratie, für die der einstige Ruhm und der Name, den es zu bewahren galt, nichts bedeutete.

So ist von MV nichts geblieben als die Erinnerungen, die Liebhaber der Marke sich bewahrt haben, und dazu ein kleines Museum, mit Liebe behütet von ehemaligen Mitarbeitern des Hauses, die mit Begeisterung, viel Mühe und oft unter großen Opfern daran mitgewirkt haben. Ihnen möchten wir für die aktive Unterstützung bei der Entstehung dieses

Buches und ihre Beiträge zur sachlichen Dokumentation danken. Denn es gehörte nicht gerade zu den Stärken des Conte Agusta, geordnete Daten anzulegen und die Details seiner Schöpfungen preiszugeben. Das weiß jeder, der in den »goldenen Jahren« versuchte, Fotos von den Rennmaschinen zu machen.

Da wir von Seiten der Familie Agusta zu unserm Bedauern keine Unterstützung erhielten, gründen sich die Bemühungen der Autoren auf diese wenigen Quellen. Dennoch gelang es, einige bisher unbekannte Tatsachen und Daten zu sammeln und vorzulegen – zwar ohne den Anspruch auf Vollständigkeit, aber in der Hoffnung, dazu beizutragen, den Namen einer der großartigsten und ruhmreichsten Motorradmarken aller Zeiten lebendig zu erhalten.

DER HERAUSGEBER

TEIL 1

DIE FABRIK UND DER RENNSPORT

**Die Technik
Die Rennen
Die Fahrer**

1. Die Gründung von MV

Was glauben Sie, was die allererste MV für eine Maschine war? Es war eine ... Vespa! Und ihre Geburt geht auf die letzten, finsteren Jahre des 2. Weltkriegs zurück, als die Niederlage bereits unausweichlich erschien. Damals mußte man sich auf die Zeit »danach« vorbereiten und einen Ersatz für die Rüstungsproduktion finden, die so nicht fortgesetzt werden konnte, die aber immer noch Arbeit für eine Menge Leute bedeutete.

In jenen Jahren gab es die Marke MV noch nicht. An der Cascina Costa di Verghera existierten jedoch zwischen Gallarate und Malpensa die Flugzeugwerke »Costruzioni Aeronautiche Giovanni Agusta«. Ihr Gründer, der sizilianische Conte Giovanni Agusta, der Vater Domenicos, war ein echter Pionier der Fliegerei gewesen, einer der ersten in Italien, die den Spuren der Brüder Wright folgten. Sein erstes Flugzeug geht auf das Jahr 1907 zurück, also auf die Zeit vor der ersten Überquerung des Ärmelkanals durch Blériot und der Alpen durch Chavez (mit dem tragischen Ausgang bei Domodossola).

Bei Ausbruch des 1. Weltkriegs war Giovanni Agusta ins Erste Fliegerbataillon eingetreten, damals auf dem Flughafen Malpensa stationiert. Als die Kampfhandlungen endeten, hatte er dort sein erstes Werk erstellt und den industriellen Flugzeugbau aufgenommen.

Graf Giovanni Agusta starb 1927 überraschend im Alter von 48 Jahren. Die Leitung der Fabrik fiel an seine Witwe, Gräfin Giuseppina, und an den Erstgeborenen, Domenico – den Mann, der Unternehmergeist und Führernatur mit der technischen Passion verband und die Geschicke der Firma MV so totalitär lenken sollte.

Der aus dem Zufall geborene Motorradbau war dazu angetan, die schon aus jungen Jahren stammende Begeisterung des Grafen Domenico zu befriedigen: für das Motorrad, für die Mechanik und für das sportliche Abenteuer, in das er viel Geld für den Sieg der eigenen Marke über die Rivalen investierte. Ganz zu schweigen von der Befriedigung seiner Styling-Passion, die sich in Formen ausdrückte, die er zumeist seinen eigenen Mitarbeitern aufzwang, auch wenn sie dem Trend zuwiderliefen und kaum jemanden überzeugen konnten.

Jedenfalls blieb so die Marke MV in allen Rennsparten präsent und erntete einen Erfolg nach dem andern, brachte laufend neue Modelle heraus, obschon der Absatz gegen Null ging – sei es wegen der allgemeinen Krise im Motorradgeschäft Ende der 50er Jahre, sei es (was nicht zu leugnen ist) wegen einiger nicht ausgereifter Modelle – und blieb entgegen aller wirtschaftlich-kom-

merziellen Logik am Leben. Und das eigentlich nur, weil die »Passion« im Grafen Domenico jeden Gedanken an Rentabilität seines Unternehmens verdrängt hatte. Die Firma war zum Hobby eines Mannes geworden, der einen wichtigen Platz in der Welt des Flugzeugbaus hätte einnehmen sollen, der dort aber wohl nicht die Befriedigung gefunden hätte, die ihm das Motorrad bot. Die moderne Luftfahrt war zu einer kühlen, blutlosen Präzisionsmaschinerie geworden, die jenen abenteuerlichen Zauber der Pionierjahre, der tollkühnen Männer in den fliegenden Kisten, verloren hatte. Einen Zauber, den die Motorradrennen dagegen immer noch besaßen, wo die Maschine trotz allem das menschliche Wesen nicht völlig erdrückt hatte, wo es noch genügend Raum nicht nur für persönlichen Mut, auch für Begabung, Phantasie, Improvisation und Intelligenz gab.

Doch kommen wir von diesem Vorgriff auf spätere Zeiten wieder zurück zu der unvermutet aufgetauchten Vespa. Man schreibt 1943, es scheint trotz aller optimistischen Propaganda rapide abwärts zu gehen, und man muß, wie schon gesagt, beizeiten nach einem Ersatzgeschäft für die Fertigungskapazitäten des Flugzeugwerks suchen. Das Motorrad könnte eine gute Lösung sein: Es besteht ein immer größerer

Transportbedarf für die Bevölkerung; durch Evakuierung der Städte, durch Auslagerung der Industrie ist das Phänomen des »Pendlers« als Ausdruck modernen Lebens entstanden. Öffentliche Verkehrsmittel jedoch hat der Krieg weitgehend vernichtet, Autos so gut wie vollständig verschlungen. Und die paar übriggebliebenen – wer konnte sich denn schon ein Auto leisten? Blieb noch das Fahrrad, wahrlich, doch dieses Fahrzeug, so vorzüglich es aus sportlicher Sicht sein mag, hilft wenig, wenn man tagtäglich -zig Kilometer zurücklegen muß, womöglich im Bergland und mit schweren Lasten, müde nach einem schweren Arbeitstag oder noch verschlafen nach einer schlaflosen Nacht.

Das Motorrad mußte also für breiteste Bevölkerungsschichten interessant sein. Freilich nicht das brüllende, superschnelle Monster für Draufgänger und besonders sportliche Leute, das es bis dahin zumeist gewesen war. Nein, gefragt war nun das kleine, einfache und im Aussehen wie in den Leistungen bescheidene Fahrzeug, das auch denjenigen Vertrauen einflößen und sie zum Motorradfahren anregen sollte, die noch nie an die Anschaffung eines motorisierten Zweirads gedacht hatten.

So hatte man bereits im August 1943 die Konstruktion des Motors abgeschlossen und war eben dabei, die Gußmodelle

anzufertigen. Es war ein recht simpler Antrieb, so, wie auch das ganze Fahrzeug gewesen wäre: ein Einzylinder-Zweitakter von 98 cm³ mit Dreikanalsteuerung, Zahnrad-Primärübersetzung, Ölbadkupplung und angeblocktem Zweiganggetriebe. Nichts Spektakuläres also, das den Kunden hätte verwirren oder abschrecken können, lauter bewährte, vertrauenerweckende Lösungen, die vor allem lange, treue und möglichst störungsfreie Dienste gewährleisten.
Nach dem 8./9. September (Landung der Alliierten) be-

setzten die Deutschen das Werk, und alle Zeichnungen und Modelle für das neue Motorrad wurden in den Wohnungen getreuer Mitarbeiter versteckt. Als sich Mitte 1944 der militärische Druck im Lande etwas lockerte, brachte man alles zurück in die Fabrik und begann munter wieder an dem Projekt zu arbeiten, so daß der Motor sich schon bald zum erstenmal drehte.
Damit begannen allerdings erst recht die Probleme: Das größte Hindernis bestand im fast völligen Fehlen von Rohmaterial und Teilen, vor allem elek-

trischen Bauteilen und Reifen. Schwungradmagnete konnten schließlich irgendwoher beschafft werden; Bereifungen bekam man von einer kleinen Firma namens Cassano Magnago, einem jener Minibetriebe, die damals in den Kellergeschossen der großen Werke als Notmaßnahme eingerichtet worden waren und mehr oder weniger »schwarz« arbeiteten. Jedenfalls gelang es dem Unternehmen, einigermaßen geregelt die Arbeit fortzusetzen, so daß Anfang 1945 – genau am 12. Februar – die Aktiengesellschaft Meccanica Verghera

gegründet werden konnte mit dem Ziel, das Motorradprojekt fertig zu entwickeln und die Produktion einzuleiten.
Als schließlich der Krieg zu Ende war, kam der Moment, in dem man das neue Produkt öffentlich vorstellte. So erschienen im Herbst 1945 in der Fachpresse die ersten offiziellen Fotos und Berichte über das neue Maschinchen: ein gefälliges, formal ansprechendes Leichtmotorrad mit ungefedertem Rohrrahmen, Parallelogrammgabel und 19″-Rädern. An den Seiten des Tanks trug es die Buchstaben M und V auf

einem geflügelten Zahnrad, während auf der Nummernschildplatte des vorderen Kotflügels der Modellname zu lesen war: »Vespa 98« – jung und kess und für die Neuschöpfung als gutes Omen wohl genau das Passende.

Doch der Name Vespa war, ohne daß die Firmenleitung etwas davon gewußt hatte, schon anderweitig vergeben; also beschloß man, das Modell umzubenennen und es schlicht »MV 98« zu taufen. Nur einige wenige, inzwischen vergilbte Fotos aus der Zeit bezeugen noch den ursprünglichen Namen und beweisen, daß die erste Vespa in »Fleisch und Blut« tatsächlich aus der Fabrik in Verghera stammte.

Einige Monate darauf war Serieneinführung. Die ersten italienischen Vertretungen bekamen Egidio Conficoni und Vincenzo Nencioni, aus der Toskana nach Mailand umgesiedelt, die im Motorsport, vor allem in Zuverlässigkeitsprüfungen, sehr erfolgreich gewesen waren. Die Vorbestellungen wurden in einem provisorischen Geschäftslokal gesammelt, das man mit drei, vier anderen zusammen an der Piazza Fontana zwischen Trümmern errichtet hatte, im Schatten der Madonnina. Auch sie war ein Symbol für Auferstehung und raschen Wiederaufbau ohne Hilfe von oben, für die Wiederaufnahme von Arbeit, Handel und Wandel, für die Rückkehr zum normalen Vorkriegsstand.

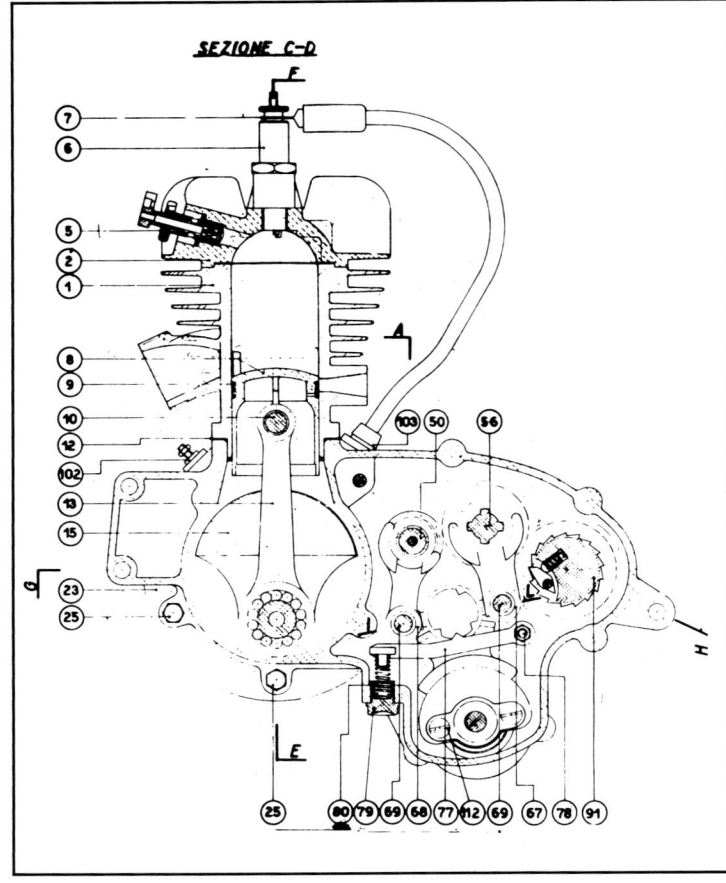

Der Prototyp der MV-Motoren in einer etwas verblaßten Zeichnung aus jener Zeit. Es war ein Zweitakter mit langem Hub und 98 cm³ Hubraum mit zwei Überströmkanälen und angeblocktem Zweiganggetriebe.

Eines der vielen Straßenrennen der Nachkriegszeit. Mit solchen schlichten, unkomplizierten Veranstaltungen begann die sportliche Laufbahn der Marke MV, die dazu bestimmt war, in der internationalen Rennszene höchsten Lorbeer zu ernten.

Am Leichtmotorrad hatte es noch einige Detailverbesserungen gegeben. Es erschien im wesentlichen in zwei Ausführungen: ein preisgünstiges Standardmodell mit starrem Rahmen und Zweiganggetriebe wie am Vespa-Prototyp und eine »Turismo« mit Teleskop-Hinterradfederung und Dreiganggetriebe. Auf letztere entfiel alsbald der Löwenanteil am Absatz, so daß man das Standardmodell nach kurzer Zeit zugunsten der Turismo aufgab.

Die Auslieferung erfolgte ab Sommer 1946 und kam bald gut in Schwung; gleichzeitig begann man auf Auslandsmärkten vorzudringen, wo sich die Marke MV sehr rasch einen Namen machte. Am Rande sei gesagt, daß noch im Jahre 1946 etwa 50 Exemplare für den Export gefertigt wurden, mit Magnetzünder von Filso anstelle des Schwungradmagneten, weil dieser nicht in der erforderlichen Menge beschafft werden konnte.

Die kleine 98er wußte sich also rasch durchzusetzen in einer Zeit, da die Konkurrenz bereits recht stark war, die Marken wie Pilze aus der Erde schossen (und viele bald wieder verschwanden) und die Neuerungen einander jagten.

Sie erwarb in kurzer Zeit das Vertrauen der Kundschaft – doch nicht nur der Alltags-, sondern auch der Sportfahrer. Auch der Motorradsport wurde schwungvoll wieder aufgenommen, trotz aller Probleme mit der Ausstellung von Zulassungen, der Benzinrationierung, dem Mangel an brauchbaren Rennmaschinen. Doch die Passion, durch Jahre der Abstinenz noch verstärkt (zuletzt war man im Mai 1940 in Genua gestartet), war groß, und noch größer vielleicht die Lust daran, sich wieder einmal austoben zu können.

Unter anderem schrieb man sogleich Rennen für all die

neuen, überall aufschießenden Fahrzeugarten aus: Motorfahrräder, Leichtmotorräder, Mini-Leichtmotorräder, unterteilt in Kategorien, die zumeist eher nach dem ausgerichtet waren, was auf dem Markt war, als nach üblichen Hubraumklassen. Wie z.B. die Wettbewerbe für Motorroller oder für Moto Guzzis berühmte 65er Motoleggera.

Diese Fülle von Veranstaltungen brachten die Organisatoren so gut es eben ging auf die Beine; zumeist mit viel Begeisterung und weniger Geschick: Volksfeste ohne jede Rücksicht auf den Segen der Behörden. Heute ist es daher schwer zu sagen, welches das erste Rennen war, das eine MV am Start sah, doch fest steht, daß der erste Sieg einer Maschine dieser Marke am 6.Oktober 1946 bei einer Zuverlässigkeitsfahrt in La Spezia von Vincenzo Nencioni errungen wurde, dem dynamischen Generalvertreter der neuen Motorradmarke.

Ein anderer Erfolg war Nencionis dritter Platz auf der Radrundstrecke von Valenza am 13.Oktober. Dann folgte ein weiterer Sieg, und zwar auf dem Alessandria-Rundkurs am Sonntag darauf; schließlich ein erster Platz bei der Zuverlässigkeitsfahrt von Monza am 3.November durch eine Mannschaft, die aus Nencioni und Cornalea sowie Mario Paleari bestand.

So wurde der Bau eines echten Rennmodells fast unausweichlich, und es ließ auch nicht lange auf sich warten. Zum Ende 1946 erschien, abgeleitet von der schon beschriebenen 98er, die Renn-MV, die einige Neuerungen enthielt und elegant und anziehend wirkte. Das lag besonders an der Telegabel, die eine der ersten in Serie gebauten in Italien war und dem ganzen Fahrzeug eine moderne Note verlieh. Unverändert wurde ein einfacher Schleifen-Rohrrahmen mit hinterer Teleskopfederung ver-

UBBIALI, GIOVANNI
OFFICINA AUTO-MOTO
s. P. Il Vecchio, 10 - Bergamo

wendet, jedoch um 50 mm ver-
kürzt, um die Maschine wendiger zu machen. Der gerade,
schmale Lenker, zurückverleg-
te Fußrasten und ein teilweise
verkleideter Rennsitz auf dem
hinteren Kotflügel sorgten für
eine rennmäßige Sitzposition.
Der Tank war etwas vergrößert, um längere Distanzen
fahren zu können. Am Motor
waren zur Leistungssteigerung
einige Details geändert: die
Kanäle, die Verdichtung, der
Flachstromvergaser mit 20 mm
Bohrung. Bei 5400/min leistete
der Motor etwa 5 PS (3,7 kW),
was für 95 km/h gut war – gewiß nicht gerade üppig, doch

für damals ein durchaus guter
Wert. Auch das Rennmodell
hatte den Schwungradmagnetzünder, ein Dreiganggetriebe
mit Fußschaltung und die gleichen (Gesamt-)Übersetzungen
wie die zivilere Schwester: 19,5
– 11,5 – 8,0:1. Die Leichtmetallräder trugen Reifen von
2.50–19″ und hatten seitliche
Bremstrommeln. Die Maschinen waren leuchtendrot lak-
kiert. Zur gleichen Zeit wurde
die Telegabel vorn auch für die
Turismo-Versionen übernommen, so daß die Produktion
jetzt, nach Aufgabe des unge-
federten Rahmens und des
Zweiganggetriebes, drei Mo-

delle umfaßte, alle mit Hinterradfederung und drei Getrie-
begängen: das Standardmodell
mit Parallelogrammgabel, das
Luxusmodell mit Telegabel
und die Sportversion wie gerade beschrieben. Inzwischen
hatte man in Cascina Costa die
Fertigungsanlagen so weit hergerichtet, daß schon Ende 1946
eine Tagesproduktion von 30
Einheiten sichergestellt war –
fast so viele wie vor dem Krieg
die gesamte Industrie des Lan-
des hergestellt hatte!

Ebenfalls unmittelbar nach dem
Krieg waren Rennen mit Motorrol-
lern groß in Mode. Hier stehen 1949
in Bergamo zwei Lambretta B von
Massimo Masserini und Masetti
(Nr. 53 und 51) neben Ubbialis Vier-
gang-MV am Start.

Gräfin Giuseppina Agusto auf einem Foto vom Anfang der 50er Jahre, umgeben von ihren vier Söhnen. Von links: Corrado, der jüngste, Domenico, Vincenzo, der kaufmännische Leiter, und Mario, Koordinator der Agusta-Gruppe.

Die Klasse bis 98 cm³ sollte jedoch bald verschwinden; zumindest in den Geschwindigkeitswettbewerben, wo man nach den ersten Wirren der Nachkriegsjahre schon früh zu den traditionellen Klassen der Halb-, Viertel- und Achtelliter zurückfand. So wurde 1948 wieder eine italienische Meisterschaft der 125er Klasse eingeführt, die schon zwanzig Jahre zuvor bestanden hatte. In dieser Klasse war jedoch der Markt nach und nach eingegangen, als die Vergünstigungen, die zu ihrer Beliebtheit geführt hatten, weggefallen und die Käufer offenbar den größeren Hubvolumen eher zugetan waren.

Tatsächlich waren die Sportverbände eher skeptisch bezüglich des Erfolgs dieser 125er Klasse, so daß man dort Fahrer aller Kategorien zuließ, weil man fürchtete, andernfalls zu wenig Teilnehmer zu bekommen. Überraschenderweise meldeten aber über fünfzig Fahrer für das erste Rennen in Casale Monferrato; außerdem beteiligte sich die Industrie selbst am Rennen, weil sie sich davon große Werbewirksamkeit versprach: ein Beweis, welches Gewicht diese kleine Klasse wieder erlangt hatte.

Daher standen neben den Amateuren mit ihren Vorkriegsmodellen auch die Teams der beiden Marken am Start, die damals um die Führung in ihrer Klasse rivalisierten: Morini und natürlich MV. Morini konnte auf altbewährte, erfahrene Piloten wie Raffaele Alberti zurückgreifen (ein Veteran, der seine lange Karriere zwanzig Jahre zuvor in der kleinen Hubraumklasse begonnen hatte und auch Werksfahrer bei Moto Guzzi gewesen war, wo er unter anderem mehrere Weltrekorde erzielt hatte). MV führte ihren Angriff mit Franco Bertoni, einem sehr jungen Fahrer aus Varese, der erst im Vorjahr sein Debüt in der Rennszene gegeben, sich aber sogleich als wertvoller Neuerwerb erwiesen hatte.

Das Rennen gewann Alberti mit der Morini, der dank seiner größeren Erfahrung von einem Sturz Bertonis profitierte und ihn auf Platz zwei verwies. Doch die Rivalität zwischen den beiden Marken, die auf Jahre hinaus die Motorradfans in Atem hielt, war damit ausgebrochen. Kurze Zeit darauf gesellte sich zu diesen beiden als dritte die Marke Mondial, doch darauf kommen wir spä-

15

ter noch zurück. Im Moment verlassen wir den Rennsport und wenden uns wieder dem Jahr 1947 zu, genauer dem Mailänder Motorradsalon, von jeher Forum der gesamten Industrie und ihrer Neuerscheinungen.

Erst seit kurzem auf dem Markt, demonstrierte MV bei dieser Gelegenheit sogleich den großen Elan ihrer Direktoren und Konstrukteure: Gleich zwei Neuerungen waren neben dem schon bekannten 98er Modell ausgestellt, und zwar jeweils in den drei Varianten Normale, Lusso (Luxus) und Sport: eine 125er Zweitakt-Zweizylinder und sogar eine

Viertakt-Einzylinder mit 250 cm³, völlig andersartige Maschinen, die aber die Fähigkeit des Werkes bewiesen, sich ungeachtet der momentanen Marktforderungen jedem Thema zu stellen.

Es gehörte Mut dazu, diese neue 250er vorzustellen, auf einem wirtschaftlich angespannten Markt und in einer Klasse, die beherrscht wurde von den drei Prestigemarken Guzzi, Gilera und Sertum. Gleiches galt aber auch für die kleine Zweizylinder, die sich als sehr anspruchsvolles Erzeugnis in einem Sektor präsentierte, der seinen schwunghaften Aufstieg den schlichten Billigprodukten

verdankte. Doch gerade das war es, was die MV immer und in jedem Bereich auszeichnen sollte: das Schwimmen gegen den Strom, das Ausprobieren aller möglichen Wege, das Verfolgen der kühnsten Lösungen. Und war es schon viel, was man zu sehen bekam, so gab es noch viel mehr Projekte, die im Prototypstadium steckenblieben und nie die Labors und Versuchswerkstätten verließen: Motoren, die für künftige, nie realisierte Einsätze vorgesehen waren, von denen man jedoch nur aus Freude an der herrlichen Technik ein Einzelstück baute – so, wie man sich an einem Kunstwerk er-

Oben links: Die Straßenrennen waren seinerzeit enorm werbeträchtig, und alle großen Marken nahmen daran teil; so auch MV, die viele Erfolge dabei verbuchen konnte. Hier ist Remo Rosati mit der 125er Viergang beim nächtlichen Start zum Langstreckenrennen Mailand-Tarent 1952 zu sehen.

Bild oben: Ein 500er Vierzylinder-Rennmotor von 1950 auf der Bremse.

Maschinen der MV nahmen jahrelang auch mit großem Erfolg an Zuverlässigkeitsfahrten teil. Das Foto rechts zeigt Mario Ventura mit der 150er MV, Gewinner der Goldmedaille bei den Six Days 1952.

freuen kann.

Über solche Konzepte und Studien ist nur wenig bekannt und kaum etwas mehr auffindbar, außer verblaßten Fotos, von Leuten gemacht, die das Glück hatten daran zu arbeiten. So war es mit dem 500er Zweizylinder-Boxer von 1948/ 49, mit dem 175er Einzylinder-Zweitakter aus derselben Zeit und auch mit dem ungewöhnlichen 125 cm³-Zweitakter von 1950 mit Auslaßventil im Kopf, der einige flüchtige Auftritte in Langstreckenrennen erlebte. Andere Konstruktionen hingegen wurden auf Messen und Ausstellungen zur Schau gestellt, doch nie auf den Markt gebracht: besonders erinnert man sich da an verschiedene Experimente mit Kraftstoffeinspritzung und mit automatischen Getrieben in diversen Motorrädern – ein Ideenreichtum, der der Marke MV nicht allein im Motorsport, sondern auch auf rein technischem Gebiet einen führenden Platz in der Geschichte des Motorrads sicherte. Ganz zu schweigen von den Konstruktionen, die nicht Thema dieses Buches sind: aus dem Flugmotoren-, dem Automobil- oder dem Sonderfahrzeugbau (z. B. die Hovercraft von 1969).

Wie auch immer, die 250er war eine durchaus traditionelle Konzeption: Einzylinder-Stoßstangenmotor, langhubig, Zylinder und Kopf in Grauguß, Magnetzündung, angeblocktes Vierganggetriebe, Primärübersetzung durch Stirnräder; Schleifen-Rohrrahmen, Telegabel und Teleskopfederung hinten. 6:1 verdichtet, leistete der Viertelliter 11 PS (8 kW) bei 4700/min und beschleunigte die Maschine auf 110 km/h. Es wurde kein großer Verkaufsschlager; vielleicht, weil, wie schon angedeutet, die Käufer in den größeren Klassen sich zu sehr auf die bekannten Marken festgelegt hatten, und diese MV im übrigen nichts Neues zu bieten hatte. So verschwand sie nach einigen Jahren aus dem Katalog, ohne daß der Absatz noch

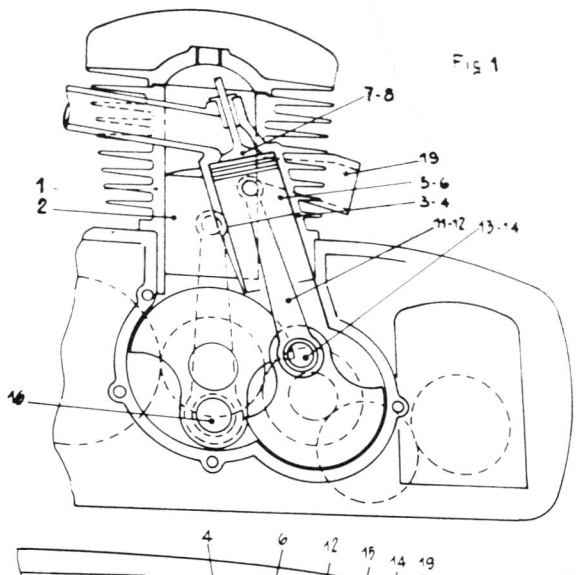

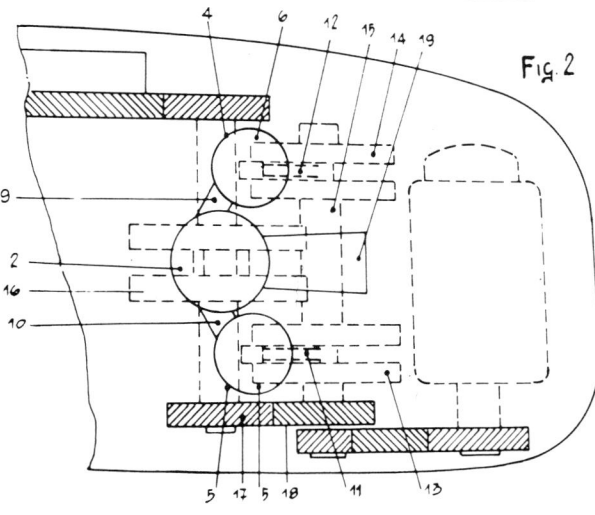

auf ein akzeptables Maß gesteigert werden konnte.

Die 125er Zweizylinder dagegen folgte in jeder Hinsicht den Spuren der 98er; lediglich die Zylinder erschienen zu klein und verdarben ein wenig das Bild. Außer der Hubraumaufteilung wies sie aber noch eine andere Extravaganz auf: die vier Gänge, über die sonst nur Maschinen von 250 cm³ und mehr verfügten. Das Echo bei Kritikern und Besuchern der Messe war beachtlich; dennoch ging MV mit dem Modell nicht auf den Markt, zeigte es nur hin und wieder auf Ausstellungen und ließ es dann in der Versenkung verschwinden. Diese Dinge wiederholen sich in den folgenden Jahren mit vielen anderen Neuschöpfungen der Firma.

Im Frühjahr 1948 aber erschien als logische Weiterentwicklung der 98er eine 125er Einzylinder und setzte sich auch durch. Zwar noch nicht reif für allzu Anspruchsvolles, verlangte der Markt drei Jahre nach Kriegsende doch nach Motorrädern, die trotz wirtschaftlicher Konzepte ein bißchen mehr zu bieten hatten. Deshalb kam dieses Modell wohl auch besser an. Der Motor war langhubig und hatte zwei Überström- und drei Einlaßkanäle, der Kolbenboden war eben; die doppelten Auslaßkanäle führten in ein einzelnes Abgasrohr. Die Primärübersetzung bestand in Stirnrädern, und das Getriebe

hatte wie früher drei Gänge in Stufenschaltung. Für die Zündung sorgte ein Schwungradmagnet, und Öl wurde im Verhältnis 1:13 zugesetzt. Eine geschlossene, ungemuffte, autogen geschweißte Rohrschleife bildete wieder den Rahmen, der hinten Teleskopfederung hatte, während man vorn die billigere, traditionelle Parallelogrammgabel wählte.

Dieses Modell war es auch, von dem die 125er Rennversion abgeleitet wurde, die bei dem erwähnten Eröffnungsrennen zur italienischen Meisterschaft in Casale mit etwas Rennpech nur auf Platz zwei gekommen war. Wesentliche Unterschiede zum Tourenmodell betrafen natürlich das

Motortuning, durch das die Leistung – für die an Privatfahrer verkauften Serienexemplare – auf 9 PS (6,6 kW) bei 6800/min verdoppelt wurde, ausreichend für 115 km/h Spitze. Die Literleistung betrug also beachtliche 72 PS/l (53 kW/l), während für ausreichende Schmierung ein Gemisch 1:7,5 benötigt wurde – welch ein Unterschied zu heutigen Motoren, die mit 1:50 auskommen! Der Rahmen war ähnlich dem der Tourenversion, doch aus leichteren Rohren hergestellt, und an den hinteren Federn waren zwei Reibungsdämpfer montiert. Die Maschine hatte die für Rennmotorräder erforderlichen 21"-Räder, und vorn wurde durch eine Öffnung

Fahrtwind an die Bremse geführt.

Die MV 125 gewann 1948 eine Anzahl Rennen mit Privat- und Werksfahrern im Sattel, ohne daß es gelang, in den Läufen zur italienischen Meisterschaft den Rivalen Morini auszubremsen. Schuld war eine Pechsträhne, die die ganze Saison hindurch anhielt. Erst am Ende des Jahres – beim Großen Preis der Nationen – bot sich eine Chance zur Revanche. Dieses Rennen, das viele Jahre auf dem traditionellen Monza-Kurs ausgetragen worden war, konnte in den ersten Nachkriegsjahren wegen schwerer Kriegsschäden dort nicht stattfinden. 1947 fuhr man rund um das Gelände der

Mailänder Mustermesse, 1948 auf dem schnellen Rundkurs von Faenza, der die leistungsstarken Maschinen begünstigte.

Die 125er waren nach 19 Jahren zum erstenmal wieder auf der Strecke und lieferten sich ein verbissenes, spannungsgeladenes Rennen. Aus den 18 Maschinen am Start ragten naturgemäß die Werksteams von Morini und MV heraus, die für diesen Tag die besten verfügbaren Piloten aufgeboten hatten. Unter anderem hatte man Fahrer von Guzzi und Gilera ausgeliehen, weil die »großen« Marken an der kleinen Hubraumklasse nicht interessiert waren.

So konnte Morini außer dem

19

schon erwähnten Alberti folgende Fahrer an den Start bringen: Nello Pagani, Vorkriegs-As bei Moto Guzzi, der einige Jahre zuvor zu Gilera gewechselt hatte; Renato Magi, ruhiger und tüchtiger Ligurer, über zehn Jahre im Sattel, zuerst für Gilera und später für MV; der damals noch junge und vielversprechende Umberto Masetti; Dante Lambertini, der vor einiger Zeit vom Fahrer zum »Magier« der Rennabteilung des Bologneser Werkes berufen worden war. Für MV Agusta dagegen standen neben Bertoni am Start: Gianni Leoni aus Como, einstiger Flieger, der sich schon vor dem Krieg einige Male bei wichtigen Rennen wie auf der Lario-Rundstrecke oder beim Langstreckenrennen Mailand-Tarent hatte behaupten können; der Engländer Fergus Anderson, Pilot und Freizeit-Journalist, der später Werksfahrer und schließlich Sportchef bei Guzzi werden sollte; Dario Ambrosino, von allen der beliebteste, der 1948 für die Rückkehr der Benelli 250 zum Rennsport sorgte, einer Maschine, die man im Werk Pesaro (das die Deutschen beim Rückzug völlig ausgeplündert hatten) mit großer Geduld und vielen irgendwo aufgetriebenen Teilen rekonstruiert hatte.

Das Rennen von Faenza sah auch das Debüt eines Motorrads, das seiner Zeit weit voraus war: der Mondial mit 2-ohc-Viertakter. Entworfen wurde sie von Alfonso Drusiani, einem angesehenen Techniker, und gebaut von der Mailänder Firma FB, die sich bis dahin ausschließlich mit Mo-

tordreirädern befaßt hatte. So war das Dreigespann MV-Mondial-Morini entstanden, das mit einigen der tüchtigsten Fahrer jener Zeit in den folgenden zehn Jahren für Leben in den kleinen Klassen sorgte – bei den 125ern und später auch bei den 250ern – und die Gemüter der Fans zur Weißglut brachte, auch weil die verschiedenen Piloten so häufig die Marke wechselten.

Für dieses Rennen setzte MV ihre gewohnte 125er ein, an der es freilich einige Detailänderungen gegeben hatte, unter denen die stärkere Verrippung des Zylinderkopfs die sichtbarste war. Vom Start weg formierte sich eine Spitzengruppe von sechs Maschinen, die hintereinander oder gefächert – um Windschattenfahrer zu stören – daherkamen und mit Dampf durch die Kurven gingen, daß die Fetzen flogen: die MV von Bertoni, die Morinis von Masetti, Alberti, Lambertini und Magi, sowie die Mondial mit dem Faentiner Francesco Lama, der vor dem Krieg auf der Kompressor-Gilera italienischer Meister gewesen war und nun acht Jahre ausgesetzt hatte.

Nach und nach aber mußten Lambertini, Magi und Lama mit Defekten aufgeben, während Masetti in eine Kollision hineingeriet und einige Plätze zurückfiel. Von da ab blieben, wie beim Eröffnungsrennen der Saison, Alberti und Bertoni übrig, die Rad an Rad kämpften, doch diesmal war es Bertoni, der am Ende seinen Gegner klar schlagen und für MV den ersten Sieg in einem internationalen Rennen von

hohem technischen Niveau herausfahren konnte.

Zur Feier der Renovierung des Monza-Kurses endete die Saison 1948 dort im Oktober mit einer Serie von Rennen. Zwar behielt Mondial, diesmal mit Nello Pagani, die Oberhand, doch die Attraktion der Veranstaltung sollte der Auftritt des sehr jungen Carlo Ubbiali aus Bergamo im Sattel der MV werden. Er hatte sein Debüt im Jahr zuvor bei einem zweitrangigen Rennen in seiner Heimatstadt gegeben und genoß bereits einen beneidenswerten Ruf. Ein kleiner, leichter, entschlossener und mit viel taktischer Begabung ausgestatteter Mann, schien er für die kleinen Hubraumklassen wie gemacht, und in der Tat sind mit seinem Namen einige der spektakulärsten Erfolge der MV verknüpft. Bei seinem ersten Start mit dem Leichtmotorrad aus Cascina Costa wurde Ubbiali auf Anhieb Zweiter hinter Pagani zusammen mit Teamchef Bertoni: ein Ausgang, der bereits etwas von seiner späteren Karriere vorausahnen ließ.

Im Jahre 1949 wurde die MV-Produktion – Touren- wie Sportmaschinen – vollständig umgestellt. Die Ansprüche der Käufer stiegen; wer zuvor damit zufrieden gewesen war, sich das Pedaletreten ersparen zu können, sehnte sich nun nach einem Maschinchen, mit dem er ein wenig schneller vorankäme, dem an der Steigung nicht gleich die Puste ausging und das einen Beifahrer einigermaßen bequem zu tragen

vermochte. Und dann war da noch der Rennsport, wo man ganz schnell etwas gegen die aufsteigende Marke Mondial unternehmen mußte.

Daher wurde der Motor bis auf die Zylinderabmessungen komplett umkonstruiert: Der Kopf aus Leichtmetall erhielt so hohe Rippen, wie sie die Werksrennmaschinen gegen Ende der Saison gehabt hatten; der Zylinder wurde in seiner Außenform rechteckiger; vor allem aber erschien das Gehäuse jetzt als langgestrecktes Oval, hinter dem sich ein neues Vierganggetriebe verbarg.

Auch die Hinterradfederung änderte sich: An die Stelle der Parallelführung trat eine Schwinge mit gekapselten seitlichen Schraubenfedern, die – wie auch die Reibungsstoßdämpfer – oben an zwei kräftigen Hohlträgern angelenkt waren.

Drei Versionen erschienen: die Turismo und die Lusso (Luxus), die sich in einigen Ausstattungsdetails unterschieden, und die Sport mit leichterem Rahmen, 21-Zoll-Rädern und auf 10,5 PS (7,7 kW) bei 6700/min erhöhter Leistung, die 130 km/h erreichte.

Mehr noch, im selben Jahr wurde ein Motorroller mit diesem neuen, hier gebläsegekühlten Motor eingeführt, mit einer selbsttragenden Karosserie, deren Rückgrat, ein Blechkörper, von der Lenkung bis unter das Gehäuse des Motors verlief. Die Hinterradführung bestand in einer Einarmschwinge, einem Kastenträger mit gekapselter Drehfeder. Er erhielt die Bezeichnung »B«, und sein Motor brachte ihn mit 5 PS (3,7 kW) bei 4800/min auf 80 km/h.

Roller oder »Scooter« sind ausgesprochene Gebrauchsfahrzeuge, die man kaum mit dem Rennsport in Zusammenhang bringen würde. Doch weit gefehlt: Damals waren Scooter-Rennen sogar sehr verbreitet, und die Werke nahmen mehr oder weniger offiziell daran teil, weil das besonders werbewirksam war. Und es dauerte nicht lange, bis MV als unbequemer Dritter neben den beiden Marken Vespa und Lambretta erschien, die sich

bis dahin den Erfolg in dieser speziellen Kategorie geteilt hatten – zwar gegeneinander kämpfend, aber doch mit dem wohligen Bewußtsein einer gemeinsamen Monopolstellung. Das Auftauchen von MV stöberte die bis dahin schläfrige Konkurrenz auf. Beim ersten Rennen, für das MV meldete – eine Rahmenveranstaltung zur Ankunft der Radsportler am Ende der Giro d'Italia in Monza –, sah man, wie die Zahl der Starter plötzlich abnahm, kaum daß die Teilnahme von MVs neuem Roller bekanntgeworden war. Der dann natür-

lich – mit Romolo Ferri im Sattel – gewann und auf eine Distanz von kaum 50 Kilometern fast zwei Minuten vor dem Zweiten im Ziel war! MVs Scooter starteten Jahr für Jahr mit ständig zunehmendem Erfolg, bis sie die absolute Vorherrschaft erreichten; doch recht bald begann sich das Werk auch für einen anderen Zweig zu interessieren: die sogenannten Zuverlässigkeitsfahrten. Diese Bezeichnung läßt auf einen ruhigen, bescheidenen Wettbewerb schließen und steht doch für das Härteste und Anspruchsvoll-

ste, das man sich für Mensch und Maschine nur denken kann, so daß man in jüngerer Zeit offiziell nur mehr von »Enduro« oder »Six Days« spricht, Namen, die allerdings dem wahren, rauhen Charakter dieser Sportart ebenfalls nicht gerecht werden. Heute sind praktisch alle »Enduros« Geländerennen mit »Spezialprüfungen«, Motocross reinsten Wassers; doch auch in den 40er und 50er Jahren waren das nicht gerade Spaziergänge, wenn man bedenkt, daß man mit Tourenmaschinen ohne allzuviele Ände-

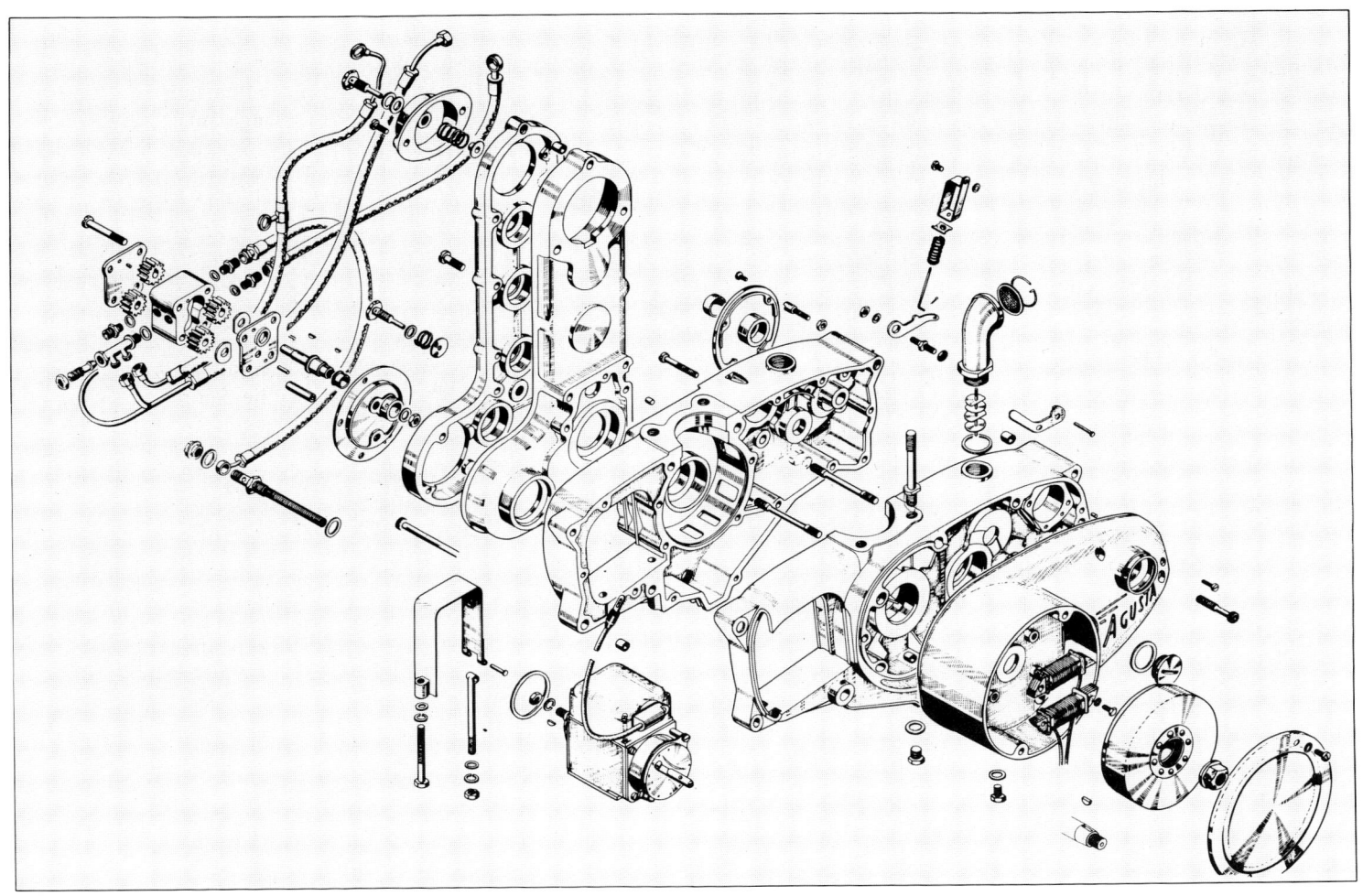

Die Zeichnungen auf Seite 21 und 22 zeigen den 125er 1-ohc-Rennmotor von 1953 mit allen Einzelteilen der Steuerung, des Kurbeltriebs und des Getrieberadsatzes.

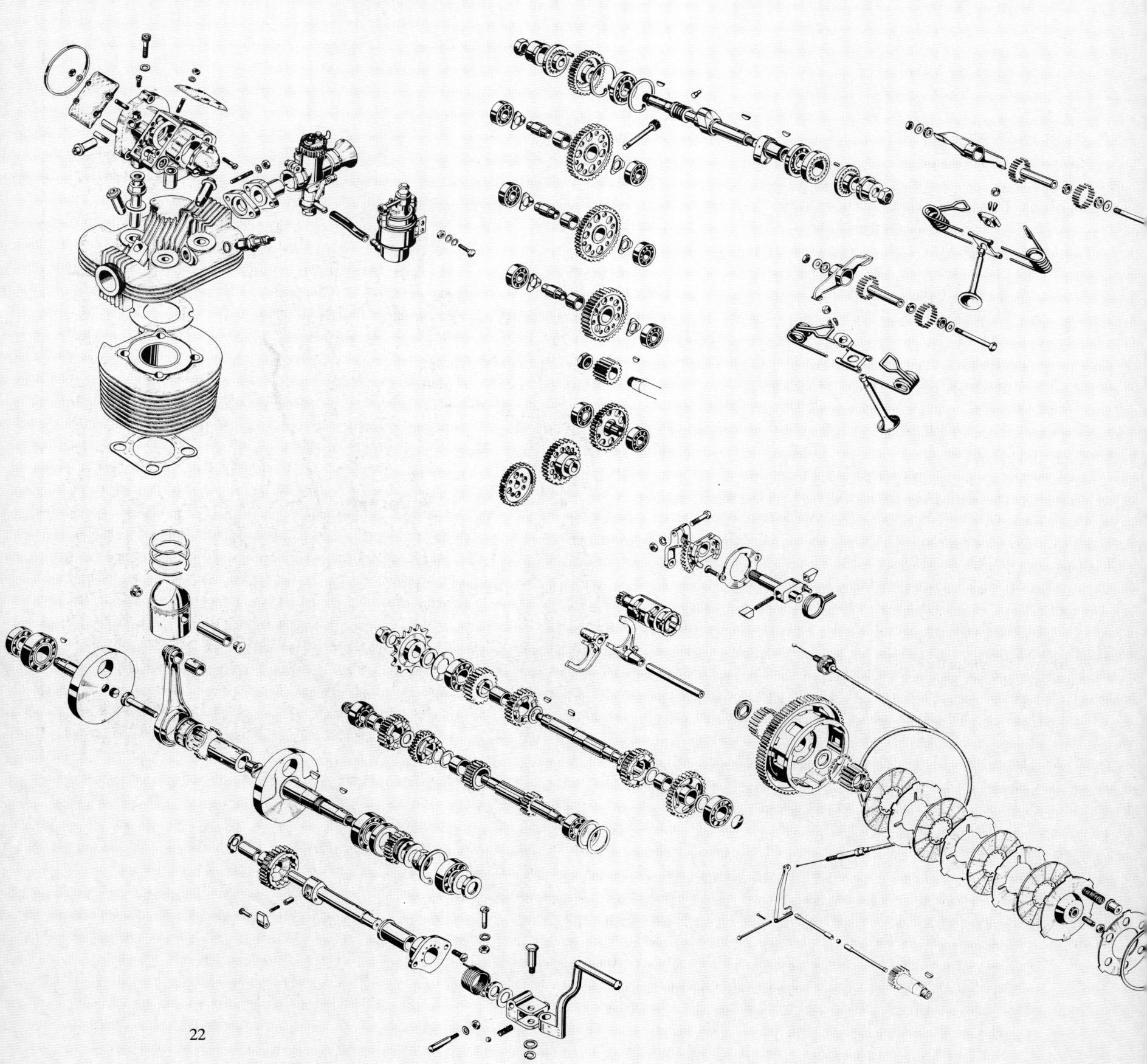

Carlo Ubbiali, achtfacher Weltmeister der Klassen 125 und 250 cm³ auf MV, hier an der Stuttgarter Solitude-Rennstrecke mit Corrado Agusta, dem es nach dem Tod seiner Brüder beschieden war, in der letzten, traurigen Phase die Geschicke des Unternehmens zu lenken.

rungen gegenüber dem Serienstand daran teilnahm. Außerdem gab es noch nicht die Klassifizierung der Fahrer wie in späteren Jahren, so daß man am Start zu den »Enduros« ohne weiteres auch echte Grand-Prix-Piloten sehen konnte.

Wie wir hörten, verbuchte die Marke MV ihren allerersten Sieg bei einem solchen Wettbewerb, doch es handelte sich dabei um eine rein private Teilnahme. Der Einstieg des Werkes selbst in diese Kategorie war erst 1949 und erstreckte sich auch sogleich auf die »Six Days«, damals und heute noch die wichtigste internationale Veranstaltung dieser Art, ausgetragen in Tagesetappen und mit Mannschaftswertung. Jedes Jahr wird sie von einem anderen Land ausgerichtet.

In jenem Jahr fanden die »Six Days« in England, beim Vorjahressieger, statt, und zwar schlängelte sich der Kurs um Llandrindod Wells herum, ein verlassenes walisisches Dorf.

Die überaus schwierige Strecke enthielt alle Geländeformen von Wiesenwegen über steinige Schluchten und Flußbetten bis hin zu vom Dauerregen aufgeweichten Schottertrassen, und zwar in einer solchen Konzentration, daß von den 230 Startern nur 51 das Ziel erreichten.

Aus Italien nahmen drei Werksmannschaften mit insgesamt 17 Fahrern teil, mit einer typischen Auswahl der zu jener Zeit aktuellen Fahrzeuge: sechs Sertum (damals die erfolgreichste italienische Enduro-Marke), drei Morini, zwei Guzzi, zwei Gilera und vier MV 125 (neuestes Viergang-Modell).

Die italienische Abordnung hielt sich wacker – einzeln gesehen jedenfalls –, denn sechs von ihnen kamen ohne Strafpunkte ins Ziel und errangen entsprechende Medaillen. Anders in der Mannschaftswertung, die für den Gesamtsieg ausschlaggebend war: hier

landete man nur auf Platz drei. Die MV wurden gefahren von Attolini, der nach einem Sturz am zweiten Tag ausschied, und von den Rundstreckenfahrern Ferri, Bertoni und Ubbiali, die alle drei das Rennen beenden konnten. Der total erschöpfte Bertoni geriet am dritten Tag in eine Reihe schlimmer Unfälle und konnte nur deshalb im

Rennen bleiben, weil Ferri sich und seine gute Plazierung zurückstellte und ihm weiterhalf. Er blieb an Bertonis Seite, und dem gelang es, in langsamer Gangart bis ins Ziel zu kommen. Ubbiali dagegen, der sich rasch eingewöhnt hatte, bewies, daß er auch im schweren Gelände zu Hause war, und schaffte eine Goldmedaille.

23

Das Jahr 1950 wurde für MV eine Zeit großer Neuerungen. Nach dem aufsehenerregenden Erscheinen der Viertakt-Mondial in der 125er-Klasse war Morinis rascher Gegenschlag eine 1-ohc mit Steuerkette gewesen, und MV sah sich überrumpelt. Ihr ausgezeichnetes kleines Maschinchen hatte sich zwar im Vorjahr weltweit als schnellster aller Zweitakter erwiesen, doch der Abstand zu den Viertaktern war unüberbrückbar. In diesem Jahr wurde erstmals eine Weltmeisterschaft gefahren, die das Feld naturgemäß erheblich erweiterte, so daß jeder Erfolg und jede Niederlage plötzlich ganz neue Dimensionen annahmen und das Echo entsprechend nachhaltiger wurde. Die Technik des Zweitakters, gegenüber den Anfängen zwar schon recht weit entwickelt, war damals noch ziemlich primitiv und die Leistungsausbeute, im Gegensatz zu heute, deutlich geringer als beim Viertakter. Um weiter an der Spitze zu bleiben, mußte MV also den entscheidenden Schritt tun und sich die Technik der Gegner zueigen machen.

Praktisch haben von diesem Tage an MVs Grand-Prix-Maschinen keine Ähnlichkeit mehr mit den Serienmodellen aufgewiesen, sondern wurden ausschließlich für die Rennstrecke gebaut, im Streben nach höchster Leistung und ohne jede Rücksicht auf Wirt-schaftlichkeit und Marktanforderungen. Erst als das Unternehmen im Sterben lag, fand sich wieder eine gewisse Übereinstimmung von Renn- und Serienkonzeptionen, als wollte man mit der Rückkehr zu den Ursprüngen einen Schlußpunkt hinter die Karriere einer zwar nicht sehr langlebigen, aber doch einer der ruhmvollsten und siegreichsten Marken setzen.

Schon Ende 1948 hatte man in »gut unterrichteten Kreisen« gemunkelt, daß auch MV an der Entwicklung eines neuen Viertaktmotorrads arbeite: Vermutungen, die sich auch auf Äußerungen der Firma gegenüber einigen der bekanntesten Fachleute jener Zeit stützten, etwa Dr.-Ing. Speluzzi, einem der geachteten und gefürchteten Dozenten am Mailänder Polytechnikum, oder Dr.-Ing. Remor, der vor kurzem Gilera verlassen hatte, wo er u.a. die luftgekühlte Version des 500er Vierzylinders entworfen hatte.

Auf der Mailänder Mustermesse 1950, zu der damals auch eine Motorradschau gehörte, erschien erstmals die 125er Viertakt-Rennmaschine, zusammen mit einer echten »Bombe«: einem 500er Vierzylinder-Rennmodell mit Kardantrieb. Bedenkt man, mit welcher Sorgfalt in späteren Jahren die Boliden von MV vor unerwünschten Blicken geschützt wurden, abgeschirmt vor Neugierigen, die etwas von den unter schweren Planen verborgenen Fahrzeugen zu erhaschen suchten, so erscheint es kaum glaublich, daß das Werk damals den Besucherscharen einer öffentlichen Ausstellung gleich zwei Neuschöpfungen zeigte, die zweifellos zur allerfeinsten Technik zu zählen, jedoch noch nicht im geringsten rennerprobt waren. Es mag so etwas wie eine Warnung gewesen sein: Seht her, wir sind zu allem fähig und sind uns unserer Überlegenheit ganz sicher, also scheuen wir uns auch nicht, unsere Geheimnisse vor euch zu enthüllen. Uns müßt ihr schlagen, wenn ihr gewinnen wollt! – Gewiß, das waren noch andere Zeiten. Doch MV hat stets eine Politik der Paukenschläge getrieben: Überraschungen auf allen Ausstellungen, auf denen die Marke vertreten war, Neuheiten, die, wie gesagt, oft gar nicht realisiert wurden, die aber von der Vitalität des Unternehmens und dem Ideenreichtum seiner Techniker zeugten.

Die Loslösung der Renntechnik von dem, was wir als Tourenmaschinen bezeichnen, zwingt uns, auch in unserem Bericht über die Firmengeschichte von hier ab zweigleisig zu fahren. Deshalb nehmen wir uns im nächsten Kapitel nur die Serienmaschinen vor und lassen unsere rennbegeisterten Leser, die sicher erfahren möchten, wie es mit den gerade erwähnten Neuentwicklungen weiterging, noch ein wenig zappeln ...

Die britische Tourist Trophy, jahrzehntelang das wichtigste Rennen der Welt, erlebte volle 34 Siege der Marke MV. Im Foto (nächste Seite) signalisiert Nello Pagani beim Rennen der 125er-Klasse der TT von 1956 an Carlo Ubbiali den Vorsprung vor den Konkurrenten – die typische Szenerie auf der Isle of Man.

2. Zwischen Ruhm und Untergang

Während sich MV für den Rennsport auf Viertakt umgestellt hatte, blieb die Serienproduktion der Tourenmaschinen noch eine Reihe von Jahren beim Zweitaktmotor. In der Tat waren für die enorme Expansion des motorisierten Zweirads nach dem Krieg vor allem die einfachen, preiswerten Modelle verantwortlich, die der Bevölkerung das unverzichtbare Verkehrsmittel boten, das kaum Probleme beim Fahren und bei der Instandhaltung bereitete. Fraglos war der Zweitakter, der – außer zuweilen einer Kerzenpanne – selten Schwierigkeiten macht, dafür besonders geeignet.

Damals drehte sich die Kundenwerbung daher mehr um Preise und Sparsamkeit als um hohe Leistungen, und alle Werke müßten sich, Kosten zu senken und billig anzubieten, um sich ihren Marktanteil zu sichern. So gelang es Innocenti z. B. dank neuer Fertigungstechniken für das Fahrwerk, den Preis der jüngsten Lambretta »C« unglaublich weit zu reduzieren; kurz darauf brachte denn auch Vespa eine stark verbilligte, im Finish überaus spartanische Version. Und die ganze Branche – abgesehen von den wenigen Modellen für Betuchte, die es ja immer gibt – zog innerhalb kürzester Zeit nach.

MV, bekannt und begehrt nicht zuletzt wegen ihrer reel-

len Preise, entschied sich ebenfalls dafür, neben dem Motorroller »B« ein billigeres Modell zu produzieren. Der »B«, ein sehr gutes Gebrauchsfahrzeug, sollte von nun an »CLS 51« heißen (Typ C Luxus Super '51). Die neue Version »CGT 51« (Gran Turismo) besaß die gleichen mechanischen Bauteile, aber einen Aufbau, der den Motor unverkleidet ließ. Sie

erschien am Genfer Salon 1950 und wurde sogleich ein Verkaufsschlager. Hinter dem Sattel hatte sie einen praktischen, kleinen Staukasten, eine stets nützliche Sache für ein solches Fahrzeug, die aber nicht immer leicht realisierbar ist.

Doch damit nicht genug: Eine weitere Variante zum Thema Roller, noch einfacher und billiger, wurde auf der Mailänder

Mustermesse 1951 vorgestellt. Hier bestand das Chassis wieder aus einem Zentralrohr, das weder ganz noch teilweise verkleidet war; das Aggregat, zwar mit langgezogenem Gehäuse, hatte aber nur ein Dreiganggetriebe, das am Lenker mit Drehgriff geschaltet wurde. Die Gabel vorn arbeitete mit Kurzschwinge und Schraubenfeder; hinten verwendete

man eine Schwinge. Der Roller mit der Bezeichnung »Ovunque« oder auch »O 51« erinnerte etwas an die Lambretta. Alles in allem war ihm nur ein mäßiger Erfolg beschieden.

Wegen einer terminlichen Änderung gab es im Jahre 1952 zwei Motorradausstellungen – im Januar und im Dezember. Auf der ersten zeigte MV nur eine halbe Neuerscheinung: ein 150er Modell, das in Wahrheit bloß eine Version der schon bekannten 125er war, die man aufgrund der Vorjahrserfahrungen aus der Teilnahme an den Six Days überarbeitet hatte. Die 125er blieb im übrigen in Produktion. Somit enthielt der 1952er Katalog die 125er in den Varianten Turismo und Sport, die 150er mit den gleichen Varianten mit Telegabel (der sich später eine Billigversion mit Parallelogrammgabel zugesellte, die kurioserweise in einigen Enduro-Rennen startete) sowie vier Motorroller: den Ovunque, der inzwischen in »Tipo 52« umbenannt worden war, den sparsameren CLS mit 125er Motor, den CGT 125 und schließlich einen CGT Lusso (Luxus) mit 150 cm³ Hubraum.
Für die ganz besonders sportlichen und die Amateur-Rennfahrer gab es noch eine neue 125er-Zweitaktversion »Carter Lungo« (langes Gehäuse), die unter den Anfängern im Rennsport und bei den Teilnehmern an zweitklassigeren Rennen wegen ihrer guten Leistungen

bei einem für viele erschwinglichen Preis sehr beliebt werden sollte. Neuerungen gegenüber dem Modell vom Vorjahr waren der Doppelschleifen-Rohrrahmen mit verstärktem Heckteil und ein Viergang-Aggregat mit separater Magnetzündung, die damals mit den höheren Drehzahlen besser fertig wurde als ein Schwungradmagnet. Und es war das für die Unterbringung der diversen Bauteile der Zündung erforderliche längere Gehäuse, das dem Modell seinen Namen gab.
Eine wirkliche Neuheit, die – im positiven und negativen Sinn – deutliche Auswirkungen auf den Motorradmarkt im allgemeinen und vor allem für das Image der Firma MV Agusta haben sollte, wurde dagegen auf dem Mailänder Salon im Dezember 1952 enthüllt: ein 175er Leichtmotorrad mit 1-ohc-Viertakter und Steuerkette, erhältlich in den Versionen Turismo, Sport und Lusso. Der italienische Motorradmarkt hatte sich nach dem Krieg schwunghaft entwickelt (aus 160.000 Einheiten von 1939 waren 1949 fast eine halbe Million und bis Ende 1952 1,4 Millionen geworden), einerseits weil die Industrie mittlerweile sehr preiswerte, zuverlässige Fahrzeuge baute, andererseits wegen der fiskalischen Erleichterungen für Motorräder bis zu 125 cm³, insbesondere deren Zulassungsfreiheit. Auch nach Wegfall dieser Ausnahmeregelung 1951 hielt der Boom noch für die nächsten Jahre an, und da es nicht mehr nötig war, sich an die ominöse 125er Beschränkung zu klammern, bildete sich

rasch (wie wir sahen, auch bei MV) eine neue Klasse von 150 bis 160 cm³ heraus, die oft durch einfaches Vergrößern der Bohrung erreicht werden konnte. Doch da nun einmal der Appetit beim Essen kommt, ging der größte Teil der Hersteller bald weiter bis zur 175er Marke, der generellen Hubraumgrenze für Leichtmotorräder aus Vorkriegszeiten, als freilich die Leistungen noch wesentlich niedriger waren.
Etwa zur gleichen Zeit beschloß der italienische Verband FMI, wieder Rennen für Serienmaschinen auszuschreiben – eine immer wieder versuchte Utopie, auch den nicht von einem Werk unterstützten und daher finanziell schwächeren, aber eben begeisterten Rennfahrern faire Chancen einzuräumen. In der Praxis lief das aber stets ganz anders: Die Werke beeilten sich, mehr oder weniger gut getarnte, echte Rennmaschinen auf den Markt zu bringen und sie einigen wenigen zu annehmbarem Preis anzubieten (ein gutes Werk zur Förderung des »Breitensports«!), wobei vor allem die Technik wieder ein Stück vorwärtsgebracht wurde – nicht allein in bezug auf die Motorleistungen, auch auf Leichtbaufahrwerke, Stabilität, Bremsen etc.
1953 jedenfalls standen wieder serienmäßige oder richtiger »seriennahe« Motorräder am Start (denn man hatte diverse Abweichungen von der Serie zugelassen). Die glanzvollste Veranstaltung für die wiedererstandene Kategorie war der Motogiro d'Italia, ein Straßen-

rennen, das in Etappen gefahren und erstmals 1953 ausgetragen wurde. Wie alle anderen Rennen auf öffentlichen Straßen wurde es dann nach der so tragisch verlaufenen Mille Miglia 1957 verboten.
Der Motogiro war auf die Klasse bis 175 cm³ beschränkt, um die Risiken möglichst klein zu halten, und wurde sogleich zum vollen Erfolg, zu einer Werbekampagne für die teilnehmenden Firmen. Und wieder war das Ergebnis eine Verwandlung der bis dahin friedlichen, zuverlässigen und vertrauten Serienmaschinen, die so wirkungsvoll zu Italiens Motorisierung beigetragen hatten, in empfindliche, komplexe und teure Rennboliden.
All das führte in erster Linie auch zum rapiden Verfall bei den klassischen italienischen Halblitermaschinen, einst Traum aller Motorradfans, die aber, auf Vorkriegskonstruktionen basierend, von den neuen 175er Leichtmotorrädern deklassiert wurden, und zwar sowohl im Hinblick auf Geschwindigkeit als auch auf Vitalität und Handlichkeit. Deklassiert auch kurze Zeit darauf durch die Abwendung der normalen Käufer, die keine technischen Spielereien, keine unbequemen, kapriziösen Maschinchen mehr wollten, mit denen man mehr Zeit in der Werkstatt als auf der Straße verbringt, sondern ein robustes, braves Fahrzeug für die tägliche Fahrt zur Arbeit.
Auch MV paßte sich rechtzeitig und in jeder Hinsicht dem neuen Kurs an. Ihr 175er Motor war immer noch langhubig, hatte Zylinder und Kopf in

Leichtmetall, Schwungradmagnet mit außenliegender Zündspule und angeblocktes Vierganggetriebe. Der offene Doppelschleifenrahmen war nach dem Vorbild der bisherigen Modelle gebaut, d. h. der Hauptteil aus Rohren und die Heckpartie aus gepreßten Blechteilen; die Radaufhängungen bestanden aus Telegabel und Schwinge mit Federbeinen. Es gab zunächst eine Touren- und eine Luxusversion mit Unterschieden in der Ausstattung, aber dem gleichen Motor von 8 PS (5,9 kW) bei 5000/min, und daneben eine

Sportversion mit 9 PS (6,6 kW) bei 5500/min mit 105 km/h Spitze.

Doch auch das reine Gebrauchsfahrzeug gab man nicht auf. Vielmehr wurde den bewährten Modellen ein Leichtmotorrad mit recht eigenwilliger Konzeption zur Seite gestellt, das am Brüsseler Salon im Januar 1953 debütierte – eine Konzeption, die rasch Schule machen und von vielen anderen im In- und Ausland imitiert werden sollte: die »Turismo Pullman 125«. Das war eine äußerst gelungene Synthese aus traditionellem

Kleinmotorrad und Motorroller, die noch dazu etwas bot, das man beim Motorrad stets vergeblich gesucht hatte, nämlich den größtmöglichen Fahrkomfort – selbst wenn dies auf Kosten des sportlichen Motorrad-Images ging.

Der geschlossene Rahmen der Pullman bestand aus Rohren mit besonders großem Querschnitt, und man saß darauf wie beim klassischen Motorrad, das ja vor allem psychologisch das Gefühl von Stabilität und Sicherheit bietet; doch die recht kleinen Räder, ein niedriger Sattel und große Tritt-

bretter anstelle der Fußrasten sorgten für eine bequeme, entspannte Sitzposition, die ermüdungsfreies Fahren versprach. Besonders auffallend an der neuen Konstruktion aus Cascina Costa waren die Räder, da man dicke, robust wirkende 3½''-Reifen auf Felgen von nur 15 Zoll montiert hatte: ein nicht alltäglicher Anblick, besonders damals, als hohe, schmale Räder als Kennzeichen für ein sportliches Motorrad galten.

Natürlich waren die kleinen Räder nicht als Stylingelement, sondern aus strikt funktionellen Gründen gewählt worden, denn dicke Reifen können Fahrbahnunebenheiten besser schlucken und tragen daher wesentlich zu höherem Fahrkomfort bei.

Der Motor war der mittlerweile klassische, langhubige 125er Zweitakter mit dem langen Gehäuse, aber nur drei Gängen, die man für die Einsatzart dieser Maschine als vollauf genügend ansah, und einem Schaltdrehgriff links am Lenker. Rechts führte eine Kette zum Hinterrad. Dieser Einzylinder leistete 5 PS (3,7 kW) bei 4500/min und verfügte über doppelte Schalldämpfer (gleichzeitig beim Roller Ovunque eingeführt), die sowohl die Motorfunktion als auch die Laufruhe deutlich verbesserten.

Der Motor war mit der Hinterradschwinge fest verbunden, machte also deren Schwingbewegungen um die Drehachse mit; die Federung übernahmen Teleskopfederbeine zu beiden Seiten des Rades. Die sehr vereinfachte Struktur hatte zu Gewichts- und Kostenreduzierung geführt. Die Pullman konnte deshalb zu einem sehr günstigen Preis angeboten werden und fand – auch aufgrund ihrer Besonderheiten – großen Anklang bei der Käuferschaft, die wohl auf etwas Derartiges gewartet hatte. Die Tatsache jedenfalls, daß verschiedene andere Firmen sich beeilten, Ähnliches auf den Markt zu bringen, bewies mehr als alle Zahlen, wie gut diese Idee in die Zeit gepaßt hatte.

Am Saisonende 1953 befand sich MV somit bereits unter den wichtigsten italienischen

Marken. Trotz der Unruhe, die, wie wir noch sehen werden, das tragische Ende Grahams auf der Rennsportseite gebracht hatte, schloß die 53er Erfolgsbilanz mit etwa neunzig Siegen in Wettbewerben aller Art, gekrönt von der Markenweltmeisterschaft in der 125er Klasse. Vor allem aber erlebte die Serienproduktion einen steten Anstieg und die Erzeugnisse der Marke MV eine immer weitere Verbreitung. In Italien fertigte man inzwischen 20.000 Stück jährlich, während ein Werk in Spanien unter der Bezeichnung »Emevue« den Lizenzbau von MV-Maschinen aufgenommen hatte. Im eigenen Lande hatte MV 250 Vertretungen, und dazu kamen Importeure in Frankreich, der Schweiz, den Niederlanden, in Österreich, Argentinien und Brasilien.

Diese offenbar auch wirtschaftlich ausgezeichnete Lage hatte positiven Einfluß auf das ganze Unternehmen einschließlich seiner Mitarbeiter, und es wundert nicht, daß in dieser Zeit ganz besonders viele Zukunftsentwicklungen liefen, Arbeiten, die häufig – wie wir schon erwähnten – keinerlei Chance für eine Serienfertigung hatten, die aber den Ideenreichtum und die Fähigkeiten von Firmenleitung und Belegschaft unter Beweis stellen. Denn den Luxus von nicht unmittelbar ins Programm passenden Neuentwicklungen kann sich nur eine gesunde, wirtschaftlich leistungsfähige und expandierende Firma leisten.

Dies gilt z. B. für die Untersuchungen an stufenlosen hy-

draulischen Getrieben (System Badalini), die zuerst zu einem Aggregat mit 150er Zweitakt- und später einem mit 175er Viertaktmotor führten. Diese Konstruktionen, die auf dem Mailänder Motorradsalon im November 1953 (Zweitakter) und im Jahr darauf (Viertakter) vorgestellt wurden, fanden das bewundernde Interesse von Technikern und anderen Besuchern.

Man befaßte sich auch mit einer Benzineinspritzung für Zweitaktmotoren. Dafür nahm man einen Einzylinder mit 125 cm³, einen abgewandelten Serienmotor, der in ein 1956er Pullman-Modell eingebaut wurde. Angeknüpft wurde an Studien aus dem Jahr 1948 für mechanische Einspritzpumpen. Daneben gab es Entwicklungen, die nicht direkt mit dem Motorrad zu tun hatten, etwa Außenbordmotoren, Kleinwagen, Kleinlaster und Spezialfahrzeuge.

Doch lassen wir einmal alles das beiseite und wenden uns der normalen Produktion zu. 1954 wurde die Palette der 175er 1-ohc-Motoren erweitert durch ausgesprochen sportliche Versionen: so die »SS« oder Super Sport, die sich außer einer auf 15 PS (11 kW) bei 8800/min (Spitze über 140 km/h) erhöhten Motorleistung durch einen auffälligen, eigenartig geformten Tank unterschied, der ihr rasch den Beinamen »Disco Volante« (Fliegende Untertasse) eintrug. Dieser Name wurde so populär, daß er bald sogar im Werk anstelle der offiziellen, ach so sterilen Bezeichnung »CSS« gebräuchlich wurde: etwas wie

eine Parallele zu Fiats »Topolino« (Mäuschen), zu VWs »Käfer« und anderen weltbekannt gewordenen Spitznamen.

In der Geschichte der Marke MV spielt die 175 Disco Volante eine besonders gewichtige Rolle, obschon – das muß man sagen – nicht immer und überall eine positive. Leicht, handlich und preiswert, fand sie reißenden Absatz unter sportlichen Kunden und solchen, die hohe Fahrleistungen zu schätzen wußten. Zu einem durchaus angemessenen Preis bekam man eine Maschine, die es vom Tempo her mit weit größeren aufnahm, diesen aber in der Handlichkeit, Straßenlage und Bremswirkung klar überlegen war – insgesamt also ein praktischeres Gerät, vor allem auf gemischten, anspruchsvolleren Strecken.

Sie war auch das ideale Fahrzeug für Rennen der Kategorie Sport, und so baute man auf dieser Basis bald eine Version Sport Competizione (Rennsport) mit Earles-Gabel, 2.75–19″ Bereifung, anatomisch ausgeformtem Tank, Magnetzünder und 5-Gang-Getriebe. Das war eine Maschine, die man frei kaufen konnte, die aber auch Werksfahrer für zweitrangige Rennen benutzten und damit etliche Siege errangen.

Die Disco Volante war zwar ein optimales Sportgerät, doch kaum etwas für den Alltagsgebrauch, für den sie viele nutzen wollten. Denn dafür erwies sie sich als recht anfällig und verlangte viel Vorsicht im Umgang. Schließlich war sie mit ihren 85 PS/l (63 kW/l) vielen damaligen Grand-Prix-Maschi-

nen in der Literleistung ebenbürtig, wenn nicht überlegen, und zwar bei einem Drehzahlniveau, das uns heute noch imponieren kann. Besonders anfällig war die Steuerkette, die sich rasch längte, Leistungsverluste verursachte und häufig ersetzt werden mußte.

Fast alle anderen Werke boten jetzt aufgrund der Rennen für Serienmaschinen kleine 1-ohc-Viertakter an, und auch sie alle waren mehr oder weniger anfällig. So begann das Motorrad in der Gunst gerade jener Käuferschicht zu fallen, die ihm in den vergangenen Jahren auf die Beine geholfen hatte. Seit einiger Zeit hatte ein neuer Boom eben dieses Publikum an den Kleinwagen herangeführt. Wer nicht dem Zauber des Motorrads als solchem verfallen war, sondern nur dessen wirtschaftliche Vorzüge genutzt hatte, stieg um auf ein Fahrzeug, das zwar langsamer, aber komfortabler und geräumiger war (aha, die typische Familie, der der Roller zu klein geworden war!). Vor allem aber war es weniger launisch und pannenträchtig.

So begann um 1960 der Motorradmarkt abzuebben; viele Firmen blieben auf der Strecke, viele andere mußten zurückstecken. Trotz deutlich zurückgehenden Absatzes konnte sich MV vorerst retten, vor allem dank des so passionierten Conte Agusta, dem diese Situation vielleicht gerade recht war: Ohne den Druck seitens der Verkaufsabteilungen und die unvermeidlichen Probleme mit den Kunden, also ohne Rücksicht auf die harte Wirklichkeit des Marktes, konnte er nun frei gestalten, den eigenen Eingebungen folgen, auf der Suche nach immer größerer Befriedigung seiner Passion.

Auf jeden Fall schien 1954 die Lage noch heiter, und obschon einige Vorzeichen auf eine graue Zukunft hindeuteten, lief vorerst alles zum Besten. So stellte MV im Hochsommer eine neue 125er mit Stoßstangenmotor vor, die »TR« oder Turismo Rapido. Der Viertakter befand sich nun auch für das reine Gebrauchsfahrzeug auf dem Vormarsch, und zwar mehr aus modischen denn aus praktischen Gründen: Vielen schien er einfach »seriöser«, weil er den Motoren der Autos und der schweren Maschinen entsprach, während man den Zweitakter nun als Notlösung für Anfänger und arme Leute betrachtete. Der »Könner« oder Bessergestellte wollte etwas, das ihn in der Werteskala der Motorisierten vom allzu Simplen abhob.

Demgemäß begann MV, die Zweitaktmodelle nach und nach durch neue mit Viertaktmotoren zu ersetzen, und das erste von ihnen war eben diese »TR«. Ihr Zylinder hatte entgegen bisherigen Gepflogenheiten des Hauses quadratische Abmessungen. Der Motor leistete 5,6 PS (4,1 kW) bei 5200/min, eine sichere Sache. Sein Schmieröl befand sich im Gehäuseunterteil, ein Schwungradmagnet sorgte für die Zündung, das angeblockte Vierganggetriebe hatte Fußschaltung. Der offene Doppelschleifenrahmen bestand vorn aus Rohren, hinten (bis auf die allerersten Exemplare) aus Blechteilen; dazu kamen hinten eine Schwinge, vorn eine Telegabel und Räder mit 2.75–18er Bereifung. Die »TR« blieb bis 1958 im Katalog und wurde im Lauf der Zeit mehrfach überarbeitet. MV brachte auch eine Sportversion »RS« mit erhöhter Leistung heraus.

Den Einstieg der Marke MV in einen anderen Sektor kleiner Zweiradfahrzeuge, nämlich den der Mopeds, markiert das Jahr 1955. Der »Mikromotor«, eingebaut in normale Fahrräder, war gleich nach dem Krieg der erste Schritt vieler Leute gewesen, von der Schinderei des Tretens loszukommen. Als es dann offenkundig wurde, daß das Fahrrad dieser Belastung nicht gewachsen war, ging man allmählich zu Mofa und Moped über, also zu Zweirädern, die eigens dafür konzipiert sind, einen mechanischen Antrieb zu vertragen. Und wer sich's leisten konnte, wählte das Motorrad. Während das Fahrrad mit Hilfsmotor verschwand, konnte das Moped bis heute einen namhaften Marktanteil halten – dank seines niedrigen Preises, seiner Besonderheiten wie Einfachheit und geringes Gewicht, und womöglich auch wegen fiskalischer Erleichterungen. Ein durchaus nicht zu unterschätzender Markt also, für den sich MV logischerweise auch interessieren mußte.

Der Name des MV-Modells lautete schlicht »Ciclomotore 48« (Moped 48). Es hatte einen Zentralträgerrahmen aus Blech, die Teile elektrisch verschweißt, dessen Träger in leichtem Bogen nach hinten abfiel, und der sowohl gut aussah als auch das ganze Moped sehr handlich machte. Auch die Gabel bestand aus Preßteilen, und das Rad saß in einer gefederten Kurzschwinge, das Hinterrad dagegen hatte zwei Teleskopfedern. Der Zweitaktmotor mit vom linken Lenkerdrehgriff aus geschaltetem Dreiganggetriebe leistete 2 PS (1,5 kW) bei 5400/min und erlaubte ein Tempo von 50 km/h. Es gab damals in Italien für Mopeds übrigens noch kein Tempolimit; die heutige Begrenzung trat erst 1959 in Kraft.

Der Ladenpreis war recht verlockend für ein dreigängiges Moped, das am Markt gut ankam, ohne sich allerdings gegen die wehrhafte Konkurrenz voll durchsetzen zu können. Das Moped blieb bis 1959 ohne wesentliche Änderungen im Angebot.

Ende des Jahres erschienen dann zwei weitere interessante Produkte. Das ungewöhnlichere war ein Motorrad mit einem 2-ohc Zweizylinder-Viertaktmotor von 300 cm³, entworfen von dem aus Rom stammenden Dr.-Ing. Giannini, mit Vierganggetriebe und elektrischem Anlasser. Die Zylinder aus Grauguß waren um 30° nach vorn geneigt, die Leichtmetallköpfe wiesen eigenartige, gefächerte Kühlrippen auf. Der Motor hatte zwei Vergaser mit gemeinsamer Schwimmerkammer in der Mitte und Spulenzündung. Am offenen Doppelschleifenrahmen befand sich hinten eine Schwinge, vorn eine Earles-Gabel mit geraden Armen und gekapselten Federn.

Dieses Modell, das wegen seiner wahrlich avantgardistischen Lösungen großes Interesse bei Fachleuten und Laien auslöste, wurde jedoch nicht auf den Markt gebracht. Später, 1957, gab es eine von ihm abgeleitete GP-Maschine mit auf 350 cm³ erhöhtem Hubraum und um 45° geneigten Leichtmetallzylindern, zwei Vergasern, Magnetzündung und Fünfganggetriebe. Sehr interessant waren der aus dünnen Rohren gebaute Fach-

werkrahmen und die von einem Rohrgeripe gestützte Earles-Gabel. Die Maschine hatte eine übliche Hinterradschwinge und zentral liegende Bremstrommeln, vorn mit vier Backen.

Das Fahrzeug wurde lange Zeit erprobt, fast immer von Ken Kavanagh, doch schließlich zog man vor, es zugunsten der klassischen Vierzylindermaschine zurückzustellen. Tatsächlich war die Zweizylinder mit 132 kg zwar leicht, doch der Motor kam über 47 PS (35 kW) bei 12000/min nicht hinaus, und der Rahmen machte Handlingprobleme, deren Abstellung schwierig gewesen wäre. So wurde das Modell »eingemottet« und ist noch heute im MV-Museum zu bewundern.

Die Superpullman hingegen, die zweite Neuheit zum Jahresende 1955, ging in Serienfertigung. Die Pullman, ein wahrlich gelungenes MV-Modell, erfuhr zwar ein paar kleinere Änderungen, blieb aber im Programm. Die Superpullman war völlig neu konzipiert und übernahm von ihrer Vorgängerin nur das Bauprinzip, also die einfache, wirtschaftliche und komfortable Konstruktion. Der Rahmen bestand aus zwei aus Blech gepreßten, elektrisch zusammengeschweißten Schalen, die ein kräftiges Rückgrat vom Lenkkopf bis zum Sattel und nach unten einen Hohlkörper bildeten, an dem freitragend der 125er Motor gelagert war, ein langhubiger Einzylinder-Zweitakter. Er war neu konstruiert und mündete in einem fußgeschalteten Vierganggetriebe. Vorn war eine Gabel mit Kurzschwinge, das Hinterrad wurde in einer normalen Schwinge geführt. Gegenüber der Pullman verwendete man größere Räder, weshalb die Maschine optisch und von den Abmessungen her konventioneller erschien. Der Motor leistete 6 PS (4,4 kW) bei 6200/min, die Spitze lag bei 75 km/h.

Auf der Mailänder Mustermesse 1956 präsentierte MV völlig unerwartet eine neue, kompakte und moderne 250er. Die alte Viertelliter von 1947, hier und da aktualisiert (wie z. B. die Telegabel), hatte noch typisches Vorkriegsstyling und einen antiquierten Motor. Die Neuschöpfung dagegen, die auf den 175er 1-ohc-Modellen basierte, folgte dem Stil der Zeit mit geschwungenen Linien und durchlaufenden Flächen, und man darf sie als eines der schönsten italienischen Motorräder jener Periode bezeichnen. Der Motor (mit einer durch Steuerkette getriebenen Nockenwelle) hatte einen gegenüber dem der 175er stärker gerundeten Kopf und unterquadratische Abmessungen, dazu Spulenzündung mit automatischer Zündverstellung, einen Vergaser, der die Ansaugluft aus der beruhigten Zone unter dem Sattel erhielt, und ein Vierganggetriebe.

Der Rahmen bestand aus einem kräftigen Zentralrohr, ergänzt durch zwei dünnere Rohre, die die vorderen Streben der Doppelschleife bildeten, ferner einer Hinterradschwinge und einer Telegabel. Die nur 116 kg wiegende 250er erreichte dank ihrer 14 PS (10,3 kW) bei 5600/min 115 km/h

Spitze. Eine brillante Maschine, die Sicherheit und zuverlässige Funktion für denjenigen bot, der viel von ihr verlangte, sei es im täglichen Verkehr oder als Tourenfahrzeug. Das zuerst schlicht als »Gran Turismo« bezeichnete Modell erhielt später den Namen »Raid« nach einem Wettbewerb, an welchem alle Vertragshändler und Vertretungen des Werks teilgenommen hatten.

Für den Motorradmarkt war 1957 noch einmal ein gutes Jahr, obschon manche Fachleute mit Gespür eine Krise heraufziehen sahen. In wirtschaftlich bessergestellten Ländern Europas zeichnete sie sich schon deutlicher ab. Das Erscheinen echter, zuverlässiger Kleinwagen – in Italien zuerst des Fiat 600 und eben jetzt auch des Nuova 500 zu einem gegenüber dem Motorrad konkurrenzfähigen Preis – ließ vermuten, daß binnen kurzem ein Großteil der Käufer von zwei auf vier Räder umsteigen werde: eine Vermutung, die sich schon nach wenigen Jahren bewahrheiten sollte. Denn selbst für die jungen, sportlichen Leute waren diese Autos höchst attraktiv, versprachen sie doch Fahrfreuden, die bis dahin nur den wenigen Söhnen reicher Väter vergönnt waren. Angesichts dieser Lage ergriff die Hersteller eine Welle der Panik, und sie reagierten alle mehr oder weniger auf die gleiche Weise: Kostenreduzierung dort, wo man glaubte, sparen

zu können – wie etwa beim Motorsport –, und Konstruktion immer wirtschaftlicherer Modelle in dem Bemühen, wenigstens den Teil der Kundschaft zu halten, der auf ein billiges Produkt angewiesen war. Etwa ein Jahrzehnt später würde das Motorrad unter dem Druck japanischer Importe und dank allgemeinem Ansteigen der Kaufkraft zu einem Fahrzeug der Nonkonformisten werden, ein Mittel zur Distanzierung von der breiten, Auto fahrenden Masse. Doch momentan schien das Billigprodukt der einzige Weg zu sein, um zu überleben.

MV Agusta allerdings verzichtete nicht auf ihre Studien und auf die Realisierung ihrer Zukunftsthemen. Gerade in diesen Jahren bot die Aufnahme einer Hubschrauberfertigung unter amerikanischer Lizenz der Firma ein sicheres finanzielles Polster, das es erlaubte, die Motorradproduktion frei von momentanen wirtschaftlichen Fesseln weiterzuführen. Auch die sportlichen Aktivitäten waren als eindrucksvoller und vornehmer Werbeträger für ein Markenimage zu sehen, nicht fest gebunden an die Motorradproduktion, sondern basierend auf der Ehe zwischen »Sponsor« Helikopter und Motorradsport, so, wie solche Verbindungen auch zwischen einer Likörmarke und einer Radsportmannschaft oder zwischen Schokoladenfabrik und Basketballteam bestehen.

So viel zur Lage. Der Katalog 1957 wurde bereichert durch zwei preiswerte Modelle, die 125 »TRE« Turismo Rapido Esportazione und die 175

»CSTE« Turismo Esportazione, die knapp ein Viertel mehr kostete. Ihre günstigen Preise waren auf Einsparungen an der Ausstattung, jedoch nicht an der Substanz, zurückzuführen. Auf dem Mailänder Salon im November erschien dann eine äußerst interessante Entwicklung, die von der Fachpresse als einzige technische Neuheit der Ausstellung gelobt wurde: die Indirekteinspritzung für die Motoren mit 125, 175 und 250 cm³. Der Kraftstoff wurde per Schwerkraft zu einer Pumpe links unterhalb des Zylinders geführt und von hier unter Druck zur Düse gefördert, die in einem kurzen Rohrstutzen angeordnet war. Dieser wirkte zugleich als Zerstäuber, als Mischkammer und als Saugrohr und war mit einem Luftfilter und einer Drosselklappe versehen, die zusammen mit der Einspritzmenge vom Gasdrehgriff am Lenker gesteuert wurde.

Zum Salon standen den Interessenten für Probefahrten drei Motorräder mit Einspritzung zur Verfügung, um deren Vorzüge kennenzulernen. Für die Herstellung der auf Patenten des deutschen Ingenieurs Schindele basierenden Einspritzanlagen hatte MV eine eigene Gesellschaft gegründet, die SBS (Società Brevetti Schindele), ebenfalls in Cascina Costa. Eine ganze Weile wurde in dieser Richtung weiterentwickelt; man fertigte Bausätze für verschiedene Motoren bis hin zu acht Zylindern und acht Litern Hubraum, und selbst für diese größte Version waren die Flanschabmessungen mit 142 mm Länge und 94 mm Durchmesser sehr kompakt. Die Zeit aber war noch nicht reif für Einspritzanlagen in großer Serie, und so wurde diese Entwicklung schließlich eingestellt.

Die Mailänder Mustermesse im Frühjahr 1958 blieb in diesem Jahr der einzige italienische Motorradsalon, weil man damals beschloß, die Fahrrad- und Motoradausstellung nur mehr alle zwei Jahre zu veranstalten. 1958 also erschien unerwartet eine sehr interessante Neuheit von MV, die kleine »83« oder »Ottantatre«, so benannt wegen ihres ungewöhnlichen, aber mit Bedacht gewählten Hubraums. Tatsächlich hatte sich nach längeren Versuchen ergeben, daß 83 cm^3 voll ausreichten, um zwei Personen bei sehr niedrigem spezifischem Verbrauch genügend schnell zu befördern.

Die Ausführung war sehr schlicht: ein dreieckiger Rahmen aus dicken Rohren, an dem der Einzylinder-Viertakter frei aufgehängt war, dazu Telegabel und Feder-Dämpferbeine sowie mit 2.50–19″ bereifte Räder. Der Stoßstangenmotor hatte Schwungrad-Magnetzündung, Naßsumpfschmierung und ein fußgeschaltetes Dreiganggetriebe. Die »83« wurde in den zwei Versionen Normale und Sport angeboten, die sich in Ausstattung, Fahrleistungen und Preis unterschieden.

Auch 1959 wurde ein besonders fruchtbares Jahr für die Firma MV. Aufgrund der großen Rennerfolge der vergangenen Saison erschienen immer häufiger neue Serien- und Rennsportmodelle. Vorerst be-

fassen wir uns jedoch nur mit den Serienversionen, auf deren Modernisierung und Erweiterung die in dieser Zeit neu erstellten und ausgebauten Werksanlagen mit neuen Hallen und Maschinen keinen geringen Einfluß hatten.

So sah die Mailänder Mustermesse eine neue 125er Viertaktversion, die vom Vorgängermodell die verschiedenen Bezeichnungen – Rapido Extra, Rapido America, Rapido Extra Lusso – übernahm, tatsächlich aber einen völlig neuen Motor aufwies. Statt mit langen Zugankern war der Zylinder durch einen großen, geschraubten Flansch direkt auf dem Gehäuse befestigt, und auch die Verrippung war geändert worden. Um Robustheit und Lebensdauer zu erhöhen, hatte man die Abmessungen vieler Lager und Wellen erheblich vergrößert. Deutlich verbessert war auch die Schmierung: vergrößerte Ölmenge in der Wanne und Einbau eines Schleuderfilters an der Kurbelwelle. Genauer gesagt, handelt es sich um zwei radiale Ausnehmungen im Bereich des Umfangs des linken Gegengewichts. Diese korrespondieren mit den üblichen Ölbohrungen in der Kurbelwelle, in denen

das Schmieröl unter Druck steht. Fremdkörper, die das Sieb am Ansaugrohr in der Ölwanne und anschließend die Wellenbohrungen passieren, werden durch Fliehkraft nach außen geschleudert und landen in einer der beiden Kammern, von wo der angesammelte Schmutz regelmäßig durch einen Verschlußstopfen in der Wanne entfernt werden kann. Im übrigen war die Motorleistung auf 7,5 PS (5,5 kW) gesteigert worden und reichte für ein Tempo von 95 km/h aus.

Neu war auch die 150 Sport mit ihrem von der 125er durch Aufbohren abgeleiteten Vier-

Das Werk nahm eine Zeitlang auch an Motocross-Rennen teil. Hier sieht man Lucio Castelli, der später einer der geschicktesten Rennmechaniker des Hauses wurde, in voller Aktion mit einer Cross-Version vom 175er ohc-Modell »Disco Volante«.

Zwei Motoren mit 250 bzw. 175 cm³, ausgerüstet mit der Schindele-Indirekteinspritzung, hier auf dem Mailänder Motorradsalon 1957.

takter, der damit sehr kurzhubig wurde. Der Hubraum von 150 cm³, seinerzeit nach Wegfall der fiskalischen Vorteile der 125er beliebt geworden, erlebte durch die in den ersten Monaten des Jahres 1959 eingeführte italienische Straßenverkehrsordnung erneute Aktualität: Nach langem Hin und Her hatte man beschlossen, auf Autobahnen keine Motorräder unter 150 cm³ zuzulassen. Daher erschienen schon bald viele 150er Maschinen, und die MV war unter den allerersten. Die 150 Sport unterschied sich äußerlich nicht wesentlich von den neuen 125ern. Neben einer Lackierung in Leuchtendrot und Weiß fiel vor allem die Auspuffleitung mit den beiden übereinander liegenden Schalldämpfern auf, durch die das Geräusch möglichst ohne

Leistungseinbuße – der Motor leistete hier 9,7 PS (7,1 kW) – reduziert werden sollte. Die Maschine erreichte 100 km/h Spitze und verbrauchte etwa 3 l/100 km.
Ebenfalls auf der Mailänder Messe stellte MV ein neues 175er Modell offiziell vor, das sich bereits seit einiger Zeit bei den Händlern befand: die Extra Lusso mit Stoßstangenmotor, die ruhiger lief als das weiterhin produzierte ohc-Triebwerk, aber auch dauerhafter und zuverlässiger, und die den Modellen des Hauses MV den Makel der Zerbrechlichkeit nehmen sollte, der sie seit der ansonsten so ausgezeichneten »Disco Volante« umgeben hatte. Neben der Extra Lusso erschienen dann die Varianten America, America Lusso, Turismo Extra Lusso und Gran Turismo.
Der Fahrrad- und Motorradsalon im folgenden Herbst kam mit einer weiteren Salve von Neuheiten der Marke MV. Zuerst einmal wurde die jüngste 125er Version mit Schleuderölfilter in »Centomila« umgetauft. Die Firmenleitung war nämlich von der Qualität der Schmierung und des ganzen Produkts so überzeugt, daß sie anstelle der bisherigen sechs Monate nun ein ganzes Jahr – maximal 100.000 (centomila) Kilometer – Garantie gewährte. Das Ganze war, wenn man so will, eher ein netter Werbegag, denn es dürfte schwierig sein, diese Strecke in einem Jahr mit einem leichten Motorrad zusammenzubringen. Doch der Slogan erregte zweifellos einiges Aufsehen.
Zwei Motorroller – ein Fahr-

zeugtyp, den MV vor einiger Zeit auf Eis gelegt hatte – erschienen ebenfalls im Herbst 1959, beide mit offenem Durchstieg, großem Schutzschild vorn, in die Lenkerverkleidung integriertem Scheinwerfer und 3.50–10″ Rädern, doch im Antrieb sehr unterschiedlich. Der »Bik« besaß einen 166 cm³-Viertaktmotor, dessen zwei Seite an Seite liegende Zylinder nach hinten geneigt waren, mit Semi-Hydrostößeln und Kipphebeln, Schwungradmagnetzünder und Vierganggetriebe. Der nach der Tradition des Hauses langhubige Zweizylinder mit 46,5 × 49 mm Bohrung und Hub leistete 6 PS (4,4 kW) bei 5000/min. Ein Leckerbissen also für den, dem feine Technik mehr bedeutete als hohe Fahrleistungen und Wirtschaftlich-

Kampf bis aufs Messer unter den voll verkleideten »Haien« 1957 auf der Monza-Rundstrecke. Auf dem Foto vorn ist Libero Liberati mit der Gilera 500 Vierzylinder, gefolgt von John Surtees mit der gleichfalls vierzylindrigen MV und von Giuseppe Cantoni auf der Gilera Saturno.

keit – ein damals gewiß nicht sehr großer Kundenkreis für einen Motorroller. Tatsächlich blieb der Bik im Versuchsstadium stecken: einer der vielen Beweise für Findigkeit und technische Fähigkeiten der MV-Leute, die aber niemals auf den Markt kamen.

Anders ging es dagegen dem »Chicco«, der anfangs nur für den Export geplant war, dann aber auch im Inland verkauft wurde. Er war eher bescheiden und wirtschaftlich, hatte einen

ehrlichen 155 cm³ großen Zweitakter und verkaufte sich einigermaßen. Sein liegender Einzylinder mit Gebläsekühlung hatte ein per Drehgriff am Lenker geschaltetes Viergang-getriebe. Das Hinterrad war – etwa wie bei der Vespa – unmittelbar auf der Abtriebswelle des Getriebes befestigt. Der Motor gab 5,8 PS (4,3 kW) bei 5200/min ab und brachte den Roller auf 85 km/h.

Schließlich seien noch zwei Fast-Neuheiten der Mittelklas-

se erwähnt. Vom Modell Raid erschien eine auf 300 cm³ vergrößerte Version, und außerdem wurde die Tevere 235 vorgestellt, ein Billigmodell in Anlehnung an die Raid. Die Unterschiede liefen freilich auf eine einfachere Ausstattung und auf andere Formgebung in einigen Details hinaus.

Nach all den Neuheiten des Jahres 1959 wurde 1960 eine eher ruhige Saison. Einzige Neuerscheinung war die »Checca«, ein Modell der ganz leichten Klasse, das die »83« ablösen sollte und dem klassischen, schon bekannten Muster der 125er und der 150er entsprach. Sie war zunächst in zweierlei Größen und drei Ausstattungsvarianten erhältlich: als Checca GT mit 83 cm³, Checca GT Extra und Checca Sport GT mit jeweils 99 cm³, letztere jedoch mit höherer Leistung. Wie oben angedeutet, glich die Checca in ihrer Bauweise den jüngsten Ausgaben der nächstgrößeren Modelle: leicht nach vorn geneigter Zylinder, Steuerung über Stoßstangen, Schwungradmagnetzünder, fußgeschaltetes Getriebe mit freilich nur drei Gängen, offener Doppelschleifenrahmen, 17"-Räder. Die 83er Einfachversion lief 80 km/h Spitze, während die Sport GT die magischen 100 erreichte.

Einigermaßen ruhig war auch die Saison 1961: Außer einer neuen Tourenversion GT der 150er-Reihe mit gegenüber der Rapido Sport deutlich geringerer Leistung gab es nur eine Neuigkeit, nämlich den Wiedereinstieg der MV in die seit einiger Zeit vernachlässigte Moped-Klasse. Für sie hatten die neuen Vorschriften von 1959 einige Änderungen gebracht, vor allem Leistungs- und Tempolimits, doch zugleich ließ man den Aufbau dieser Fahrzeuge offen, d. h. Tretkurbel und Pedale wurden nicht mehr gefordert. Daher waren nun Mopeds in vielen

Versionen vom Pseudo-Roller bis zum Mini-Motorrad entstanden, mit denen man den Wünschen einer viel breiter gefächerten Käuferschaft besser entsprechen zu können glaubte. Das neue MV-Modell, »Liberty« genannt, war ein 50er Mini-Motorrad. Es erfüllte zwar die gesetzlichen Vorschriften, glich äußerlich aber nahezu seinen größeren Brüdern: Doppelschleifenrahmen, Telegabel, Hinterradschwinge. Auch der Viertaktmotor mit seinem leicht geneigten, kräftig verrippten Zylinder, dem angeblockten Dreiganggetriebe und dem ovalen Gehäuse wirkten so imposant, daß man das Maschinchen leicht mit einem weit stärkeren verwechseln konnte. Es wurde in den Versionen Turismo und Sport angeboten, die sich natürlich nur in der Ausstattung unterscheiden konnten, weil die Leistung vom Gesetzgeber limitiert war. Später kamen die Varianten Sport »S« mit größeren Rädern, Turismo »T«, America und Super Sport hinzu. Dank der großzügigen Dimensionierung der Bauteile konnte dann auch eine auf 70 cm³ vergrößerte Version entwickelt werden, die auf der Mailänder Messe 1965 erschien.

Das ganze Jahr 1962 hindurch gab es bei MV – erstmals in der Firmengeschichte – keine neuen Modelle; der '63er Katalog enthielt die Checca mit ihren 99er Versionen, die Centomila, die 150er, den Motorroller Chicco, das Mini-Motorrad Liberty. Also nicht nur keine Neuheiten, sondern auch noch Streichung der Checca 83 sowie der Modelle 235, 250 und

300. Das war ein deutliches Zeichen für die Krise, die inzwischen den Markt voll erfaßt und die Einstellung unrentabler, nicht mehr genügend gefragter Produkte erforderlich gemacht hatte. Zu Ende ging die Zeit, da das Motorrad als wirtschaftliches Fahrzeug gekauft wurde, und so mancher Hersteller mußte den Kampf aufgeben. Die MV überlebte vor allem durch Agustas Hartnäckigkeit, doch es war sinnlos, Modelle in Produktion zu lassen, die der Markt nicht mehr verlangte, und daher war ihr Wegfall das einzig Richtige. 1963 trat MV wieder mit einer von der Centomila abgeleiteten 125er bei den Zuverlässigkeitsfahrten an, wo sich in den letzten Jahren einiges getan hatte: Immer härtere Prüfungen, praktisch reine Geländestrecken, hatten zur Entwicklung von Spezialfahrzeugen geführt mit extrem großer Bodenfreiheit, verstärkten Federungen mit deutlich längeren Federwegen und vielen für den immer schwieriger werdenden Einsatz speziell überarbeiteten Details: schnell montierbare Räder, flexibel ausgeführte Fußrasten, wasserdichte Luftfilter, geeignete Reifenprofile, kürzere Übersetzungen usf. Die Zeit der Serienmodelle wie Sertum und sogar Lambretta war endgültig vorbei; zwar war man noch nicht bei den (durch Scheinwerfer usw.) verkappten reinen Cross-Maschinen angekommen, doch man näherte sich diesem Zeitpunkt mit Riesenschritten. Die 125er von MV war ein entsprechend gebautes Fahrzeug. Es bedurfte noch einer gewissen

Anlaufzeit, doch dann kamen die Erfolge, vor allem mit Fahrern wie Dante Mattioli, Panarari, Azzalin und Moscheni. Nach einiger Zeit kam diese Maschine auch für Privatfahrer in den Handel, wie wir noch sehen werden.

Beim Grafen Domenico Agusta hatte jedoch die Begeisterung nicht im geringsten nachgelassen, ausgefeilte Technik für Kenner zu schaffen, und so erschien auf dem Mailänder Motorradsalon im November 1963 in einer aufsehenerregenden Präsentation die »Arno 166«, ein herrliches Motorrad der Mittelklasse. Es war, als wolle er damit die dunklen Wolken fortblasen, die sich am Motorradhimmel zusammengezogen hatten. Und Optimismus, vor allem aber ein neues, aufregendes Produkt, war in der Tat nötig. Wennschon die Käuferschaft für Billigprodukte ständig abnahm, so mußte das für echte Motorradfans nicht auch gelten, vorausgesetzt, man bot ihnen entsprechende High-Tech-Modelle an. Der Motor der Arno, ein Zweizylinder-Viertakter mit um 12° nach vorn geneigten Zylindern, war langhubig und hatte genau 166,3 cm³ Hubraum, dazu Spulenzündung, zwei 15-mm-Vergaser mit gemeinsamer Schwimmerkammer, Schmierung mit Öl in der Gehäusewanne und ein Vierganggetriebe. Er leistete 7,5 PS (5,5 kW) bei 6000/min und war als besonders elastisches Triebwerk für längere Touren und hohe Lebensdauer konzipiert. Der offene Doppelschleifenrahmen war einfach gebaut. Obschon eine Klasse für sich, lag der Preis der Arno nicht allzuviel höher als der der 150er Einzylinder.

Auf demselben Salon zeigte MV die »Germano«, ein 50er Moped mit Zweitakter und Tretkurbeln, das der Liberty zur Seite gestellt wurde. Anfangs hatte es einen blechgepreßten, weit heruntergezogenen Mittelträger, an dem der Motor mit Dreiganggetriebe frei aufgehängt war. Es gab die Varianten Turismo mit Fahrradsattel und Gepäckträger hinten, und Sport mit großem Tank und anschließender Sitzbank, was dem kleinen Moped den Anschein eines Motorrads gab und auf junge Leute, für die es gedacht war, wohl auch größeren Reiz ausübte.

Einige Jahre später erschien eine gründlich überarbeitete Germano ohne Tretkurbeln und mit neuem Doppelschleifenrahmen aus Rohren, und zwar in den Versionen Gran Turismo »GT«, Sport »S« und America.

1964 ging wenig voran. Einzige Neuerscheinung war, wenn man das so nennen kann, eine neue Ausstattung für die 125er, deren überzogener Name »Centomila« nun durch die Kürzel »GT« (Gran Turismo) und »GTL« (Gran Turismo Lusso) ersetzt wurde. Die Änderungen betrafen das Styling mit Farben und Formen, während es ansonsten bei der unverändert braven, robusten Maschine blieb, als die sie seit langem bekannt war.

Gegen Ende 1965 begann ein unerwarteter Aufschwung am Motorradmarkt mit deutlichen Zeichen einer Umorientierung. In den jungen Leuten, die – auch finanziell – freier und unabhängiger geworden waren als zuvor, war der Wunsch nach einem individuellen Fahrzeug erwachsen, das sie freimachte von Eltern und öffentlichen Verkehrsmitteln und das dem Alter und dem Geldbeutel gemäß nur ein Motorrad sein konnte. Bei einer anderen Gruppe von Individualisten hingegen war das Motorrad überraschend in Mode gekommen, quasi als Reaktion auf die allgemeine Hinwendung zum Auto. Das war ein ähnlicher Vorgang wie in den USA, wo die massiven japanischen Importe (die Japaner hatten zuerst ihre technischen Fähigkeiten auf den Rennpisten bewiesen und dann begonnen, die Weltmärkte zu erobern) das Motorrad allmählich in einem anderen Licht hatte erscheinen lassen – nicht mehr nur als Marterinstrument der Lederjacken á la Marlon Brando, sondern auch als Sport- und Freizeitgerät der Bessergestellten. Doch für diese neue Käuferschicht, gewöhnt an weit größere Hubräume, mußte auch das Motorrad exklusiv, leistungsstark und ansehnlich sein, je größer und teurer, um so besser – ein bescheidenes Moped oder Mokick kam da sicher nicht in Frage.

Zu dieser Zeit konnten nur wenige ausländische – deutsche und vor allem britische – Werke großvolumige, leistungsstarke Motorräder anbieten,

die überdies zumeist technisch nicht auf höchstem Stand waren. Auch hatten die Japaner in Europa (und vor allem in Italien) noch nicht recht Fuß gefaßt, und so nutzte man die Situation: Der Mailänder Motorradsalon im November 1965 erlebte die Wiedergeburt der schweren Maschine, die dann auch die erwarteten modernen technischen Lösungen sowie angemessene Fahrleistungen vorzuweisen hatte. Und prompt stellte auch MV eine Neuheit vor, die wie eine Bombe wirkte – gewiß auch im Hinblick auf ihre potentielle Rennkarriere: die »600« 2-ohc-Vierzylinder, abgeleitet von den so siegreichen Motorrädern, von denen alle Fans träumen, sie einmal fahren, wenn nicht gar besitzen zu können.

Diese Neuentwicklung hatte der Conte selbst angeordnet und geleitet, auf den auch einige eigenwillige, doch nicht immer geglückte Styling-Details zurückgehen, etwa die bucklige Tankform oder der große, rechteckige Scheinwerfer. Vor allem der Hubraum, der in keine Rennsportklasse paßte, sollte die Verwendung der Maschine bei Rennen verhindern. Auch der Antrieb über eine Kardanwelle, der dem Modell einen Hauch von höchster Raffinesse verleihen sollte, zielte auf Abschreckung von jeglichen Renneinsätzen ab. Im übrigen sollte die 600er nur an einen sehr begrenzten, von MV selbst ausgewählten Käuferkreis verkauft werden, weil dieses »Eliteprodukt« (damals das einzige Vierzylindermodell auf dem Markt) einer »Elitekundschaft« vorbehalten blei-

ben sollte. Dies alles konnte auf Dauer jedoch nicht die Verwendung im Rennsport verhindern, wofür die Motoren entweder auf 500 cm^3 reduziert oder auf 750 cm^3 aufgebohrt und der Kardanantrieb durch eine Kette ersetzt wurde. Doch das geschah insgesamt nur in wenigen Fällen.

Abgesehen vom langhubigen Prototyp mit den Abmessungen 56×60 mm, also 591 cm^3, war der Serienmotor leicht unterquadratisch (58×56 mm) und enthielt eine Anzahl ausgefallener, aber auch kostspieliger Details, die direkt von den GP-Maschinen stammten. Jeder dieser Vierzylinder und auch alle späteren Varianten des Modells wurden im übrigen einzeln von Hand gebaut, von hochspezialisiertem Personal und nach Rennmaßstäben, so daß man sagen kann, es war keine Maschine wie die andere. Jede war in ihrer Charakteristik von dem Mann geprägt, der sie zusammengebaut hatte. Zwölf Stiftschrauben verbanden das Motor/Getriebegehäuse mit dem Deckel, in dem die Kurbelwelle und die unteren Stirnräder für den Antrieb der beiden Nockenwellen gelagert waren. Die Kurbelwelle bestand aus fünf Teilen und war sechsfach rollengelagert. Während die beiden äußeren Lager die übliche Form hatten, waren die vier inneren geteilt: Der Außenring bestand aus Montagegründen aus zwei Hälften, doch die Laufbahn schien gebrochen und nicht geschnitten zu sein. Tatsächlich wurde der Außenring zunächst einteilig gefertigt und dann in zwei Teile aufgesprengt, so daß

Das aufsehenerregende Maschinchen mit 146 cm³ Zweitakt-Zweizylinder und Fünfganggetriebe, das 1967 am Mailänder Motorradsalon vorgestellt wurde, leider aber im Prototypstadium endete.

sich eine zackige Trennstelle ergab, die jedoch einen perfekten axialen Paßsitz beim Zusammenfügen der beiden Hälften sicherstellte.

Das Antriebsrad der Primärübersetzung war in einen Absatz links an der Kurbelwelle eingearbeitet, so daß der übliche Kettentrieb entfiel. Das mechanische Geräusch des Motors war zwar beachtlich, aber die Sache funktionierte einwandfrei.

Eine Zahnradpumpe im unteren Teil des Gehäuses sorgte für die Schmierung, vier Vergaser für die Gemischbildung. Der Motor hatte Batteriezündung und eine Lichtmaschine (12V/135W), die zugleich als Anlasser diente. Die Licht-Anlaß-Kombination war zwar von Gewicht und Platzbedarf her vorteilhaft, doch ihr Wirkungs-

grad war wegen ihrer beiden entgegengesetzten Funktionen nicht optimal. Um dies wenigstens teilweise zu mildern, hatte man der MV 600 ein eigenes Antriebssystem für den »Dynastarter« mit zweierlei Keilriemen und zweierlei Übersetzungen spendiert, ins Langsame bei Anlaßbetrieb und ins Schnelle für den Generatorantrieb.

Die Ölbadlamellenkupplung besaß fünf Schraubenfedern, das Getriebe fünf Gänge. Der Rahmen war eine geschlossene Doppelschleifen-Rohrkonstruktion mit Telegabel und hinteren Federbeinen; vorn war ein 3.00–18er, hinten ein 3.50–18er Reifen montiert. Das Hinterrad wurde mit einer normalen, zentralen Trommel gebremst; vorn befanden sich zwei mechanisch betätigte

Campagnolo-Scheibenbrem-
sen, die praktisch der gleichzeitig an der 125er Zweitakt-
GP-Maschine erprobten Ausführung entsprachen – jedenfalls eine absolute Neuheit auf
dem Motorradsektor. Mit 1,06
Millionen Lire kostete die 600
um die Hälfte mehr als die damals neue Guzzi V 7, gemessen
am technischen Aufwand aber
nicht zu viel.

Die Vierzylinder war zwar die
größte Attraktion des Salons,
aber nicht die einzige neue
MV, die dort erschien. Wie um
den Optimismus angesichts der
drohenden Krise zu unterstreichen, bot das Werk auf seinem
großen Ausstellungsstand noch
zwei Neuausgaben des Liberty-
Mopeds namens Super Sport
und America mit 2.00–18er
Bereifung an, dazu eine überarbeitete 125 Gran Turismo
Lusso und eine »Scrambler«
genannte Variante davon;
schließlich eine 250er Zweizylinder, die nichts mit ihrer kleineren Vorgängerin zu tun hatte, obschon sie beim ersten
Hinsehen wie eine vergrößerte
Arno aussah.

Ihr Triebwerk hatte freilich
auch zwei nebeneinander an-
geordnete, um 10° nach vorn
geneigte Zylinder und war ein
langhubiger Stoßstangen-
motor, doch Form der Zylinder-
köpfe, Lage der Kerzen und
Gehäuse unterschieden sie von
der Arno. Eine ziemlich wichtige Sache war auch das zusätz-
liche mittlere Kurbelwellenla-
ger. Die 250er hatte Spulenzündung, zwei Vergaser und
ein Fünfganggetriebe, einen
offenen, einfachen Rohrrahmen, 18 PS (13 kW) und eine
Spitze von 140 km/h. Von die-

sem Modell kam 1969 auch eine 350er Version heraus, die
sich besser verkaufte als die
250.

Auf eine solche Flut neuer Modelle mußte logischerweise eine ruhigere Periode folgen,
und tatsächlich erschien für
einige Zeit nichts Neues mehr.
Doch am Mailänder Salon
1967 fiel ein recht originelles
und für MV-Begriffe revolutio-
näres Modell auf: ein Motorrad mit 150 cm³-Zweizylinder,
ein Zweitakter mit Drehschie-
bersteuerung auf der Kurbelwelle. Eine solche Bauweise
widersprach zwar der Über-
zeugung des Conte Agusta, der
nicht viel von Drehschieber-
motoren hielt, war aber technisch sehr interessant. Viel-

Eine Versuchsausführung der 250er Zweizylinder aus dem Jahre 1967 mit
einem speziell gestalteten Rahmen (oben) und die heute noch vorhandenen Überreste eines V 2-Motors mittlerer Größe mit einer kettengetriebe-
nen obenliegenden Nockenwelle vom Beginn der 60er Jahre (unten).

leicht seiner Zeit zu sehr voraus (weil die hochgezüchteten Zweitakter erst später in Mode kamen), wurde der Prototyp nicht weiter verfolgt. Und doch war es wieder eine Demonstration der großen Fähigkeiten der MV mit all ihren gescheiten Köpfen.

Um das Bild zu ergänzen: Der fast quadratische Motor (45 × 46 mm, also 146,3 cm³) hatte die Zylinder nebeneinander und unter 45° geneigt, mit rechtwinklig angeordneter, schwingungsgedämpfter Verrippung und einem Fünfganggetriebe. Der Rahmen war vorn aus Rohren, hinten aus Preßteilen hergestellt; der Motor war darin frei aufgehängt. Die Reifengröße war 2.75–18″, die Leistung 12 PS (9 kW) bei 8000/min und die Höchstgeschwindigkeit 125 km/h.

Alles schien sich also für MV zum Besseren zu wenden. Die inzwischen zahlenmäßig reduzierte Produktion konnte sich auf technisch wegweisende Modelle stützen, und die hervorragenden Sporterfolge hatten die Marke bis in die letzten Winkel der Erde bekannt gemacht. Doch unversehens brach das Schicksal über die Familie Agusta und damit auch über MV herein: zuerst mit dem plötzlichen Tod Mario Agustas, des Vizepräsidenten der Firma, im September 1969, und dann, Anfang 1971, mit dem ganz unerwarteten, tödlichen Herzinfarkt des Grafen Domenico Agusta.

Die Ehre und die Last, das schwere Erbe Domenicos anzutreten, mußte der jüngere Bruder Corradino übernehmen – eine äußerst schwierige Aufgabe. Denn so undenkbar es war, Domenico in seinem Engagement, seinen Fähigkeiten und seinem Einsatz in bezug auf sportliche und kommerzielle Aufgaben zu ersetzen, so schwierig muß es gewesen sein, mit der Passion für das Motorrad fertigzuwerden, für die das Herz des Conte bis zum letzten Augenblick geschlagen hatte.

Obgleich es schien, als liefe alles weiter wie früher, war doch einiges für immer zerbrochen, und das Epos der MV Agusta ging seinem Ende entgegen. Das Unternehmen hatte kurz vor dem Tod seines Begründers seinen Höhepunkt erreicht und befand sich nun am Beginn des großen Abstiegs. Noch unmerklich, etwa so, wie die Sonne am Mittag, noch mit aller Kraft strahlend, doch unbeirrbar beginnt, ihren Weg vom höchsten Punkt im Zenith hinab zur Finsternis der Nacht zu machen, begann der Glanz der MV matter und matter zu werden. Gleichzeitig gab es deutliche Krisenzeichen auch auf dem Flugzeugsektor, der einst Lebensnerv des ganzen Agusta-Konzerns gewesen war, weshalb es auch mehr als je zuvor erforderlich wurde, das Geld der Firma zusammenzuhalten und unnötige Ausgaben zu vermeiden. Im Grunde arbeitete MV praktisch ohne Gewinn, und bei den Nachfolgern des Grafen Domenico Agusta war die Motorrad-»Passion« nicht so groß, daß sie ein so teures Hobby hätte rechtfertigen können.

Auch wenn die Fertigung sich jetzt allein auf Motorräder beschränkte und die der Mopeds und Kleintransporter definitiv gestoppt worden war, liefen die Dinge zunächst weiter wie zuvor. Man vervollständigte die 350er Zweizylinder-Baureihe durch neue Versionen und verwandelte die luxuriöse 600er Vierzylinder in eine sportliche 750er. Das wider-

Ein MV-Betrieb in den letzten produktiven Jahren: die Montagebänder der Zweizylindermaschine »Ipotesi« und der zugehörigen Motoren. Links vorn im Bild eine Anzahl Vierzylinder.

sprach freilich den Absichten des verstorbenen Grafen, der die 600er für ein elitäres Publikum konzipiert hatte, das vom Rennsport nichts wissen wollte. Doch sein Experiment war nicht sehr erfolgreich gewesen: Die »elitären« Käufer waren ausgeblieben und die sportorientierte Kundschaft, eine potentiell weit größere Gruppe, enttäuscht, Sportfans, die unbedingt dem damaligen »Nationalidol« Giacomo Agostini nacheifern, sich mit ihm identifizieren wollten. Auf diese Käuferschicht also hatte man es jetzt abgesehen, ihnen wollte man letztendlich doch noch das ersehnte Fahrzeug an die Hand geben.

Die erste Ausgabe der 750, die »Sport«, sah man im November 1969 am Mailänder Motorradsalon, und sie schien, abgesehen vom Motor, nicht im entferntesten mit der 600er verwandt zu sein: neue Telegabel, anders geformte Kotflügel, Felgen in Leichtmetall, mächtige Vierbacken-Trommelbremse vorn (die Scheibenbremse hatte sich damals noch nicht durchgesetzt), vier separate Auspuffrohre und einige formale Retuschen hatten das Aussehen der Maschine völlig – und zu ihrem Vorteil – verändert, so daß sie die Erwartungen der Fans jetzt voll erfüllte. Als später die »Supersport« erschien, mit einem Tank, der an die Dreizylinder-Rennmaschine erinnerte, und vor allem mit einer »schnellen« rot-silbernen Verkleidung, war die geistige Verwandtschaft mit den siegreichen Grand-Prix-Rennern des Hauses perfekt.

Die Hubraumvergrößerung hatte man durch Aufbohren auf 65 mm erreicht, so daß der Motor noch kurzhubiger wurde als bisher. Die Leistung stieg auf 65 PS (48 kW) bei 7900/min und zuletzt auf 78 PS (57 kW) bei 9000/min für die Supersport. Den Kardanantrieb aber behielt man bei, obgleich er für einen echten Sporteinsatz sicher nicht die geeignetste Lösung ist. Zugleich mit der Supersport kam übrigens eine Version Gran Turismo ohne Verkleidung, mit höherem Lenker und großer Doppelsitzbank heraus, die in der Leistung zwischen den beiden andern lag: 69 PS (51 kW) bei 7900/min.

Nicht nur, weil es ein »klassischer« war, wählte man den Hubraum von 750 cm^3, sondern auch im Hinblick auf offizielle Renneinsätze. In jenen Jahren begannen in Europa die Langstreckenrennen á la USA in Mode zu kommen, etwa wie die 200 Meilen von Daytona, die für seriennahe Maschinen der großen Hubraumklasse reserviert waren. Das Reglement ließ recht großzügige Veränderungen zu, so daß die Werke ohne allzu großen Aufwand offiziell teilnehmen und auf hohe Werbewirksamkeit rechnen konnten.

So meldete MV für das erste italienische 200-Meilen-Rennen im April 1972 in Imola (ein epochemachendes Rennen auch wegen der für Italien neuartigen Organisation) zwei 750er für Giacomo Agostini und Alberto Pagani, wobei aber nur Agostini startete. Er tat, was er konnte, doch die Maschine hatte deutliche Mängel im Fahrverhalten und war

vor allem zu schwer, um gegen die siegreiche Ducati, die Triumph und die Norton etwas ausrichten zu können. Schließlich beendete ein gebrochenes Ventil für die Vierzylinder aus Cascina Costa endgültig das Rennen.

Für einen ernsthaften Renneinsatz hätte das Motorrad leichter werden, Ketten- statt Kardantrieb und einen verbesserten Rahmen erhalten müssen. Anfangs schien es auch, als wolle man bei MV diesen Weg einschlagen. Doch dann wurde die Absicht, an den Rennen der großen Klasse teilzunehmen, aufgegeben.

Nach dem Tode des Conte und den ersten finanziellen Problemen war die von der neuen Geschäftsleitung unter Generaldirektor Pietro Bertola verfolgte Politik zwischen den Polen Passion und Bilanzlage hin und her gependelt, also zwischen dem Wunsch, die Tradition eines ruhmvollen Namens fortzusetzen, und der Realität, daß solche Aktivitäten mehr Geld kosten als sie einbringen. Daher rührte also auch der neue Anlauf, plötzlich wieder an den Serienrennen teilzunehmen, ebenso wie der Beschluß, die Modellpalette drastisch einzuschränken: Man konzentrierte sich 1974 auf die 350er Zweizylinder in den Versionen Scrambler, GTEL und SEL mit elektronischer Zündung und auf die 750er in den Ausführungen Sport und GT, gleichzeitig aber auch auf die Vorstellung der »Ipotesi« am Salon im November 1973 – ein wundervoller, in Zusammenarbeit mit dem bekannten Designer Giugiaro entstandener

Prototyp, der tatsächlich etwas später in Serie ging, eine Konzeption, die den letzten Stand der modernen Motorradtechnik verkörperte. So wechselten sich bei MV optimistische, leichte Brisen und pessimistischer Verzicht immer wieder ab, ein wahres Wechselbad, das am Ende auch auf dem Markt negativ ankommen mußte, weil die ständigen Programmänderungen verwirrten und abschreckten.

Irgendwie ging es – wenigstens für den Moment – aber doch weiter mit der Firma, und im Frühjahr 1975 wurde sogar ein mutiges kommerzielles Erweiterungsprojekt gestartet, bei dem sich einige besonders exklusive Produkte um den Vierzylinder herum gruppierten. Vorgestellt wurde eine Version America mit auf 789.7 cm^3 erhöhtem Hubraum, dazu Varianten der Ipotesi, die aber offiziell »Sport 350« genannt wurden.

Neben der Vergrößerung und der Leistungssteigerung auf 75 PS (55 kW) bei 8500/min wartete die America mit einer neuen, sehr kantigen und modernen Verkleidung auf und mit einem fast kastenförmigen Tank, dessen rückwärtiger Teil harmonisch in die Sitzbank überging. Vorn hatte sie doppelte Bremsscheiben mit Scarab-Bremszangen, jedoch herkömmliche Speichenräder, um sie in den USA zulassen zu können (doch auf Wunsch bekam man auch Leichtmetallgußräder). Die separaten Auspuffrohre endeten in vier einzelnen verchromten Schalldämpfern.

Die Sport 350 (bisher Ipotesi)

125 Zweitakt-Dreigang – 1948

Exemplar von 1948 aus der Sammlung Bruno Taglioretti

500 Turismo – 1950

Exemplar von 1950 aus dem MV-Museum in Gallarate

500 Turismo – 1950

Exemplar von 1950 aus dem MV-Museum in Gallarate

125 TEL – 1949–1954

Exemplar von 1953 aus dem MV-Museum in Gallarate

wirkte schmal und kantig und war gekennzeichnet durch die Form der sichtbaren oberen horizontalen Rahmenrohre, die der Außenkontur des Tanks folgten und zu dem schlanken Eindruck der ganzen Maschine beitrugen. Sie hatte gegossene Leichtmetallräder und vorn und hinten hydraulische Scheibenbremsen. Ihr Stoßstangenmotor war sehr kurzhubig; er hatte elektronische Zündung und ein Fünfganggetriebe. Ein wirklich hübsches, neuartiges Motorrad ohne einen Anflug von Futurismus, in dem die perfekte Synthese von Tradition und Moderne das Können und das Gespür des Stylisten Giugiaro erkennen läßt.

Nach dem gleichen Grundkonzept wurde dann auch eine neue 125 Viertakt-Sport mit Einzylinder-Stoßstangenmotor und Fünfganggetriebe entwickelt. Auch sie hatte die kantigen Formen an Triebwerk und Verkleidung und den Rahmen mit dem horizontal liegenden oberen Rohr; dazu aber Speichenräder und nur eine Bremsscheibe vorn.

Leider konnte dieses Modellprogramm nicht mehr sehr lange beibehalten werden. Paradoxerweise sollten die Entwicklungen, die das Unternehmen Agusta im Lauf der Jahre durchgeführt hatte, jetzt gerade denjenigen Sektor der Motorradfertigung erdrücken, der noch vor kurzem für das Überleben der Firma gesorgt hatte. Nach dem plötzlichen Hinscheiden ihrer zwei ältesten Mitglieder war die Familie Agusta nicht mehr imstande gewesen, die immer weiter an-

wachsenden Aufgaben und Probleme in den Griff zu bekommen. Auch hatte aufgrund der veränderten Verhältnisse und des größer gewordenen Unternehmens längst nicht mehr jene besondere Beziehung zur Belegschaft bestanden, die – gewiß nicht immer zum Vorteil – nur auf ganz bestimmten Gebieten zu positiven Ergebnissen geführt hatte. Deshalb war nun auch die Stillegung mehrerer wirtschaftlich schwacher Geschäftszweige und die Suche nach einem geeigneten Partner für eine Sanierung notwendig geworden. Die Lösung war eine Fusion zwischen der Agusta-Gruppe und der staatlichen EFIM, doch der Preis war die Aufgabe des Motorradsektors.

Diese Entscheidung traf natürlich das Haus Agusta schwer, denn man hatte bis zuletzt versucht, die Motorradproduktion zu retten. Das bewiesen auch Gerüchte und widersprüchliche Berichte, die noch das ganze Jahr 1977 hindurch kursierten. Nach den ersten Gerüchten über eine sofortige Einstellung aller Aktivitäten sprach man von einer Weiterführung der Motorradfertigung unter der Regie Ducatis, die schon seit längerem zur EFIM gehörte; dann gab es eine offizielle Äußerung der MV, daß nur die motorsportlichen Aktivitäten aller Art – ob mit oder ohne Sponsor – eingestellt würden. Im April schließlich wurde ein Kommuniqué verbreitet, das wir hier in voller Länge zitieren möchten:

»Mit Blick auf die in der in- und ausländischen Presse häufig erschienenen Berichte über

die Vorgänge im Hause MV Agusta, und um für ihr weiteres Wirken überaus schädliche Gerüchte zu entkräften, gibt die Firmenleitung folgendes bekannt:

Motorsportliche Aktivitäten: Sie wurden ausgesetzt für die Saison 1977 in der Erwartung, daß die FMI ein neues Regelwerk herausbringt, das es auch dem Hersteller von Viertaktern erlaubt, unter normalen Bedingungen an Rennen teilzunehmen, ohne durch absurde Forderungen wie etwa die maximal 110 Dezibel abgeschreckt zu werden. In der Agusta-Gruppe, zu der ja die MV gehört, wird dennoch die Rennerprobung fortgesetzt, um nicht das insbesondere in den Grand-Prix-Motoren steckende technische Potential einzubüßen.

Serienproduktion: Die MV-Aktivitäten auf dem Motorradsektor werden autonom und marktkonform weitergeführt. Die Verbindung mit Ducati, wie sie die Presse erwähnt, wird es in absehbarer Zeit wegen der unterschiedlichen Bedingungen in den beiden Firmen nicht geben. Grünes Licht wurde für vorhandene Motorradkonstruktionen gegeben, die die heutigen Modelle ersetzen sollen; ihre Realisierung ist für Anfang nächsten Jahres geplant, und auf ihnen ruhen die Hoffnungen für die Zukunft des Unternehmens.«

Leider sah die Realität ganz anders aus. Tatsächlich wurde an Prototypen gearbeitet, etwa an einem 2-ohc-Vierzylinder mit Steuerkette an der linken Seite und Vierventilköpfen, mit 30° zur Waagrechten ge-

neigtem Block und einer – wie bei der Dreizylinder-Rennmaschine – nach vorn verlängerten Ölwanne. Ein herrliches Triebwerk, das in Varianten von 750 bis 1200 cm^3 und mit Ketten- oder Kardantrieb geplant war. Der Motor hätte am Mailänder Salon 1977 ausgestellt werden sollen, wo wie stets ein MV-Stand angemeldet war.

Doch dieser Stand blieb leer. Bis zum letzten Augenblick wartete der Veranstalter ANCMA vergeblich, daß MV noch anrücken würde, und die Ausstellungsleitung schrieb einen rührenden Brief an den Grafen Corrado. Der aber mußte, so schwer es auch fiel, antworten, daß es die Lage des Hauses MV nicht erlaube, auszustellen, denn aus kommerziellen Gründen könne die Firma in Zukunft nicht mehr auf dem Motorradsektor aktiv werden. MV mußte also, trotz ihres enormen Reichtums an Erfahrungen, an erlesener Technik und hervorragenden Mitarbeitern, die Werkstore schließen. Die Modelle wurden noch ein paar Jahre lang angeboten, bis die Lager leer waren. Besonders für die Vierzylinder wurden, je weniger es davon gab, immer höhere Preise gezahlt. Als Anfang 1980 auch die letzten Exemplare verkauft waren, fiel der Vorhang endgültig über der kurzen, höchst intensiven und faszinierenden Geschichte einer der berühmtesten Motorradmarken der Welt.

3. Die Königin der kleinen Klasse

Zwischen dem ohrenbetäubenden Zweitaktergeheul, mit dem im Oktober 1946 auf dem Valenza-Kurs zum erstenmal eine MV siegte, und dem unvergeßlichen Röhren des 350er Vierzylinders, das am 26. September 1976 in Mugello den siegreichen Giacomo Agostini ein letztes Mal begleitete, liegen genau dreißig Jahre. In dieser Zeit wuchs MV in eine Rolle hinein, die sie zuerst schüchtern, dann fest entschlossen und zuletzt mit dem verzweifelten Tatzenhieb eines verwundeten Löwen spielte – die Rolle einer überragenden Motorradmarke im internationalen Rennsport.

Die Ausbeute ist grandios und plaziert MV mit einem oft unüberbrückbaren Abstand an die Spitze der Hersteller von Rennmaschinen: 37mal die Marken-WM, 38mal die Fahrer-WM, 28 italienische Seniorenmeisterschaften, 7 italienische Juniorenmeisterschaften – und dazu eine unglaubliche Ernte an Einzelsiegen, nämlich nach offizieller Zählung 3028, von denen 270 bei Läufen zur Weltmeisterschaft errungen wurden. Mit zum Wichtigsten zählt, daß 34mal die Tourist Trophy gewonnen werden konnte, doch nennenswert sind ebenso die Siege bei Zuverlässigkeitsfahrten, ob internationale Six Days oder nationale Meisterschaften, oder bei Langstreckenrennen wie Mailand-Tarent und Motogiro d'I-

talia, oder auch die Rekorde von 1964 (Mike Hailwood in Daytona) über die Stunde und über 100 Kilometer.

Der phänomenale Eindruck, den diese Zahlen machen, sagt jedoch wenig darüber aus, wie solche Resultate wirklich entstanden sind. Genau über dieses Thema aber soll im folgenden gesprochen werden. Wir werden Jahr für Jahr der Renngeschichte dieser großen italienischen Marke, die heute noch in aller Welt so viele Fans besitzt, durchwandern. Um auch die technische Entwicklung gebührend behandeln zu können, schien es sinnvoll, diesen Bericht in zwei Kapitel zu unterteilen, von denen sich das eine mit den kleinen und mittleren Hubvolumen befaßt, den Nachfolgern der allerersten 125er 2-ohc von 1950, und das andere mit den mehrzylindrigen 350er und 500er Rennmaschinen, wobei selbst diese mehr oder weniger geradlinig miteinander verwandt sind.

Der Viertaktmotor des 125er Rennmodells von 1950, der ersten wirklichen Grand-Prix-Maschine aus den MV-Werkstätten, enthielt keine bahnbrechenden Neuerungen, sondern alle jene Lösungen, die erfahrungsgemäß zur höchsten Leistungsausbeute führten. Es war daher ein Triebwerk mit

zwei obenliegenden Nockenwellen, angetrieben von einem Stirnradsatz, mit hemisphärischen Brennräumen, schräggestellten Ventilen, Magnetzündung, Trockensumpfschmierung mit reichlich Öl im Kreislauf und einer wirksamen Kühlung.

Der Motor war langhubig ausgelegt und hatte die gleichen Abmessungen wie die Zweitakter, also 53 × 56 mm. Zylinder und Kopf waren aus Leichtmetall, und die Ventile hatten Flachstößel und ungekapselte Haarnadelfedern. Die mehrteilige Kurbelwelle trug links außen ein kleines zusätzliches Schwungrad.

Den Primärantrieb zur Ölbad-Lamellenkupplung bildete ein Zahnradpaar; das Vierganggetriebe hatte Schrittschaltung. Der Rahmen entsprach praktisch noch dem der Zweitaktmodelle mit Parallelogrammgabel vorn, gegabelter Schwinge und gekapselten Teleskopfedern sowie einstellbaren Reibungsdämpfern hinten.

Das Debut der neuen Maschine fand beim GP von Holland in Assen statt. Bei nationalen Rennen hatte MV noch Zweitakter, auch in der neuen Form mit langem Gehäuse, eingesetzt, die besonders auf langen Strecken immer noch erfolgreich waren: Sie hatten die 125er Klasse bei dem berühmten Straßenrennen Mailand-Tarent gewonnen, und eine Mannschaft aus Benzoni, For-

nasari und Ventura, die vor kurzem erst von Sertum zu MV gekommen waren, hatte sich bei den »24 Ore di regolarità« durchsetzen können.

Das Rennen in Assen verlief nicht sehr glücklich; beide Maschinen (mit Renato Magi und Franco Bertoni) fielen wegen der üblichen kleinen Pannen aus und konnten daher trotz ihrer 13 PS (9,6 kW) bei 10.000/min gegen die Morini und vor allem das Mondial-Team, zu dem auch Ubbiali, der lebhafte »kleine Chinese« übergewechselt war, nichts ausrichten. Auch das erste italienische Rennen, der GP der Nationen in Monza, ging »baden«: Die Leistung war da, doch immer verhinderte irgendeine Kleinigkeit den Erfolg, und so kamen Bertoni und Magi nur auf die Plätze sieben und acht.

Die ganze Saison 1950 und auch die 51er Veranstaltungen verliefen enttäuschend, obschon sich das Werk sehr engagierte und ganz neue Wege wie Teil- oder Vollverkleidungen erprobte. Und erst 1952 drehte sich der Wind. Inzwischen hatte MV mit dem 2-ohc-Motor auch einen Roller für den Einsatz in einer speziellen Rennformel ausgerüstet. Ein Roller, der nur deswegen in die Kategorie »mit offenem Rahmen« eingestuft werden konnte, weil er einige Zentimeter Freiraum zwischen Lenker und Tank hatte und damit den Buchstaben des Reglements erfüllte. Denn im übrigen war er ein echtes Motorrad, und genau dieses Fahrzeug war es, in dem der 2-ohc-Motor seinen ersten Sieg erringen konnte: mit Franco Bertoni in Bologna.

Die Parma-Rundstrecke erlebte 1952 das Debüt der 125er in überarbeiteter Form. Das Triebwerk wies einige äußerliche Änderungen auf; die sichtbarste von ihnen war die Verlegung der Ölpumpe über den Magnetzünder, Ergebnis intensiver Bemühungen, die bis-

herigen Mängel in den Griff zu bekommen. Außerdem hatte die Maschine eine Telegabel erhalten, gekennzeichnet durch ein großes, zentrales telehydraulisches Element an der Stelle, an der bei der Parallelogrammgabel die Feder saß; ferner einen anatomisch ausgeformten Tank mit höherem Fassungsvermögen. Die Leistung war auf 15 PS (11 kW) bei 10.800/min angehoben worden, während das enorm geringe Gewicht beim Limit von 80 kg blieb.

In Parma kam Angelo Copeta damit auf Platz zwei. Dann aber ging's bergauf: drei Siege bei der britischen TT und den Großen Preisen von Holland und Ulster (Irland), alle mit Cecil Sandford im Sattel. Sie verhalfen dem anglo-italienischen Gespann zum Gewinn der Weltmeisterschaft vor Ubbiali auf Mondial, zum ersten Titel in jener sagenhaften Serie, durch die MV den Spitzenplatz einnahm, den ihr bis heute keine andere Marke streitig machen konnte.

1953 begann mit der Rückkehr Ubbialis zu MV. Es sollte eine endgültige Rückkehr werden, aus der eine ungewöhnlich lange Siegesserie für Fahrer und Marke erwuchs, eine der erfolgreichsten Paarungen, die es im Motorradrennsport je gegeben hat. Auf technischer Ebene brachte das Jahr 1953 weitere Verbesserungen am Motor, die seine Leistung um fast 2 PS (1,5 kW) steigerten, ferner am Rahmen, wo die hinteren Dämpfer (jetzt mit freiliegenden Federn) sich oben an zwei aus Blech gepreßten Auslegern abstützten. Der Ölbehälter war hinter den Tank verlegt und der Sattel daher gekürzt worden. Um den Lenkkopf herum war eine knappe Blechverkleidung, die nur bis zum Tank reichte, wo sie auch befestigt war. Zum Coni GP im April im Autodrom von Imola wurde Copetas 125er mit einer Earles-Gabel in vereinfachter Ausführung ausgerüstet und die ganze Saison über mit einigen Modifikationen (Federn freiliegend statt gekapselt) beibehalten. Der vordere Kotflügel wurde nach vorn verlängert, bis er fast den Boden berührte, eine »aerodynamische« Lösung, die eine Zeitlang gewisse Vorteile zu bringen schien. Die Maschine hatte 19-Zoll-Räder.

Anläßlich des Großen Preises der Nationen entfiel das außenliegende Schwungrad; die Masse wurde innen hinzugefügt. Kurioserweise war dies beschlossen worden, nachdem eine der Maschinen in einem Rennen ihr Schwungrad verloren hatte, ohne daß es jedoch funktionell irgendwelche Fol-

Verbissener Kampf auf dem Rundkurs von Faenza bei der Premiere zur italienischen Meisterschaft 1952 zwischen der MV »Bialbero« (2-ohc) von Copeta (man erkennt die aus Blech gepreßte Parallelogrammgabel), Ubbialis Mondial und Mendognis Morini. Diese drei Marken belebten die 50er Jahre hindurch die Rennen der kleinen Klasse.

gen gehabt hätte. Im Gegenteil – der Fahrer hatte es nicht einmal bemerkt!

All diese Änderungen machten die Maschine um rund sechs Kilogramm schwerer, ein Nachteil, der jedoch weitgehend durch Mehrleistung und stabileres Fahrverhalten ausgeglichen wurde. Die Saison bescherte MV ein Auf und Ab der Resultate, nicht zuletzt bedingt durch die gewaltigen Auftritte von NSU auf der Rennszene: Die Deutschen, bis dahin als Folge des verlorenen Krieges von den Rennen ausgeschlossen, hatten die Zeit genutzt, um sich sorgfältig vorzubereiten, und platzten schier vor Kraft. Sie stöberten die Italiener und Briten aus ihrem Dornröschenschlaf auf – wie die fast unschlagbaren Mercedes-Wagen zu gleicher Zeit im Autorennsport. Auf jeden Fall ging die Sache für MV am Ende doch nicht ganz schlecht aus, denn sie blieb Titelinhaber in der Marken-WM der 125er Klasse. Leslie Graham siegte bei der TT, während Ubbiali im GP von Deutschland und Copeta beim spanischen Grand Prix Sieger blieben.

Wir hatten im Kapitel über die Serienprodukte gesehen, wie MV für die Saison 1953 ein 175er Modell mit 1-ohc-Motor entwickelt hatte, einen echten »Wolf im Schafspelz«. Doch damit nicht genug der Überraschungen für die Sportfans. Denn um den Wünschen vor allem der Privatfahrer entgegenzukommen (die ja immer

44

Links oben: Start der 125er in Faenza 1953: Sandford (166) mit der Earles-Gabel, dann der zu MV zurückgekehrte Ubbiali, Zinzani mit der Morini, ganz außen Copeta.
Links unten: Lauf der 175er in Spoleto 1955: gut erkennbar die unterschiedlichen Frontverkleidungen an den MV von Ubbiali (5) und Franzosi (1). Daneben Mendogni mit der Morini.
Zwei Fotos, aus denen die Form der Vollverkleidungen der MV für schnelle Rundkurse in den Jahren 1954–56 ersichtlich ist. Oben: Taveri 1956 in Assen (man sieht, wie der Fahrtwind an seinen Wangen zerrt); unten: Ubbiali 1955 in Monza.
Zu erkennen ist die Lage des Öltanks und das Innere der Heckverkleidung.

auf der Suche nach wettbewerbsfähigen Maschinen waren, insbesondere die jungen Fahrer der unteren Kategorien, die, obwohl sie dazu fähig gewesen wären, keine als Grand-Prix-Maschinen ausgewiesenen Fahrzeuge benutzen durften), brachte MV eine herrliche 125er auf den Markt, mit dem Fahrwerk der Werksrennmaschine des Vorjahrs und einem Triebwerk, das mit Ausnahme der Steuerung ebenfalls von den offiziellen Rennmotoren abgeleitet worden war. Der Motor war langhubig, benutzte einen Stirnradsatz für die Steuerung und hatte an der linken Seite wieder ein offenes Schwungrad, ferner Magnetzündung und auf deren Antriebswelle die Ölpumpe, dazu ein Vierganggetriebe. Den gleichen Antrieb erhielt auch die Rollerversion, wiederum mit dem Fahrwerk des schon bekannten 2-ohc-Modells.

Zu einem vertretbaren Preis angeboten (Lire 580.000), war die MV 125 Monoalbero (1-ohc) zunächst auf dem Markt und sodann mit einer Reihe von Rennsiegen und guten Plazierungen recht erfolgreich, sei es bei kleineren Meisterschaften oder bei Langstreckenrennen.

Bei den Läufen zur Weltmeisterschaft galt es in der 125er Klasse auch 1954 wieder die NSU zu schlagen, die sich besser gerüstet und leistungsstärker präsentierten denn je (damals war NSU der zahlenmäßig größte Motorradhersteller

45

der Welt) und gestützt auf eine mit deutscher Gründlichkeit aufgebaute Organisation.

Abgesehen von einigen Retuschen an der Mechanik (vor allem ein Fünfganggetriebe) setzte man bei MV auf windschlüpfige Karosserien, die zweckmäßiger und vollständiger sein sollten als alle bisher eingesetzten Verkleidungen.

Für die ersten Läufe zur italienischen Meisterschaft – Modena, Ferrara, Monza – montierte MV noch die vorjährige, bis zum Tank verlängerte kleine Frontverkleidung. Zur britischen TT aber, dem ersten Rennen um WM-Punkte, besaß Ubbialis Maschine eine große Flugzeugrumpfverkleidung aus dünnem Alublech mit zwei rechteckigen Lufteinlässen, die seltsamerweise auf die kleinere Verkleidung draufgesetzt und an dieser unmittelbar befestigt worden war.

Im Verlauf der Saison wurde sie mehrfach geändert und verbessert, bis man zum GP der Nationen in Monza bei der Vollverkleidung ankam, die auch Heck und Hinterrad umschloß. Die alte, knappe Lenkerkuppel wurde nun endgültig verlassen, dafür hatten die Maschinen vorn eine alles – auch die Hände des Fahrers – umschließende »Glocke« mit einer recht kleinen Sichtscheibe aus Plexiglas. Durch zwei Luftlöcher vorn wurde der Zylinder mit Kühlluft versorgt. Auch das Heckteil war aus dünnem Alublech. Die Verkleidung an Sandfords Maschine wich etwas davon ab, lief nach hinten schlanker zu, hatte zwei Ausbeulungen für die Hände am Lenker und zwei

Lufteinlässe eben unterhalb der Scheibe.

Im Vergleich zu den NSU war der Leistungsnachteil jedoch deutlich, und die Verkleidungen konnten das nicht wettmachen. Daher belegte Ubbiali nur einen ausgezeichneten zweiten Platz bei der TT, die in diesem Jahr für die kleinen Hubräume erstmals auf dem kurzen, kurvigen Kurs von Clypse ausgetragen wurde. Als es aber auf die schnelleren Rundstrecken auf dem Kontinent ging, kam er über einen dritten Platz nicht mehr hinaus.

Zum GP in Monza schickte MV nicht weniger als sechs Werksmaschinen mit Ubbiali, Colombo, Copeta, Pagani, Sala und Sandford, und wir glauben, daß ein derartiges Aufge-

bot in einer einzelnen Klasse bis heute einmalig dasteht. NSU dagegen ging nicht an den Start – aus Trauer um Hollaus, der im Training tödlich verunglückt war.

Kein Wunder also, daß Sala auf MV diesen Grand Prix gewann, an den man sich noch aus anderem Grund erinnert: Es erschien ein Versuchsmotor mit Direkteinspritzung, eingebaut in Ubbialis Fahrzeug, das hier eine ausgezeichnete Demonstration seiner Möglichkeiten bot. Schon in den ersten Runden ging der kleine Mann aus Bergamo in Führung und mußte sie erst kurz vor Schluß wegen einer gebrochenen Ölleitung an Sala abgeben, nicht ohne zuvor den Rekord über die gut sechs Kilometer lange Runde auf 150,500 km/h zu

Auch die Privatfahrer stellten sich auf Maschinen mit voller Frontverkleidung um. Das Foto zeigt den Engländer Bill Webster mit einer MV 125 vor Bartos auf CZ 1956 in Assen.

verbessern.

Mit Copeta, Sala und Ubbiali belegte MV 1954 die ersten drei Plätze in der italienischen Meisterschaft, freilich nach erbittertem Kampf mit den überarbeiteten Mondial. Hinzu kamen einige nicht zur Meisterschaft zählende, in- und ausländische Rennen, wo auch die neue Monoalbero (1-ohc) eingesetzt wurde.

Die Marke NSU, die zwei Jahre lang als unerbittlicher Gegner aufgetreten war, schied Ende 1954 aus dem Rennsport aus. Doch das bedeutete für MV nicht, daß man nun wieder ruhig schlafen könne; denn da waren ja noch die anderen Konkurrenten, besser gerüstet als je zuvor, allen voran Mondial. Deshalb hieß es wieder einmal neue Waffen schmieden: Über den Winter unterzog man die 125 Bialbero (2-ohc) einer weitreichenden Kur und präsentierte sie mit einer Anzahl Änderungen im Frühjahr 1955.

Geändert hatte sich der Ventilwinkel im Kopf und damit auch einiges am Nockenwellengehäuse; ferner hatte die Maschine jetzt eine 8-Volt-Batteriezündung und ein 6-Gang-Getriebe. Am Fahrwerk hatte man die Earles-Gabel durch eine klassische Telegabel mit gekapselten Federn ersetzt und den Rahmen leicht modifiziert; man experimentierte auch mit einer noch unveröffentlichten Ausführung mit außen am Motor verlaufenden Rahmenrohren, die unmittelbar vom Lenkkopf herab bis zum Lagerbolzen der Hinterradschwinge führten, die aber fast augenblicklich wieder verworfen wurde. Die Leistung war auf etwa 18 PS (13 kW) bei 11.000/min gesteigert worden, und die Maschine lief 180 km/h mit voller Frontverkleidung.

Auch die Verkleidung war überarbeitet worden: Nach einem ersten Start im Sommer in Neapel mit dem Vorjahresmodell erschien in San Remo eine

Modena 1954: Ubbiali (32) mit der Einzylinder von 203 cm³ zwischen Colombo (44) und Venturi mit der Zweizylinder von 245 cm³, die durch Aneianderfügen von zwei 125er Bialbero-Motoren entstand. Dieses einzigartige Zwillingstriebwerk zeigt das Foto links.

Neuausgabe mit zwei recht großen Lufteintritten und einer vergrößerten Windschutzscheibe. Diese Verkleidung wurde damals abwechselnd mit der älteren Ausgabe bei den WM-Läufen verwendet.

Wurde der italienische Meistertitel 1955 eine Beute von Mondial, so endete die Weltmeisterschaft in einem wahren Triumph der Marke MV. In Spanien setzte sich der Schweizer Taveri mit Abstand vor dem Mondial-Piloten Ferri und Ubbiali mit der zweiten MV durch; danach gab es fünf Siege für den traumhaft fahrenden Ubbiali, gefolgt von Taveri auf dem sehr schnellen Reims-Kurs wie auch bei der mörderischen TT. Auf dem Nürburgring kamen Ubbiali, Taveri und die Neuerwerbung Remo Venturi in dichter Folge im Ziel an, und auch beim GP der Niederlande blieb der Schweizer nur wenige Meter hinter dem kleinen Italiener zurück. In Monza schließlich, wo es zunächst nach starker Konkurrenz von Mondial, aber auch von den Zweitakt-DKWs ausgesehen hatte, distanzierte Ubbiali nicht nur sie, sondern auch seine Teamkameraden Venturi und Copeta um eine halbe Minute.

Natürlich wurde Carlo Ubbiali Weltmeister 1955. Doch auch aus technischer Sicht bot diese Saison Neuigkeiten: den Bau

der 175er 2-ohc für die Sportkategorie und vor allem den Einstieg MVs in die 250er Klasse.

Wir hatten im vorigen Kapitel schon gesehen, wie es mit den Wettbewerben für die sogenannten Seriensportmaschinen angefangen hatte, und wie diese in vielerlei Beziehung lobenswerte Initiative dazu führte, daß viele Hersteller ein echtes Grand-Prix-Modell auf den Markt brachten; insbesondere als man die »Formel 2« mit ihrem großzügigen Reglement erfand (zugelassen wurden z. B. auch 2-ohc-Motoren). So konnte MV im Rahmen dieser Formel in der Klasse bis 175 cm³ ein Modell homologieren, das sich von der 125er Werks-

rennmaschine lediglich durch eine Beleuchtungsanlage und den größeren Hubraum unterschied, den man durch eine auf 63 mm vergrößerte Bohrung bei unverändertem Hub und gleichem Kurbeltrieb erreichte. Der Kurzhuber hatte den vom Reglement vorgeschrieben 25 mm-Vergaser und Magnetzündung. Für die Beleuchtung gab es links einen kleinen Schwungrad-Generator. Die Maschine hatte einen Rohrrahmen, Fünfganggetriebe, 19″-Räder und wog etwa 90 kg. In dieser Form wurde sie für Langstreckenrennen und für die Juniorenmeisterschaft eingesetzt, mit mehr oder weniger »offiziellen« Fahrern wie Fortunato Libanori und Dante

Paganelli. Sie startete auch in der neu erstandenen Klasse 175 Senior mit den Werkspiloten Masetti, Ubbiali, Venturi etc. Dabei wurde sie auch mit einer Vollverkleidung entsprechend der für die 125er Rennmaschine verwendeten gefahren.

Zum ersten Mal hatte sich MV auch zur Teilnahme in der 250er Klasse entschlossen, und zwar beim Rennen um den Goldpokal der Shell 1955, der auf dem Autodrom von Imola stattfand. In der Viertelliterklasse hatten zuvor Guzzi und NSU dominiert, doch letztere hatte sich zum Ende der Saison 1954 offiziell zurückgezogen. So war Moto Guzzi mit einer sehr schnellen und standfesten,

aber technisch eher veralteten Maschine die alleinige Gegnerin. Das bedeutete Raum für moderne Konzeptionen und neue Konkurrenten, und so kam es, daß fast gleichzeitig mehrere Aufsteiger aus der kleinen Klasse – Mondial, Morini und natürlich MV – beschlossen, in die nächsthöhere Klasse vorzudringen. Und als hätte man sich verabredet, kamen alle drei mit 125er Modellen, deren Hubraum auf den Mindestwert vergrößert war, der für die Teilnahme in dieser Klasse verlangt wurde.

Diese Lösung (die Guzzi im Vorjahr selbst beschritten hatte, um in der bis dahin von den Briten beherrschten 350er Klasse mitzumischen) war sehr

Ubbiali mit der 125er bei der TT von 1957. Wie man im Vergleich mit den Fotos Seite 45 erkennt, war die Verkleidung inzwischen leicht verändert worden.

erfolgreich. Dennoch gingen alle drei Werke zum Bau von eigens konstruierten Motoren mit vollen 250 cm³ über, obgleich die aufgebohrten 125er durch ihr geringes Gewicht, kleinere Abmessungen, größere Handlichkeit und modernere Technik im Vorteil gewesen waren und den bis zur Obergrenze fehlenden Hubraum damit gut hatten ausgleichen können.

Am Start in Imola standen daher neben den (mehr oder weniger offiziellen) Guzzis von Enrico Lorenzetti, Romolo Ferri, Cecil Sandford, Alano Montanari, Adelmo Mandolini und Arthur Wheeler und den privaten NSU von Hans Baltisberger und Florian Camathias eine Mondial 2-ohc mit Fahrer Provini, eine Morini, ebenfalls 2-ohc, mit Mendogni, eine Morini Rebello mit Virgilio Campana und schließlich die MV 203, die man Gino Franzosi anvertraut hatte.

Die drei aufgebohrten »Kleinen« hatten viel mehr Schwung im Leib als erwartet; sie setzten sich sofort an die Spitze und waren auch deutlich schneller als die echten 250er. Es gewann Provini mit der Mondial, und sein Vorsprung von nur knapp drei Sekunden auf Franzosi war wohl weniger der besseren Technik als dem großen Unterschied im Format der beiden Piloten zuzuschreiben. Der Dritte, der alte Fuchs Lorenzetti mit seiner Guzzi, mußte immerhin einen Rückstand von gut einer Minute auf das führende Paar hinnehmen. Bestätigt wurden die enormen Möglichkeiten der MV 203 durch Bill Lomas mit seinem TT-Sieg, den 1–2–3-Erfolg in Assen mit Taveri an der Spitze und den ersten Platz Ubbialis in Monza, so daß sie gleich in ihrer ersten Rennsaison den Titel in der Marken-WM für MV nach Hause brachte.

Der Grand Prix der Nationen in Monza sah auch das Debüt des neuen 250er Zweizylinders, der durch Aneinanderfügen von zwei 125er Motoren mit gemeinsamem Steuerrädersatz im rechten Deckel und Spulenzündung entstanden war. Lomas wurde damit Fünfter, gefolgt von Masetti auf Platz sechs. Diesem Twin entlockte man etwa 32–33 PS (ca. 24 kW), mehr als die kleine 203 leistete, doch es gelang ihm nie, seine Überlegenheit – sei es der 203 oder der Einzylinder-250 gegenüber (die in der folgenden Saison erschien) – wirklich zu demonstrieren. Die Zweizylindermaschine wurde deshalb auch nur sporadisch eingesetzt (John Hartle schaffte immerhin einen Sieg beim GP von Belgien 1957), bis sie endgültig aufgegeben wurde. Ganz anders aber verlief die Karriere des Zweizylinders, der 1959 erschien; doch darüber später mehr.

Das Jahr 1956 begann sofort sehr vielversprechend für MV, und zwar in allen Klassen. In Faenza, beim dritten Lauf zur italienischen Meisterschaft, gelang sogar etwas, das es in der Geschichte des Motorradsports noch nie gegeben hatte: der Sieg derselben Marke in allen vier Rennen des Tages, also der Klassen bis 125, 175, 250 und 500 cm³, ein Erfolg, den MV dann beim belgischen GP mit vier Siegen in der 125er, 250er, 350er und 500er Klasse wiederholen konnte. Derartige Leistungen unterstreichen nicht nur die Fähigkeit des Werks, gleichzeitig in vier Klassen zu dominieren, sie sprechen auch für den großen Mut der Brüder Agusta, die Risiken und Schwierigkeiten auf sich zu nehmen, die der Betrieb einer derart starken Rennabteilung darstellt.

Ebenfalls in Faenza erschien 1956 das neue Einzylindermodell mit dem auf 220 cm³ vergrößerten Hubraum. Später folgte noch die »echte« Viertellitermaschine, vorbereitet für die WM-Läufe der Saison. Ausgesprochen kurzhubig ausgelegt (72,6 × 60 mm), leistete sie zuerst 29 PS (21 kW) und bis Saisonende 32 PS (24 kW), ausreichend für eine Spitze von 210 km/h mit einer Vollverkleidung, die Front und Heck umschloß. Alles übrige blieb praktisch unverändert.

Das rennsportliche Ergebnis dieser Saison läßt sich in wenigen Daten zusammenfassen: In den beiden Klassen 125 und 250 zählten zur italienischen und zur Weltmeisterschaft zwanzig Läufe, von denen MV mit ihrem Fahnenträger Ub-

biali achtzehn gewann. Einige Details können dennoch nicht schaden: Bei der TT ließ Ubbiali die Mondial 125 von Sandford und die 250er NSU von Müller jeweils weit hinter sich, während in Holland vor allem Provinis Mondial 250 eine erneute Dublette Ubbialis verhinderte. Dafür gewann er die kleine Klasse glatt vor seinem Teamkameraden Taveri.

In Belgien, wo MV alle vier Klassen gewann, mußten Lorenzetti mit der Guzzi »Spezial« in der 250er und Ferri mit der Gilera 125 Zweizylinder in der kleinen Klasse jeweils nach einer Anzahl Runden an der Spitze aufgeben, so daß Ubbiali vor seinen Markengefährten Taveri und Libanori siegte – mit neuem Rekordtempo: 168,696 km/h in der 250er und 160,790 km/h in der 125er Klasse. Beim Großen Preis von Deutschland, auf dem schwierigen Solitude-Kurs bei Stuttgart, mußte Ubbiali wegen ein paar Sekunden seinen ersten Platz an Ferri mit der sehr wendigen Gilera 125 abtreten, machte das aber mit der 250er wieder gut, als er, Taveri und Venturi einen 1–2–3-Sieg für MV nach Hause fuhren.

Ubbiali verfehlte seinen üblichen Doppelsieg auch in Ulster, wo die 250er Klasse an Taveri ging, freilich mit einer MV. Doch beim GP der Nationen in Monza war er wieder der Alte: Erst in der letzten Runde nahm er Lorenzetti mit der 250er Guzzi zwei Sekunden ab, nachdem er ihn das ganze Rennen hindurch wie ein Schatten verfolgt hatte. Er wiederholte dies mit Provinis 125er nach einer Serie von Du-

ellen mit ihm und Ferris Gilera bei 190 Sachen.

Ohne viel Aufhebens gingen die italienischen Meistertitel in den Klassen 125 und 250 an Ubbiali, und MV dominierte auch in der Juniorenmeisterschaft, wo Francesco Villa (125), Augusto Baroncini (175) und Ernesto Brambilla (250) siegten. Alles in allem erbeutete das Werk drei Fahrer-WM-Titel, drei Marken-

WM-Titel, je drei nationale Titel der Senioren- und der Junioren-Kategorie. So erfolgreich war nie zuvor eine andere Marke gewesen!

Ähnlich aussichtsreich ließ sich auch die Saison 1957 mit einem Sieg Ubbialis beim GP von Spanien an, der hier die 125er mit Vollverkleidung fuhr. Doch einige Unfälle von Spitzenfahrern und die Entschlossenheit der Konkurrenten mit Mondial an der Spitze, die MV-Hegemonie zu brechen, hinderten das Werk in Cascina Costa, den Siegeslauf des Vorjahres zu wiederholen. Erst am Ende

der Saison schien der MV das Glück mit dem gewohnten Ubbiali-Sieg in Monza wieder zu blühen, doch das genügte sicher nicht für ein Resultat wie das 1956er. Dick zu unterstreichen ist daher der sehr wichtige Sieg Remo Venturis mit der 175 Bialbero beim Motogiro d'Italia vor den besten der besten Sportmaschinen wie Benelli, Ducati, Mondial, Morini und Parilla.

Ein »Familienfoto« bei der TT von 1957. Unter anderen zu erkennen: Nello Pagani, Vittorio Carrano (halb von Pagani verdeckt), Ubbiali, Colombo (mit Helm in den Händen), Bill Webster, Luigi Taveri. Ganz rechts Giulio Cella.

Auf die Situation, die sich zu Beginn der 1958er Saison nach dem Ausscheiden von Guzzi, Gilera und Mondial aus dem Rennsport ergab, kommen wir später noch zu sprechen. Für MV bedeutete das zwar eine Erleichterung in den großen, nicht jedoch auch in den kleinen Hubraumklassen. Die Bedrohung kam aber weniger von außen (wo es die späteren Gegner noch nicht gab), sondern aus dem eigenen Lande: Morini und Ducati hatten sich unvermutet zu äußerst gefährlichen Rivalen gemausert.

Bei Morini war es ein echtes »Comeback« nach einer Reihe von glücklosen Jahren. Ducati dagegen hatte zwar eine solide Motorsporttradition, erschien jetzt aber erstmals auf der internationalen Bühne, und das mit so wettbewerbsfähigen Modellen wie der 125er Einzylinder mit desmodromischer Ventilsteuerung. Am Ende der Saison aber hatte MV ihren vollständigen, spektakulären Erfolg, denn zum erstenmal errang sie die Marken- und Fahrerweltmeistertitel in allen vier Hubraumklassen 125, 250, 350 und 500 cm³, obschon das zumindest bei den 125ern fast bis

zum Schluß in Frage gestellt war.

Technisch gesehen hatte man die 125er weiter verfeinert. Zum zweiten Lauf zur italienischen Meisterschaft in Marina Romea hatte sie einen tiefer gesetzten Rahmen mit geänderten hinteren Dreieckstreben, der Ölbehälter lag jetzt vor dem Sattel, die Verkleidung war gemäß den neuen Vorschriften verkleinert worden und ließ das Vorderrad frei, und neu war auch die vordere Bremse. Der Motor leistete jetzt 20 PS (15 kW) bei 12.500/min.

Es wurde ein Programm vorbereitet, das die Teilnahme mit

Die vollverkleidete 250er in Assen 1957, gefahren von Roberto Colombo (oben) und von Ubbiali in Monza (rechte Seite).
Links: Der 250er Einzylinder mit Indirekteinspritzung, der erstmals 1959 in Modena zu sehen war, wo man ihn Tino Brambilla anvertraute. Man erkennt die Einspritzpumpe auf dem Steuerräderkasten und die Einspritzdüse am Saugrohr.

wenigstens zwei Maschinen in jeder Soloklasse der WM, der italienischen Junioren- und Seniorenmeisterschaft sowie allen wichtigen internationalen, nicht zur WM zählenden Rennen vorsah. Neben Ubbiali verpflichtete man auch Provini, bisher sein erbitterter Rivale, jetzt durch das Ausscheiden der Marke Mondial verfügbar geworden; dazu Surtees, Hartle, Bandirola, Venturi, Libanori, Gilberto Milani und Tino Brambilla. Auf Bitten der FMI, einigen guten Nachwuchsfahrern eine Chance zu geben, hatte MV junge Talente geprüft und als Ergebnis Gal-

liani und Vezzalini eine 125 Bialbero und Cantoni, dem Inhaber der »Trofeo FMI Monocilindriche«, eine 500er Vierzylinder anvertraut.

Nach der Teamordnung wurde Provini zur Nummer eins in der 250er und Ubbiali in der 125er Klasse ernannt, wobei beide den jeweiligen Teamchef so weit wie nötig zu unterstützen hatten. Diese Regelung für das Zusammenleben der beiden Hähne im selben Stall funktionierte – zumindest im ersten Jahr – recht gut. In der 125er Klasse wurde diese Saison zu einer Folge wilder Auseinandersetzungen mit den

Ducatis von Gandossi, Spaggiari und Taveri (der MV verlassen hatte), doch am Ende blieb Ubbiali der Weltmeistertitel nach Siegen bei der TT, in Holland, Deutschland und Ulster erhalten.

Gradliniger und ohne größere Rückschläge gelang dagegen Provini der WM-Titelgewinn in der 250er Klasse. Die Morini wurden erst gegen Ende der Saison gefährlich; für sie war der Höhepunkt der Doppelsieg in Monza mit den Fahrern Emilio Mendogni und Giampiero Zubani.

Mit allen Marken- und Fahrertiteln in den je vier Soloklassen der Weltmeisterschaft 1958 im Kasten begann MV die Saison 1959 in der festen Absicht, dieses ausgezeichnete Resultat zu wiederholen, und ließ es an den notwendigen Mitteln dazu nicht fehlen. Die schon klassischen 125er und 250er Zweinockenwellenmaschinen erhielten wiederum Motor- und Fahrwerksverbesserungen: Der Rahmen der 125er war noch gedrungener geworden, der Ölbehälter war nun vor dem Tank gelandet, wo sein Inhalt (wie auch der Fahrer!) kühler blieb; bei der 250 ver-

Diese Doppelseite zeigt Werks- und private Maschinen der kleinen Klassen. Rechts: eine »seriennahe« 1-ohc 125er mit Scheinwerfer, Nummernschild und Mittelständer.

Unten: Ubbiali auf dem Weg zum Sieg auf dem Cattolica-Kurs 1958, einem Rennen für Junior- und Senior-Fahrer, mit der 175 »Formel 2«.

legte man ihn unter den Sattel. Beim ersten Lauf zur italienischen Meisterschaft in Modena sah man zum erstenmal eine 125er mit desmodromischem Ventiltrieb, die mit Provini im Sattel einen guten Eindruck machte, und eine 250er mit Benzineinspritzung, die Tino Brambilla fuhr. Doch beide Modelle wurden für den Rest der Saison beiseitegestellt. Während man sich aber in der 125er Klasse weiterhin auf die 2-ohc verlassen konnte – die am Ende trotz der stark aufkommenden ostdeutschen MZ

die Weltmeisterschaft gewann –, entschloß man sich, für die 250er Klasse einen neuen Zweizylinder herzurichten, der aber nichts mit dem 2×125er »Zwillingstriebwerk« von 1955 gemeinhatte.

Zwar auch in der gewohnt langhubigen Auslegung (53×56 mm), hatte er um 5° nach vorn geneigte Zylinder und – für die kleinen Klassen bei MV unüblich – eine Naßsumpfschmierung mit Öl im Gehäuseunterteil. Die Nockenwellen wurden weiterhin über einen Stirnradsatz an der rechten Seite angetrieben, die Haarnadelfedern waren ungekapselt; der Motor hatte eine Primärübersetzung durch Zahnräder und ein 6-Gang-Getriebe. Fahrwerk und Verkleidung entsprachen den Einzylindermodellen. Das

Fahrzeug wog etwa 115 kg, und dank der ca. 37 PS (27 kW) bei 13.500/min lief die Maschine über 200 km/h.

Die Gegner des Jahres 1959 waren noch dieselben wie zuvor, nur die MZ-Zweitakter, die mit erstaunlicher Leistung und Zuverlässigkeit auftraten, waren hinzugekommen. Dagegen war im Hause MV die bisherige Harmonie gefährdet, nämlich die zwischen dem »Rationalisten« Ubbiali, der jedes Rennen generalstabsmäßig plante, und dem heißblütigen Provini, der vor allem an Körperbeherrschung und Kurventechnik glaubte. Am Ende der Saison führte dieser irreparabel gewordene Zwiespalt dazu, daß Provini zu Morini überwechselte.

Das Jahr über hätten also die beiden Asse der MV genug damit zu tun gehabt, die Angriffe der Ducati 125, der Morini 250 Bialbero und der ostdeutschen MZ abzuschlagen. Unterm Strich zahlte sich dann die Ratio aus, mit der Ubbiali seine Rennen durchführte, indem er beide Weltmeistertitel gewann, freilich nicht ohne große Mühe. In der 250er Klasse hatte es zwei Siege Ubbialis (Deutschland und Italien) gegeben, zwei von Provini (Tourist Trophy und Holland) und zwei vom Rhodesier Gary Hocking auf MZ (Schweden und Ulster). Besondere Begeisterung gab es für Ubbiali, der die Morini von Mendogni beim GP von Deutschland um ganze drei Zehntelsekunden hinter sich ließ und mit seinem berühmten Endspurt in Monza den MZ-Fahrer Degner gar nur um eine halbe Radlänge

besiegte. In der 125er Klasse errang Ubbiali drei Siege gegenüber zweien von Provini und zweien der Marke MZ. Schließlich wurde 1959 von der neuen 250er Zweizylinder eine auf 253 cm³ vergrößerte Version abgeleitet, die in der 350er Klasse auf sehr kurvigen, für die Vierzylindermaschinen problematischen Strecken eingesetzt werden sollte. Zum erstenmal sah man sie beim GP der Nationen mit Brambilla, der allerdings schon zu Anfang wegen eines Fahrfehlers an der

Parabolica aufgeben mußte. Mit einer auf 285 cm³ aufgestockten Version gewann 1960 Gary Hocking (vor Surtees) den französischen GP in Clermont Ferrand, doch am Ende erhielt der Vierzylinder den Vorrang.

1959 war für MV ein Jahr der Triumphe gewesen, und so waren auch für 1960 wieder große Erfolge zu erwarten. Die gab es zwar, doch – zumindest in den kleinen Klassen – nicht so einfach wie man hätte glauben können. Der Grund war, daß

in diesen Klassen – die ja aus technischer und finanzieller Sicht die weniger anspruchsvollen sind – unvermutet mehrere alte und neue Gegner erschienen und die Markenvielfalt wieder erstehen ließen, die es seit dem Verzicht von 1957 nicht mehr gegeben hatte. Darüber hinaus hatten ein paar der alten Rivalen wie MZ ihre Fahrzeuge mittlerweile auf einen solchen Stand entwickelt, daß sie MV harte Nüsse zu knacken gaben, namentlich bei den 125ern.

Schließlich noch Tino Brambilla, der 1956 die 175er Juniorenklasse beim F2-Rennen San Remo-Ospedaletti gewann. Man beachte die Unterschiede zu Ubbialis Maschine an Tank und Ölpumpe, vorderer Bremse und Hinterradaufhängung.

Unveröffentlichtes Foto vom Vierventilkopf eines 125er Zweizylinders, der Ende der 50er Jahre im Versuch lief.

Trotz des höheren Prestigewertes bei den 500ern verlief die Saison 1960 in den Klassen bis 125 und 250 interessanter. Bei den 125ern tauchten neben den Zweitakt-MZ und den schon bekannten Ducati-Desmo zwei spanische Zweitakter – Bultaco und Montesa – auf, dazu die tschechische CZ und einige Mondial, die, der Vereinbarung zum Trotz, als offizielle Werksmaschinen auftraten. Bei den 250ern debütierten die Zweizylinder von Ducati und Bianchi, die Vierzylinder-Benelli und die Zweizylinder-Jawa. Vor allem aber erlebte man, wie jetzt die Japaner – nach einem eher schüchternen ersten Versuch bei der TT des Vorjahres – mit Macht begannen, was schließlich zur absoluten Dominanz und zur gegenwärtigen Marktsituation führen sollte.

Mehr noch als die zwar ausgezeichneten und denen vom Vorjahr weit überlegenen Maschinen beeindruckten der organisatorische und der Materialaufwand: 45 Maschinen in jeder Klasse und ein Schwarm von Mechanikern, cool, präzise und fehlerlos in ihren weißen Handschuhen; dazu ein Aufgebot der besten Piloten, an die man herankam – das alles war bezeichnend für eine kaum zu überbietende Zielstrebigkeit. Freilich waren die 125er Zweizylinder, Zweitakt-Suzuki Colleda und Honda-Viertakt, noch nicht so weit, daß sie MV große Sorgen bereiteten. Doch die phantastische 250er Honda – ein 2-ohc-Vierzylinder mit vier Ventilen pro Zylinder (eine Lösung, in Europa in den 30er Jahren verlassen und von den Japanern jetzt zu enormer Blüte entwickelt) – kam der MV Bicilindrica bereits bedrohlich nahe: In Ulster konnte man Phillis und in Monza Redman auf den zweiten Platz verweisen.

1960 erwies sich die rahmenseitig weiter verbesserte MV 250 schließlich doch noch als beste der Viertellitermaschinen, und für die 125er galt in ihrer Klasse das gleiche. In technischer Hinsicht ist noch ein kurzer Auftritt eines Prototyps mit desmodromischer Steuerung in Cesenatico zu Beginn der Saison zu erwähnen. Doch Taveri schied damit bald nach dem Start wegen eines Unfalls aus. Nach dem GP von Frankreich ging es mit der WM erst bei der TT so richtig zur Sache: mit einer Phalanx von Menschen und Maschinen am Start. Bei den 250ern führte von den ersten Metern an Gary Hocking, hart bedrängt von Provini mit der Morini. Am Ziel kam – nach mehr als 300 km Renndistanz – Hocking ganze 40 Sekunden vor dem Teamgefährten Ubbiali und 51 vor Provini an. Dann aber folgten drei Honda – die erste allerdings mit fast sieben Minuten Rückstand auf den Sieger.

Ubbiali revanchierte sich in Holland, in Belgien, Ulster und schließlich auch in Monza, wo er, wie gesagt, Redmans Honda gut im Griff behielt, ebenso wie Degners MZ. Keine Frage: Er gewann auch den Weltmeistertitel.

Bei der TT in England begann auch die WM der 125er Klasse, und zwar mit einem ungefährdeten Sieg Ubbialis vor seinen Markengefährten Hocking mit 20 Sekunden und Taveri mit über 2 Minuten Vorsprung. Dann folgten die MZ mit etwa 21/2 Minuten Rückstand. Auch in Holland siegte Ubbiali, während er auf dem superschnellen Kurs von Francorchamps in Belgien den MZ von Degner und Hemplemann unterlag. In Ulster konnten Ubbiali und Hocking dem lange führenden Italiener Gandossi auf MZ die beiden vorderen Plätze noch im Endspurt streitig machen, nachdem er in einer Kurve wegrutschte.

Die ostdeutsche MZ versuchte ihr Glück dann in Monza wieder. In der Tat konnte Degner das ganze Rennen über das Tempo der beiden MV-Spitzenpiloten Ubbiali und Spaggiari halten. In der allerletzten Runde kamen die drei fast Rad an Rad aus der Parabolica-Kurve, bereit für den Schlußkampf um den ersten Platz. Und so sah die Taktik der MV-Leute aus: Spaggiari nahm die Außenspur an der Tribünenseite und blieb am Hinterrad des Deutschen kleben, während Ubbiali plötzlich zur andern Seite der Piste, also zur Boxenseite, hinüberzog. Spaggiari gelang es, sich unmittelbar hinter Degner zu halten und Ubbiali so viel Vorteil zu verschaffen, daß er die MZ hinter sich lassen konnte, obschon gerade in dieser letzten Runde Spaggiari mit über 160 km/h die schnellste Rundenzeit schaffte.

»Scooter« 125 CGT – 1950–1952

Exemplar von 1952 aus dem MV-Museum in Gallarate

125 Motore Lungo – 1950–1953

Exemplar von 1953 aus dem MV-Museum in Gallarate

125 Motore Lungo – 1950–1953

Exemplar von 1953 aus dem MV-Museum in Gallarate

500 4-Zylinder Kardan – 1950–1953

Exemplar von 1953 aus dem MV-Museum in Gallarate

Tarquinio Provini bei seinem siegreichen Rennen durch Nebel und Regen auf dem irischen Ulster-Kurs 1958 mit der 250er, die wegen des neuen Reglements eine deutlich knappere Verkleidung hatte.

Die Saison 1961 war voller großer Ereignisse. Da war zunächst einmal der überraschende Beschluß des Conte Domenico Agusta, seine ungeschlagenen Werksmaschinen nicht mehr einzusetzen, eine Entscheidung, die er damit begründete, daß man weitere Läufe zur Weltmeisterschaft eingeführt habe und die Teilnahme für ein Werk, das sich in vier Hubraumklassen engagierte, finanziell nicht mehr tragbar sei. Tatsächlich war die Zahl seit Einführung der WM 1949 (vor dem Krieg gab es nur eine Europameisterschaft) allmählich von 6 auf 8 und nunmehr, 1961, auf 10 Läufe erhöht worden. Eine der neuen Rundstrecken lag in Argentinien, was zwar die Gültigkeit des Titels »Welt«-Meisterschaft bestätigte, aber auch erhebliche finanzielle Aufwendungen für die Teilnehmer bedeutete. Zu all dem kamen inzwischen noch die deutliche Schmälerung des Marktes und die entsprechenden Gewinneinbußen, die den Rennsport zu einer immer größeren finanziellen Belastung werden ließen. Irgendwie mußte man also

57

Nur um Reifenbreiten auseinander kämpfen hier in der 125er Klasse 1959 in Assen Ubbiali mit der MV, Spaggiari und der aufgehende Stern Mike Hailwood auf Ducati.

kurztreten, denn selbst für ein reines Hobby war ein Team mit etwa zwanzig Maschinen wahrlich zu aufwendig.

Ein vollständiger Rückzug wäre jedoch ein zu großes Opfer für den sportbesessenen Conte gewesen, und so wurde die drastische Ankündigung vom Januar schon im April etwas abgeschwächt. MV ließ verlauten, sie würde einige ihrer Maschinen bewährten Piloten geben, die als Privatfahrer starten müßten, wiewohl mit einer gewissen Werksunterstützung.

Daher erschienen von nun an einige Jahre lang die Rennmaschinen aus Cascina Costa mit dem Wort »Privat« unter dem geflügelten MV-Emblem.

Abgesehen davon nahmen auch zwei der großen Piloten des Hauses Abschied von der Rennszene: Carlo Ubbiali und – wie wir noch sehen werden – John Surtees, unangefochtener Chef bei den Großvolumigen. Bei Ubbiali war es schlicht der Wunsch, eine lange, überaus erfolgreiche Rennfahrerlaufbahn zu beenden und sich pri-

58

vaten Interessen zuzuwenden. Surtees verließ die Szene der Zweiräder, um auf vier Rädern neue, aufregende Erfahrungen zu machen, neuen Zielen nachzustreben (übrigens ist Surtees bis heute der einzige Rennfahrer, der es mit Motorrädern und Automobilen zu Weltmeistertiteln gebracht hat).

Wie dem auch sei, die Farben des Hauses MV mußte nun – auch als »Privatfahrer« – in erster Linie Gary Hocking vertreten. Die ersten Rennen der Saison überspringend, erschienen die Privatfahrer erstmals

in Imola, wo Hocking sich den Sieg in der 500er Klasse nicht nehmen ließ; es folgte Barcelona, wo er mit der 250er Zweizylinder gewann, und dann nach und nach die übrigen WM-Läufe. Doch während die Vierzylinder 350 und 500 praktisch konkurrenzlos waren, so daß Hocking sich beide Titel holen konnte, wurde die Lage in den kleinen Klassen unerwartet schwierig. Denn – und das war ein weiterer sehr gravierender Punkt im Jahre 1961 – nun erfolgte nach den »Probeläufen« vom Vorjahr eine

wahre japanische Explosion: Die Asiaten gingen entschlossen daran, sich im Rennsport wie auf dem Markt durchzusetzen.

Zu den schon bekannten Honda und Suzuki hatte sich jetzt auch Yamaha gesellt, doch im Augenblick drohte von Honda die größte Gefahr. Damals noch ganz auf die kleineren Klassen konzentriert, dachten die Japaner aber schon weiter, wie man anhand einer auf 285 cm³ aufgebohrten, für die 350er Klasse bestimmten 250er Vierzylinder erkannte.

Und so gingen, beginnend mit Hockenheim bei den 250ern (wie zuvor in Barcelona bei den 125ern) sämtliche Rennen der kleinen Klassen an Honda, die vielfach wahrhaft sensationelle Resultate erzielte: etwa bei der TT, wo sie mit ihren fünf Maschinen die ersten fünf Plätze belegte.

Die privaten MV nahmen in vielen Rennen die Herausforderung der Hondas an, mußten aber stets mit Defekten ausscheiden. Im Laufe weniger Monate wurde klar, daß die bis vor kurzem noch unschlagba-

Cesenatico, eine für den Motorradrennsport wichtige, typisch italienische Küstenrundstrecke. Ubbiali, der spätere Sieger, liegt hier 1959 an der ersten Kurve nach dem Start der 125er vor Vezzalini auf MV, Patrignani (halb verdeckt) auf Ducati, Muscio auf Paton und Mencaglia auf der zweiten Ducati.

ren MV den neuen Rivalen praktisch nichts mehr entgegenzusetzen hatten. Den übrigen europäischen Marken ging es natürlich nicht anders. Es galt, die Maschinen weiterzuentwickeln oder durch modernere Konzeptionen zu ersetzen, doch das paßte nicht in die neue MV-Firmenpolitik. Daher beschloß man nach den ersten enttäuschenden Erfahrungen, sich voll den größeren Hubräumen zuzuwenden, die wenigstens im Augenblick sicher schienen, und die kleinen Rennmaschinen in Pension zu schicken.

Man sah sie noch sporadisch bei späteren Gelegenheiten: 1964 fuhr Spaggiari die 125er siegreich in Modena, Cervia, Imola, Cesenatico und Vallelunga und wurde italienischer Seniorenmeister. Im selben Jahr tauchte die 250er kurz mit Mendogni im Sattel in Modena auf, der das Rennen aber nicht beenden konnte. 1966 wurde sie noch einmal eingesetzt, diesmal mit Giacomo Agostini, aber nur für ein einziges, wenn auch siegreiches Rennen in Alicante. Danach wanderten beide Maschinen in das Firmenmuseum und beschlossen damit eines der ruhmvollsten Kapitel in der Geschichte des Hauses.

Schließlich möchten wir noch erwähnen, daß 1965 eine neue 125er Zweitaktmaschine mit liegendem Einzylinder und gewiß sehr fortschrittlicher Technik gebaut wurde: Einlaßsteuerung durch Plattendrehschieber; Schmierung durch separate Kolbenpumpe; Zylinderkopf luft- und Block wassergekühlt; hartverchromte Zylinderbüchse und ringloser Kolben; Spulenzündung; 7-Gang-Getriebe; Doppelschleifen-Rohrrahmen; Hinterradschwinge aus Rechteckprofil; mechanisch betätigte vordere Bremse mit 230-mm-Scheibe.

Diese neue 125er erschien zum erstenmal beim Training in Cesenatico, gefahren von Walter Villa, doch sie erwies sich als noch nicht ausgereift, so daß Villa, um überhaupt etwas zu tun, stattdessen mit einer 1-ohc-Viertakter fuhr. Nach einigen weiteren Versuchen wurde das neue Modell beiseite gestellt, auch, weil der Conte keine große Neigung mehr zu Zweitaktern mit Drehschieber zeigte, die er für vergleichbar mit aufgeladenen Motoren und deshalb für illegal hielt. Auf jeden Fall war dies die letzte MV-Rennmaschine der kleinen Klasse. Von nun an blieb das Feld den Japanern überlassen, die es viele Jahre lang ungestört beherrschen konnten.

4. Die besten MV-Fahrer

Es gab viele Männer, die für MV Agusta Rennen gefahren sind, Amateure und Profis, Anfänger und Asse, Kometen, die nur einen Tag lang strahlten, und Sterne, deren Licht am Himmel des Motorradsports noch lange weiterleuchten wird. Über jeden von ihnen hier zu sprechen, ist praktisch nicht möglich, doch die wirklich Großen hier nicht zu würdigen, wäre eine Unterlassungssünde. Wir haben deshalb zwischen die Kapitel über die kleinen und die großen Hubräume, zwischen sachliche technische Beschreibungen und trockne Datenblätter eine kleine biographische Galerie eingefügt, eine angemessene Würdigung so großer Rennfahrer und – wie wir meinen – ein erfreuliches Zwischenspiel für unsere Leser.

Franco Bertoni

Er war das allererste As, das für MV die 98er und die 125er Dreigang fuhr, der Mann der ersten Stunde im Auf und Ab der Nachkriegszeit, der erste, der der neuen Marke im Rennsport Ansehen verschaffte, wenn auch damals nur bei zweitrangigen Veranstaltungen. Bertoni begann 1947 in Carate Brianza, natürlich als Fahrer der 3. Kategorie, und holte sich den ersten Sieg seiner Laufbahn in seinem zweiten Rennen. Das war auf dem schwierigen Kurs von Arsago Seprio mit einer Benelli 250 und unter den strengen Blicken seines Vaters, der ihm von den Boxen her mit den Fäusten drohte, weil er zu schnell fuhr. Bald darauf holte ihn MV; er siegte mit der 98er in Como und errang noch verschiedene schöne Erfolge.

1948 stand die Paarung Bertoni-MV etwa zwanzigmal am Start und machte reiche Beute (Siege in Varese, Cremona, Vigevano, Sondrio, Pisa), deren Höhepunkt der glänzende Erfolg beim GP der Nationen in Faenza war. Danach reduzierte Bertoni seine Aktivitäten etwas, brachte es aber dennoch zu einer Anzahl glänzender Siege, auch in der Rollerkategorie, bis er 1950 sogar den Titel eines italienischen Meisters in der Klasse 125 Sport errang. Er fuhr und siegte auch 1951, um dann doch nach und nach den Rennsport aufzugeben und sich einer Beschäftigung im Auto- und Motorradhandel zuzuwenden.

Renato Magi

Der Name Renato Magi ist auf tragische Weise mit dem ersten Versuch der MV verbunden, sich in die begehrte Liste der Weltrekorde einzutragen; ein Versuch, der am 17.4.1951 auf der »Fettuccia« von Terracina mit einer voll verkleideten 125er stattfand. Während der Fahrt bäumte sich die Maschine, vermutlich infolge Kolbenfressers, plötzlich auf, stürzte zur Seite und schleifte noch mehrere hundert Meter weiter über die Fahrbahn. Als man Magi aufhob, lebte er noch, doch er starb kurz darauf im Krankenhaus.

Renato Magi, Jahrgang 1913, war ein eher poetischer, scheuer, freundlicher und maßvoller Mann, beseelt von einer außerordentlichen Passion für das Motorrad. Er begann vor dem Krieg auf einer Gilera, mit der er häufig gewann, besonders bei Bergrennen. Seine ersten Erfahrungen mit der MV machte er 1946; sie führten zu Erfolgen in Lomazzo und Pavia. 1949 holte ihn Morini, um zum erstenmal seine neue 125 Viertakt an den Start zu bringen, und Magi siegte in Legnano und Genua. Im Jahr darauf wechselte er zu MV über und gewann in großem Stil unter anderem die 125er Klasse bei der sehr schwierigen Mailand-Tarent. Erleichtert wurde dieser Sieg, weil sein Teamgefährte Ubbiali disqualifiziert wurde. Magi empfing ihn mit Tränen in den Augen, weil er unfreiwillig dem Kollegen den verdienten Sieg weggeschnappt hatte.

Dann kam die langwierige, peinlich genaue Vorbereitung der Rekordmaschine; Magi war auch ein ausgezeichneter Mechaniker. Und dann das fatale Ereignis in Terracina, das einer Laufbahn ein jähes Ende setzte, die zwar nicht voller spektakulärer Erfolge war, aber gekennzeichnet von wahrer Passion und Seelengröße.

Carlo Ubbiali

Mit neun Weltmeistertiteln gehört Ubbiali zur absoluten Spitze unter den Motorradrennfahrern aller Zeiten, zusammen mit Agostini, Nieto und Hailwood, und auch die Goldmedaille bei den Six Days 1949 sei hier nicht vergessen, um seine fahrerischen Qualitäten voll zu würdigen.

Ubbiali kam zweimal zu MV; das erstemal gleich nach seinem Debüt als Rennfahrer, dem Sieg in seiner Heimatstadt Bergamo 1947 mit einer alten DKW 125, das zweitemal – und nun endgültig – im Jahre 1953, nach dreijährigem Zwischenspiel bei Mondial, das ihm 1951 sogar den Weltmeistertitel eingebracht hatte. Nach den ersten beiden Jahren, die durch das Auftauchen der so überlegenen NSU-Werksrenner erschwert wurden, konnte er seine großen Fähigkeiten im Wettbewerb mit Gegnern und Teamgefährten voll ausspielen, bis er 1960 den Rennsport aufgab. In diesen acht Jahren bei MV holte er sich fünf WM-Titel in der 125er und drei in der 250er Klasse und dazu drei 125er und zwei 250er Titel in den italienischen Meisterschaften.

Er war der »Fuchs« und hieß wegen der Form seiner Augen

Carlo Ubbiali, der »fliegende Chinese«, 1949 mit einem Motorroller auf dem Circuito delle Mura in Bergamo und elf Jahre später – kühl, brillant, rationell und in perfektem Stil – auf dem Höhepunkt seiner sagenhaften Laufbahn.

wohl auch der »Chinese«. Ubbiali galt als einer der gefürchtetsten Gegner – auch wegen seiner Art, bis zu den letzten Metern des Rennens seine und die Möglichkeiten seiner Maschine nie ganz zu offenbaren. Zu den besonders spektakulären, die Zuschauer mitreißenden Piloten zählte er nicht; sicher aber zu den in jeder Hinsicht erfolg- und ertragreichsten.

Er war ein guter Mechaniker und hatte ein ausgeprägtes Gefühl für die Abstimmung der Maschinen, war ein glänzender Stratege und imstande, seine Emotionen kühl zu beherrschen. Er zog nie weit davon, sondern ließ die Gegner herankommen, ging auf Rad-an-Rad-Kämpfe ein, um sie dann in einem Endspurt zu schlagen, den er in den ersten Runden des Rennens, oft sogar schon während des Trainings, exakt kalkulierte und plante. Dabei war ihm sein Bruder Maurizio, sein engster Vertrauter und Berater, stets eine große Hilfe, bis er 1960 nach schwerer Krankheit starb.

Carlo Ubbiali, geboren am 24. September 1929 in Bergamo, heiratete nach Beendigung seiner Rennfahrerlaufbahn und lebt mit seiner Frau und vier Kindern in seinem Heimatort. Erst Mitte der 80er Jahre erschien er wieder in Rennfahrerkreisen, als Ehrengast bei Treffen der »Oldies«, nachdem er sich lange Jahre der Szene ferngehalten hatte. Er unterhält sich gern mit Freunden und Fans und hat eine eigene, eindrucksvolle Art, von den alten Zeiten zu erzählen. Erstaunlich, denn als er noch

Rennen fuhr, war er sehr unzugänglich gewesen. Doch damals war das eine Art Schutzwall, den er um sich herum errichtet hatte: Er hatte jeden Kontakt vermieden, der ihn von seinen eigentlichen Zielen hätte ablenken können.

Zu den härtesten Gegnern während seiner Rennfahrerlaufbahn gehörten Haas und Hollaus auf NSU, Ferri mit der Gilera, Provini, der die Mondial, die Morini und eben auch die MV fuhr; ferner Degner und Fugner auf MZ; schließlich auch Hocking, Sandford, Gandossi, Taveri und Spaggiari. Rivalen waren gelegentlich auch Lorenzetti, Redman und Hailwood. Denkwürdig waren die Duelle mit Degner, die sich erst auf den letzten Metern entschieden, wie auch die außerordentlich schwierigen Kämpfe mit Provini und Hocking, und mit letzterem jene tückische Regenschlacht.

Angesichts der Stärke seiner Gegner und Kollegen war er der sicherste Trumpf in der Hand der MV, er, der mehr Siege in den beiden unteren Hubraumklassen errang als irgendein anderer. Das Jahr 1960 schloß mit einem großen Triumph für Ubbiali, der ein letztes Mal die beiden WM-Titel der Klassen 125 und 250 gewinnen konnte. Danach der endgültige Abschied des großen Piloten, der noch so viel mehr hätte erreichen können, der aber auch im Aufhören ein Beispiel gab: Auf dem Höhepunkt des Erfolgs ade sagen und nicht warten, bis es zwangsläufig wieder bergab geht oder bis gar noch Schlimmeres passiert.

Leslie Graham

Er war derjenige, der bei der Entwicklung und Abstimmung der 500er Vierzylinder den größten fahrerischen Anteil hatte. Am 14. September 1911 in Wallasey (England) geboren, war der ehemalige RAF-Pilot und ausgezeichnete, erfahrene Techniker erst mit 39 Jahren, Ende 1950, zu MV gekommen.

Sein sportliches Gepäck bestand im Gewinn der allerersten Motorrad-WM 1949 auf AJS 500 »Porcupine« (Stachelschwein), ferner im dritten Platz im Jahre 1950 und zahlreichen anderen Siegen, die er nicht nur seinen hohen fahrerischen Qualitäten verdankte,

sondern auch einem großen taktischen Geschick und einem besonders wirkungsvollen Einsatz seiner Maschine.

Damals war Graham sicher der ideale Mann, um die Mängel der Vierzylindermaschine zu beseitigen, die zwar stark, aber infolge einiger sehr kühner technischer Lösungen schwierig zu fahren war. Grahams Bemühungen führten nicht sofort zu besonders guten Resultaten; doch 1952 gab es erste Erfolge zu ernten, gekrönt durch den zweiten Platz in der WM hinter der Gilera von Masetti.

Damit war für MV der Boden geebnet für eine interessante Saison 1953, und in der Tat

Leslie Graham, der erste Fahrer, der nicht zuletzt dank seiner großen technischen Kompetenz in der Lage war, mit der störrischen 500er »Quattro Cilindri« internationalen Erfolg zu erringen.

Carlo Bandirola, mutiges und draufgängerisches Idol der Massen, aufgenommen in Faenza 1953. Gut zu sehen die als »4 in 2« ausgeführte Abgasanlage der Vierzylinder 500.

schien das erste Rennen des Jahres, die TT, gute Aussichten zu bieten: Graham selbst gewann zunächst die 125er Klasse und bewies damit zugleich seine Vielseitigkeit.

Einige Tage später läuft das Rennen der 500er. Graham ist mit der Vierzylinder auf Verfolgungsjagd hinter Duke und Amm auf Norton und braust mit Vollgas das endlos lange Gefälle von Bray Hill hinab, das ihn sicher an seine Sturzflüge im Jagdflugzeug während des Krieges erinnert, auch weil man am unteren Ende plötzlich wieder hochziehen muß, wenn die Straße brüsk ansteigt. Genau an diesem Punkt – wegen der gewaltigen Krafteinwirkung einem der gefährlichsten des ganzen Kurses – bricht die Earles-Gabel der 500er zusammen, ohne daß dem Piloten Zeit für irgendei-

ne Gegenmaßnahme bleibt; besonders auch, weil er sich bei einem Sturz im Training den Arm schwer verletzt hat. So endet auf tragische Weise die Laufbahn dieses großartigen Rennfahrers, und so bleibt all die Arbeit an seiner MV 500 unvollendet, die erst mit dem Auftreten von Surtees ihre ganz großen Erfolge erleben wird.

Carlo Bandirola

Ganz Instinkt und Draufgängertum, ohne ausgeprägten Fahrstil, aber außerordentlich spektakulär, war Carlo Bandirola ein echter Publikumsliebling, für den die Leute sofort und ohne Rücksicht auf den Stand des Rennens Partei ergriffen.

Bandirola wurde 1914 in Voghera geboren und verstarb

auch dort am 26. September 1981. Nur einmal, 1958, wurde er mit 44 Jahren mit der MV Vierzylinder italienischer Meister der 500er Klasse, nachdem er sich zwanzig Jahre lang auf allen Rennstrecken Europas herumgeschlagen hatte. Eine Reihe guter Plazierungen und einige internationale Siege hatte er errungen, aber – so dicht er auch ein paarmal darangewesen war – niemals ein erster Platz bei einem WM-Lauf.

Dennoch kann man nicht sagen, daß der athletische, stets heitere Bursche nicht auch ein Champion gewesen wäre. Seine größte Befriedigung war es, auf seine Art zu fahren und auf Taktik und Resultate zu pfeifen, wobei er freilich oft genug die Motoren zuschandenfuhr.

1937 hatte er mit Zuverlässigkeitsfahrten begonnen und war dann zunächst mit der Otto

Bulloni und der Saturno Rennen gefahren, wobei er auch einige Erfolge verbuchen konnte. Zu MV kam er 1951 zusammen mit Artesiani. In acht Jahren der Aktivität mit der Vierzylinder sammelte er zahlreiche dritte und zwei zweite Plätze, beide auf dem WM-Kurs von Montjuich bei Barcelona, der Strecke, die ihm – zusammen mit dem ebenfalls mörderischen Kurs von Ospedaletti – am besten lag.

Wegen seiner Vorliebe für besonders anspruchsvolle Strecken wurde Bandirolo in den späteren Jahren vor allem in Spanien eingesetzt, um für die dortige »Emevue«-(MV)Produktion Verkaufsförderung zu betreiben. Denkwürdig ist eines seiner Duelle in Barcelona mit dem Teamkollegen John Surtees, bei dem niemand erwartet hätte, daß der alternde Bandirolo noch so viel Widerstandskraft würde aufbringen können, mit der es erst vorbei war, als der Motor seinen Geist aufgab.

Cecil Sandford

Mit dem Engländer Cecil Sandford fand MV den Fahrer, der ihr den ersten in der ungewöhnlichen Sammlung von WM-Titeln einbrachte. Er trat bei MV 1952 ein, um zusammen mit Graham, Sala, Copeta und gelegentlich Lomas zu versuchen, die Phalanx der Morinis aufzureißen. Sandford schaffte dies in der Tat, und zwar durch seine drei Siege und zwei dritte Plätze noch in derselben Saison.

Am 21. Februar 1928 in Blockley geboren, war der gar nicht spektakulär, vielmehr sehr effizient fahrende Brite wie viele seiner Landsleute mit großen Einzylindern aufgewachsen, vor allem AJS und Velocette, und kannte sich auf den diversen internationalen Rennkursen gut aus. Höflich aber nicht eben sehr gesprächig, das ernste Gesicht von der auffällig entstellten Oberlippe geprägt, galt er bei vielen Werken als wertvoller Fahrer. Zwar wurde er nie ausdrücklich als »erster Mann« eingestellt, doch für MV – und später, 1957, auch für Mondial – führten seine Zuverlässigkeit und Zähigkeit (vielleicht unerwartet) zum Gewinn der 125er Marken-WM.

Sandford blieb drei schwierige Jahre bei MV, in denen er sich mit Ubbiali zu arrangieren und überdies gegen die fast unbesiegbaren NSU zu kämpfen hatte. Dennoch wurde er 1953 mit der MV 125 Zweiter hinter Haas (NSU), während er sich 1954 nicht für die Spitzengruppe qualifizieren konnte. 1953 gab es für ihn auch einen Start in Monza mit der 500er Vierzylinder, doch damit gelang ihm nur ein fünfter Platz hinter den dominierenden Gileras.

Angelo Copeta

Copeta, Spezialist für die kleinen Hubraumklassen und für Motorroller, lernte den Rennsport so recht »von der Pike auf«, fuhr lange Zeit zweitrangige nationale Rennen und war zuerst mit der Lambretta, dann mit der MV recht erfolgreich. MV machte den besonders zähen, konstant fahrenden kleinen Mann mit den (im Stil Rodolfo Valentinos) geschniegelten Haaren zum »Back-up«-Fahrer, zu einem sicheren, verläßlichen Rückhalt für das Team, was sich mehr als einmal bestens bewährte. Schon 1952 finden wir Copeta mit der 125er MV gut plaziert im WM-Klassement: Er wird Fünfter bei der TT und in Assen und Vierter auf der Stuttgarter Solitude. Noch besser schneidet er im folgenden Jahr ab, als er bei der TT, auf der Solitude und in Monza Vierter wird und außerdem noch klarer Sieger im letzten Rennen der Saison in Barcelona, auf dem äußerst schwierigen Montjuich-Kurs, wo er den MV-Kollegen Sandford und die beiden NSU-Fahrer Hollaus und Brandt mit einem Schnitt von mehr als 250 km/h schlagen kann. 1954 wird er zwar bei WM-Läufen weniger oft eingesetzt, kann sich dafür aber den italienischen Meistertitel der 125er Klasse sichern. Die nächste Saison sieht ihn bei diversen WM-Läufen wieder gut plaziert: Fünfter in Barcelona und in Reims, Dritter in Monza. Dann aber überläßt er seinen Platz jüngeren Fahrern in der Gewißheit, sein Soll in der MV-Mannschaft voll erfüllt zu haben, und nimmt eine Tätigkeit im Mopedgeschäft auf.

Angelo Copeta, wertvolles Mitglied in der MV-Mannschaft, war bei vielen Rennen eine der Hauptpersonen.

Bill Lomas

Seinen Namen verbindet man sogleich mit Moto Guzzi und der Achtzylindermaschine aus Mandello. Doch dieser ungewöhnliche britische Pilot mit seinem wunderbaren Fahrstil und seinem unbezähmbaren Kampfgeist, mit seiner angenehmen Erscheinung und dem jugendlich-begeisterten Ton hat auch eine wichtige, wenngleich vorübergehende Rolle bei MV gespielt, wo er 1955 nur knapp den Weltmeistertitel verfehlte.

Lomas wurde 1928 in Alfreton geboren. MV war schon 1952, als er bereits durch Erfolge auf Velocette und AJS bekannt geworden war, auf ihn zugekommen, um ihn zum GP von Ulster sowohl für die 125er als auch für die 500er Klasse zu holen. In der ersteren wurde er Zweiter hinter dem MV-Fahrer Sandford; die Vierzylinder brachte er auf Platz drei hinter McCandless (Gilera) und Coleman (AJS). Vielleicht hatte man bei MV mehr erwartet; jedenfalls blieb dieser Auftritt für eine Weile sein einziger.

Erst 1955 engagierte MV anläßlich der britischen TT wieder Bill Lomas, der damals aber bereits für Guzzi fuhr (für die er im selben Jahr den 350er WM-Titel holte). Für MV fuhr er in der 125er und 250er Klasse: Bei den Kleinen belegte er nur Platz vier, bei den Viertellitern dagegen siegte er sicher vor Sandford mit der Guzzi und Müller auf NSU.

Hermann Müller und die NSU waren es auch, die Lomas und MV um den begehrten 250er Titel brachten. Und Müllers knapper Vorsprung beruhte

Bill Lomas 1954 in Faenza vor Campanelli und Paciocca auf Gilera Saturno. Hier trug die MV 500 erstmals eine das Vorderrad freilassende, windschlüpfige Verkleidung.

auch nur auf einer Strafe, die sich Lomas in Holland, beim GP in Assen, zugezogen hatte: Wegen einer Betankung ohne Abstellen des Motors (wie es die Vorschrift war) hatte man ihn zugunsten Taveris auf Platz zwei zurückgestuft. Wäre Lomas länger geblieben, hätte dies gewiß noch zu ganz anderen Resultaten führen können.

Nello Pagani

Die Laufbahn Nello Paganis, eines tüchtigen, klugen Fahrers mit sehr ausgeprägtem Stil und großer Erfahrung, ist sehr reichhaltig und zieht sich durch alle Klassen hindurch. Für MV fuhr er in den Jahren 1953–55, wurde dort Rennleiter und blieb bis Ende 1960.

Seine besten Resultate als Fahrer bei MV waren u. a. der Sieg von Castelfusano, ein zweiter Platz in Senigallia, ein dritter in Hockenheim, je ein vierter in Neapel und Ospedaletti und ein fünfter Platz in Barcelona. Doch sein schönster Erfolg war zweifellos der Sieg in Monza mit der 500 Quattro Cilindri, einem Lauf zur italienischen Meisterschaft, der durch strömenden Regen sehr erschwert wurde.

Am 11.Oktober 1911 in Mailand geboren, wurde Pagani der erste Inhaber des Weltmeistertitels (1949 mit der Mondial 125). Er zog sich nicht – wie manch anderer Spitzenfahrer – vollständig aus der Rennszene zurück, sondern stand noch sehr lange am Rande der Pisten nicht nur seinem Sohn Alberto, sondern auch allen jungen Rennfahrern, die den Kampf um WM-Punkte

Nello Pagani (im Regenmantel), Rennleiter bei MV, hier mit Masetti und Ubbiali am Nürburgring 1955. Die 125er hat noch die Verkleidung mit der kleinen Sichtscheibe.

aufnehmen wollten, mit Rat und Tat zur Verfügung. Selbst heute noch begegnet man ihm gelegentlich bei den Treffen der Oldies.

Ray Amm

Die Verbindung von MV und Ray Amm war äußerst kurz und endete tragisch. Der sehr couragierte Fahrer starb bei seinem ersten Rennen mit der 350er Vierzylinder in Imola (Goldcup der Shell) am 11. April 1955.

Amm wurde am 10. Dezember 1927 in Salesbury im damaligen Rhodesien geboren und war beliebt wegen seiner unglaublichen Waghalsigkeit, auf der auch der ganze Erfolg des schlanken, mittelgroßen, ein wenig an Nuvolari erinnernden Mannes beruhte. Seine Worte waren: »Wenn ich mitten in der Kurve nicht das Gefühl habe, gleich 'rauszufliegen, bin ich zu langsam gewesen.«

Er erlebte zahllose Stürze, aber auch ungewöhnliche Siege und Plazierungen mit der Norton 350 und 500, ohne Respekt vor den starken italienischen Vierzylindern. Zu seinen schönsten Erfolgen zählten Monza 1952 (350), die Dublette bei der TT 1953 (350/500) und die umstrittene TT 1954, die wetterbedingt abgebrochen wurde, als sich der führende Duke mit der Gilera 500 gerade zum Tanken an den Boxen befand.

Norton wählte Amm aus, um in den Rennen von 1953 und 54 ihre neuesten, schwierigeren Maschinen zu fahren, etwa die mit außenliegendem Schwungrad, die mit der nach vorn vor-

stehenden »Hammerfisch«-Verkleidung und die wohl kühnste von allen, den »Silberfisch« mit weit zurückverlegten Fußrasten, auf dem man praktisch im Liegen fuhr wie im modernen Seitenwagen. Dieses letztere Modell war für Weltrekordversuche gebaut worden, die Amm 1953 auch wirklich einstellte; darunter den Rekord über eine Stunde mit 215,100 km/h.

Klar, daß man sich in Italien um einen solchen Fahrer riß, und MV gelang es Anfang 1955, ihn zu engagieren. Doch dann passierte in Imola jener fatale Sturz an der Rivazza-Kurve, als er in der 20. Runde dem Guzzi-Piloten Ken Kavanagh (einem Teamgefährten aus Norton-Zeiten) auf den Fersen war.

Fortunato Libanori

Er ist eigentlich ein 100%iger MV-Mann; denn er begann seine Laufbahn 1954 in Kategorie 2 mit den Monoalbero (1-ohc) 125 und 175, bestritt danach eine Reihe WM-Läufe und blieb, als für ihn und für die Firma der Rennsport zu Ende war, in den Diensten von Agusta, nämlich in einer leitenden Position im Hubschrauberbau. Libanori wurde am 14. Juni 1934 in Mailand geboren. Er fuhr einen sauberen Stil, kämpfte fair und trat andern gegenüber entschlossen, aber liebenswürdig auf. Der Conte Domenico hielt persönlich viel von ihm – ein seltenes Privileg, das ihm freilich in seiner Rennfahrerlaufbahn nicht weiterhalf. Tatsächlich wurde er – genau wie Nello Pagani – vom

Conte zurückgepfiffen, weil er die beiden »heil und gesund« als Mitarbeiter seines Vertrauens haben und sie nicht länger ins Kampfgetümmel lassen wollte. Unter anderem spielte Libanori auch eine wichtige Rolle bei der Erprobung hochgezüchteter Serienmaschinen. Nachdem er in den kleinen Klassen reiche Ernte gehalten hatte, sah man von ihm auch gute Leistungen bei wichtigen WM-Läufen: neben manch einem hervorragenden vierten Platz in den sicher sehr schwierigen Rennen der Saisons 1956 und 1957 auch den zweiten Platz hinter Ubbiali mit der 125er in Francorchamps 1957.

Luigi Taveri

Wenngleich der kleine, zähe, freundlich aber bestimmt auftretende Deutsch-Schweizer sich seine größten Lorbeeren auch mit der Honda verdient hat (drei 125er WM-Titel), ist der am 19. September 1929 in Horgen/Schweiz geborene Fahrer doch jahrelang einer der Spitzenleute von MV gewesen. Oder besser: mehr als das, denn in derselben Mannschaft hatte er sich gegen einen Ubbiali und einen Hocking durchzusetzen. Er war eine sehr wertvolle Stütze für das Team, vertrauenswürdig und hilfreich für die Strategie eines großen Werkes.

Vielseitigkeit, Disziplin und Erfahrung zeichneten Taveri aus, der 1947 seine Laufbahn begann, die auch über viele

Luigi Taveri, Deutsch-Schweizer mit eindeutig italienischer Abstammung, war mehrere Jahre lang brillanter, verdienter Mann im Team der MV.

Rennen als Beifahrer in der Gespannklasse im In- und Ausland und sogar in Südamerika führte. Bei den Solomaschinen hatte er anfangs vor allem mit der Norton 350 und 500 Erfahrungen gesammelt, so daß er schließlich mehr an die großen Hubräume gewöhnt war als an die kleinen, die bezüglich Statur und Technik besser zu ihm gepaßt hätten.

Sein Debüt bei MV gab er daher auf einer Vierzylinder 500 beim Großen Preis der Nationen 1954, wo er auf Platz acht endete. Seine Leistung aber wurde anerkannt, wenngleich man ihn ab der folgenden Saison für die kleineren Klassen einsetzte.

Taveri bleibt von 1955 bis 1960 bei MV, ausgenommen kurze Ausbrüche mit der Ducati und der MZ. In diesen Jahren kommt er mit der 125er in der WM 1955 auf den zweiten Platz hinter Ubbiali und jeweils auf den dritten in den Jahren 1956 und 1957. Mit der 250er wird er 1955 Vierter, 1956 Zweiter (immer im Schatten von Ubbiali) und 1960 Dritter hinter Ubbiali und Hocking. Seine schönsten Erfolge aber bleiben die Siege in Barcelona 1955 und Ulster 1957 in der 125er Klasse sowie die von Ulster 1957 und Assen 1955 mit der 250er; bei letzterer profitiert er dann freilich von der Rückstufung Lomas' auf Platz zwei wegen falscher Betankung. Daneben gibt es für ihn viele gute Plazierungen, die nur aufgrund der »Stallregie« nicht noch besser ausfallen.

Umberto Masetti

Masetti hat gewissermaßen die falsche Zeit erwischt. Nicht, was die Möglichkeiten betrifft, seine fahrerischen Qualitäten zu beweisen; denn er hat als einer der großen Piloten denkwürdige sportliche Erfolge erlebt. Nein, wir meinen dies im Hinblick auf den Charakter, das überschäumende Temperament, den Lebenswillen – Eigenheiten, die zu Anfang der 50er Jahre bei einem Sportler ein wenig fehl am Platze wirkten, die aber heute eher zu einer »Persönlichkeit« gehören und mehr Ansehen und Neugier erregen als Kritik oder Klatsch.

Masetti war launisch, kämpferisch, fähig, aber mit vielen Höhen und Tiefen in seiner Leistung; er sicherte sich 1950 auf Gilera den ersten »italienischen« WM-Titel in der 500er Klasse und wiederholte dies 1952. Als Geoffrey Duke, sein größter Widersacher, mit seiner ganz anderen Mentalität 1953 zu Gilera wechselte, ließ sich Masetti eine Zeitlang nur noch sporadisch auf den Rennstrecken sehen.

Mehr aus Sympathie für die Person Masettis als aus realem Bedarf beschloß MV 1955, den launischen, ruhelosen Mann ins eigene Team aufzunehmen. Und, beflügelt von seinem starken Selbstbewußtsein, enttäuschte er seine Gönner nicht. Seine beste Leistung mit der MV – und sein größter persönlicher Erfolg – war gewiß der Sieg beim GP der Nationen im gleichen Jahr, als er mit der 500er MV niemand geringeres als die Gilera-Fahrer Armstrong und Duke schlagen

konnte.

1956 machte Masetti keine großen Anstrengungen, erreichte aber dennoch einige gute Plazierungen sowie Siege bei den nationalen Veranstaltungen von Faenza und Cesena, jeweils mit der 500er. 1957 war es ähnlich: Der große Coup beim Goldcup der Shell in

Imola war ihm nicht vergönnt. Schon auf dem besten Wege zum Sieg, riß sich an einer gegnerischen Maschine etwas los und drohte in einen seiner Vergaser zu geraten. Er mußte, um das zu verhindern, ein gewagtes Manöver machen, das mit einem schlimmen Sturz endete.

Umberto Masetti nach seinem aufsehenerregenden Sieg beim Großen Preis der Nationen in Monza 1955.

Noch spärlicher waren seine Auftritte 1958; dann ging er nach Chile. Für kurze Zeit kehrte er 1960 zurück und erhielt von MV eine Vierzylindermaschine, um damit in Imola teilnehmen zu können. Er wurde Dritter. Der am 4.Mai 1926 in Parma geborene Masetti kehrte 1972 endgültig nach Italien zurück. Fröhlich, sympathisch und überschäumend wie immer, erscheint er heute oft – wie viele andere frühere Piloten – bei Oldie-Rennen und wird dort von seinen Fans, die ihn nicht vergessen haben, stürmisch gefeiert.

Remo Venturi, der im MV-Team im Schatten von Surtees stand, konnte sich dennoch hervorragende Erfolge wie die drei italienischen Meistertitel der 500er Klasse sichern.

Remo Venturi

Er ist einer derjenigen Piloten, deren Laufbahn von der Tatsache überschattet wird, daß es im Team einen absoluten Spitzenmann gibt, durch den sein Spielraum eingeengt wird. Bei MV traf Venturi auf Surtees, der in jeder Weise unangreifbar war und ihn zweimal, 1959 und 1960, im Kampf um den 500er WM-Titel auf Platz zwei verwies. So blieb dem tapferen und vielseitigen Piloten (geboren 1927 in Spoleto) nur die Befriedigung, einer der international hervorragenden italienischen Fahrer in der 500er Klasse gewesen zu sein.

Er war von mittlerer Statur, hatte ein gutes, rundliches, fein geschnittenes Gesicht, das immer ein liebenswürdiges Lächeln hatte, und machte nicht den Eindruck eines harten Kämpfers. Doch er war wegen seines hohen Könnens in allen Klassen ein gesuchter Fahrer, so daß er nacheinander für Mondial, MV, Bianchi und Be-

nelli fuhr und schließlich 1966 seine Laufbahn bei Gilera beendete.

Er hatte als Straßenrennfahrer in den kleinen Klassen begonnen und wurde auch von MV, für die er ab 1955 fuhr, bis 1957 in 125er und 250er Rennen eingesetzt. Bei WM-Läufen erzielte er viele gute Plazierungen und 1957 sogar den Gesamtsieg in der letzten Ausgabe des Motogiro d'Italia.

Ab 1958 fährt Venturi für MV auch die größeren Maschinen; eine richtige Entscheidung, die dem 500er-Team mehr Sicherheit gibt, denn hier kann er dem zwar fast unfehlbaren Surtees doch die unverzichtbare Rückendeckung geben. Und Venturi bringt es bis Ende 1960 zu einer Reihe glänzender Er-

folge, wird Vizeweltmeister 1959 und 1960 und holt sich in denselben Jahren den italienischen Meistertitel der 500er Klasse. 1960 gelingt es ihm sogar beim Großen Preis der Niederlande, zu gewinnen und die schnellste Runde zu fahren.

Nach zweijähriger Pause erwirbt er 1962 als »Privatfahrer« eine 500er Quattro Cilindri und gewinnt damit noch einmal den italienischen Titel und in Monza einen ausgezeichneten zweiten Platz hinter Hailwood.

John Surtees

Als MV Ende 1955 an den 21jährigen aufsteigenden Stern John Surtees herantrat, hatte dieser bereits 77 Rennsiege auf seinem Konto, überwiegend mit der Norton 350 und 500 erzielt. Die Wahl und ihr Zeitpunkt hätten nicht besser sein können, denn schon 1956, seiner ersten Saison mit dem Vierzylinder, brachte er MV den ersten WM-Titel in der 500er Klasse ein – vor Zellers BMW, Hartles Norton und Monnerets und Armstrongs Gileras.

Breitschultrig, mit offenem, freundlichem Gesicht, entstammt der am 11.2.1934 in Catford geborene John einer wohlhabenden Familie von Motorradfans. Doch er ist nicht nur ein außerordentlich erfolgreicher junger Fahrer, sondern auch der »Erfinder« eines ganz eigenen Fahrstils, über den man noch viel reden wird und der die Grundlage für die heutige Fahrtechnik bildet: Der Körper wird zur Kurveninnenseite hin stärker abgewinkelt als die Maschine.

»Auf diese Weise«, erklärt John, »verzögert man das Wiederaufrichten der abgewinkelten Maschine am Kurvenausgang.« Und die Resultate geben ihm recht; denn nach diesem ersten Titel von 1956 gewinnt er von 1958 bis 1960 noch sechs weitere Weltmeisterschaften, jeweils drei mit der 350er und 500er MV. Wohlgemerkt, wir haben es hier mit dem einzigen Rennfahrer der Welt zu tun, der sowohl auf zwei wie auf vier Rädern (1954 auf Ferrari) Weltmeister wurde.

Surtees bedauerte ganz besonders das Ausscheiden von Guzzi und Gilera Ende 1957, durch das für ihn der Reiz der Konfrontation mit seinen Rivalen wegfiel. Denn nun mußte er gegen die Schatten seiner fehlenden Gegner kämpfen und versuchen, die zuvor aufgestellten Rundenrekorde auf allen europäischen Rennstrecken auch ohne sie zu brechen. Schade auch, daß er vermutlich aus Enttäuschung das Handtuch warf, bevor die Japaner mit ihrer Streitmacht erschienen. Wie wir am Beispiel Hailwoods sehen werden, hätte die Sache für ihn dann ganz anders verlaufen können. Wenn man bösartig sein will, könnte man auch unterstellen, daß Hockings Auftreten als scharfer Rivale im eigenen Team seinen Entschluß, aufzuhören, bekräftigt haben könnte; andererseits aber wäre ein mannschaftsinterner Kampf gewiß nicht das gewesen, was Surtees' Siegeswillen befriedigt hätte.

Nach einer langen Periode im Autorennsport, erst als Fahrer, dann als Konstrukteur und

John Surtees, hier 1959 in Silverstone, gelang als erstem die Weltmeisterschaft mit der Vierzylinder MV 500. Die für den schwierigen Kurs gekürzte Verkleidung ist gut zu erkennen.

Techniker, kehrte John schließlich zu seiner ursprünglichen Passion zurück: Mit Glatze, doch immer noch überaus schnell und mit herrlichem Fahrstil, nimmt er gern an den immer häufigeren »Revival-Rennen« mit Oldtimern teil.

Roberto Colombo

Colombo, am 5. Januar 1927 in Casatenovo geboren, ist der typische Privatfahrer, der sich verbissen emporarbeitet, bis die große MV ihn für würdig befindet, ins Team aufgenommen zu werden. In das Team, für das er dann alles, schließlich sogar sein Leben, gibt, wie es beim Training zum GP von Belgien in Francorchamps, dem vierten WM-Lauf 1957, tragischerweise passierte.

Nach privaten Einsätzen auf Mondial, NSU und Guzzi ist sein erster Erfolg bei einem WM-Lauf der zweite Platz hinter Provinis Mondial 1954 in Barcelona mit der MV125. Doch erst 1956 entschließt sich das Werk, ihm eine Maschine anzuvertrauen, um Ubbiali in der 250er Klasse zur Seite zu stehen. Unter anderen guten Plazierungen ist hier sein größter Erfolg der zweite Platz hinter dem Teamleader bei der TT 1956.

1957 fährt er neben der 125er auch die 250er MV. Mit der kleineren wird er Dritter in Hockenheim, Sechster bei der TT und Zweiter in Assen, wo er hinter Provinis Mondial das MV-Team anführt. Mit der 250er wird er in Hockenheim Zweiter und bei der TT Dritter. Dann kommt Francorchamps, wo man ihn überraschend zur Nummer eins im Team macht, nachdem Ubbiali in Assen gestürzt ist. Doch die Stavelot-Kurve wird ihm zum Verhängnis, und nicht zuletzt wegen der verspäteten Hilfe muß auf dem belgischen Asphalt ein tapferer, ernsthafter Mann sterben, und mit ihm seine Träume vom großen Ruhm.

Roberto Colombo vor dem Start in Faenza 1956 mit der MV175

John Hartle

Hartle, hochgewachsen, mit blondem Bürstenschnitt und feiner Wesensart, war ein ausgezeichneter Fahrer, der aber, wie viele seiner Kollegen, im Schatten einer überragenden »Nummer 1« stand: in diesem Fall von John Surtees.

Der erste Einsatz des Briten für MV war der traurige GP von Belgien 1957, bei dem Colombo ums Leben kam. Hartle, der sich schon auf Norton 350 und 500 einen Namen gemacht und den Ulster-GP des Vorjahres gewonnen hatte, enttäuschte nicht, sondern siegte in der 250er Klasse vor Miller und dem späteren Weltmeister Sandford, beide auf Mondial.

Geboren am 22. Dezember 1933 in Chapel-en-le-Frith, wurde Hartle 1958 in jeder Hinsicht zweiter Mann im Team der 350er und 500er Klassen und holte sich eine ganze Serie zweiter Plätze hinter dem »Boss« Sandford. Bei den 350ern blieb es auch im Jahr darauf so, während in der Halbliterklasse jetzt Venturi zum bevorzugten zweiten Mann hinter Surtees wurde.

Dennoch erzielte Hartle weiterhin brillante Resultate, vor allem bei der TT, wo er 1959 Zweiter und 1960 gar Sieger in der 350er und beim gleichen Wettbewerb Zweiter in der 500er Klasse wurde. Und Erstaunliches leistete er im gleichen Jahr in Ulster, wo ihn MV zwar mit der 350er, nicht aber mit der 500er starten ließ: Mit der MV350 wurde er hinter Surtees Zweiter, doch eine unglaubliche moralische Revanche bedeutete es für ihn, als er

125 Monoalbero (1-ohc) – 1953–1956

Exemplar von 1954 aus der Sammlung Bruno Taglioretti

250 Einzylinder – 1955–1959

Exemplar von 1957 aus dem MV-Museum in Gallarate

500 6-Zylinder – 1957–1958

Exemplar von 1957 aus dem MV-Museum in Gallarate

250 Zweizylinder – 1959–1966

Exemplar von 1960 aus dem MV-Museum in Gallarate

John Hartle, ein großer Fahrer, aber ein Pechvogel. Hier bei der TT 1959 mit der MV 350 Vierzylinder.

»Big John« mit seiner *privaten* Norton 500 besiegen konnte. Nach diesem Bravourstück hatte er nicht mehr viel Glück; er stürzte in Scarborough schwer und war für längere Zeit aus dem Rennen, und danach noch einmal 1964 in Imola. Nach einem Intermezzo bei der Scuderia Gilera-Duke wollte ihn MV 1968 noch einmal als Rückendeckung für Agostini bei der Tourist Trophy einsetzen; doch in der 350er Klasse konnte er wegen eines Trainingsunfalls nicht starten, und mit der 500er fiel er in der ersten Runde mit Motorschaden aus. Am 31. August desselben Jahres aber erlitt er mit seiner Matchless, mit der er im Jahr zuvor einige zweite Plätze in WM-Läufen hatte erzielen können, in Scarborough einen tödlichen Unfall.

Gilberto Milani

Milani war einer der sympathischsten, witzigsten und geselligsten in der ganzen Rennfahrerszene. Aus Liebe zu MV nahm er auch den »Krebsgang« in Kauf; denn als er 1957 das Angebot erhielt, für MV zu fahren, gehörte er bereits der 1. Kategorie an (»Senioren«), doch man wollte ihn für die zweite haben. Er nahm an; nicht zuletzt, weil er nicht die gewohnten 125er oder 175er Maschinen fahren sollte, sondern gleich eine 500er Vierzylinder, die damals, entsprechend den geltenden Beschränkungen, nur in Rennen der Juniorenklasse eingesetzt werden durfte. Bei den Kollegen, die ja alle nur private und einzylindrige Maschinen fuhren, machte er sich damit sicher nicht sehr beliebt. Milani tat jedoch, was man von ihm erwartete, gewann alle drei Rennen der Saison und wurde italienischer Meister. Auch im folgenden Jahr wäre die Sache so gelaufen, wenn man nicht die Meisterschaft storniert hätte, weil nur zwei Läufe ausgetragen werden konnten. In seiner kurzen Zeit bei MV gewann Milani auch einige Rennen mit der 175er und belegte als geschickter Langstreckenfahrer hinter seinem Teamkameraden Venturi den zweiten Platz beim Motogiro 1957.

Was ihn wirklich reizte, war jedoch die Teilnahme an den WM-Läufen, ein Wunsch, den man ihm aber offenbar nicht erfüllen wollte. Daher verließ Milani MV und ging nach einigen Experimenten zu Aermacchi, wo er bis in unsere Tage blieb – zuerst als Fahrer, später als Rennleiter –, ungeachtet der in dieser Zeit erfolgten Firmenübernahmen zuerst durch Harley-Davidson und dann durch Cagiva.

Gilberto oder »Gilba« wurde am 13. Februar 1932 in Mailand geboren und lebte dann lange in Varese, ein paar Schritte von der heutigen Firma Cagiva entfernt, in der jetzt auch eine Reihe ehemaliger MV-Leute tätig sind.

Terry Shepherd

Es ist auch anderen Piloten so ergangen: Terry war auf Norton so erfolgreich, daß MV ihn ins Team holte (wohl auch auf Drängen seines Freundes Surtees); doch mit der High-Tech der Vierzylinder hat er es nie zu überzeugenden Resultaten gebracht.

Vielleicht lag es nicht bloß an reinen Fahrproblemen, an der höheren Leistung oder einer anderen technischen Konzeption. Wer bislang auf eigener Maschine alles herausgeholt hat, was er konnte, und nun auf einmal in ein Werksteam integriert wird, wo man ihm ein anspruchsvolles Fahrzeug und hohe Verantwortung für die Mannschaft anvertraut, leidet psychisch darunter, wenn er sich ständig zurückhalten muß und sein fahrerisches Talent nicht entfalten darf.

Diese womöglich nicht sehr schmeichelhafte Vorbetrachtung soll jedoch die großen Qualitäten und Fähigkeiten Shepherds im rechten Licht erscheinen lassen, nicht nur fahrerische, sondern auch menschliche. Doch er war zu sensibel, um die Last einer für ein einfaches Gemüt derart bedrückenden Rolle lange ertragen zu können.

So landete der vielversprechende Fahrer 1957 in Hokkenheim auf einem enttäuschenden fünften Platz, stürzte beim Training zur TT schwer, mußte bis gegen Ende der Saison aussetzen und kam zum Schluß noch auf zwei sechste Plätze in Ulster und Monza. Danach trennte sich MV von ihm.

Shepherd steht hier als Beispiel für den nicht seltenen Fall, daß ein Talent in dem Moment verwelkt, da es sein großes Ziel erreicht zu haben scheint. Auf diese Art hat MV übrigens mehrere seiner Piloten »abgeschossen«, so auch Ken Kavanagh, um den man sich für die Saison 1957 regelrecht gerissen hatte, und der ohne erkennbaren Grund inaktiv bleiben mußte.

Tarquinio Provini

Provini fuhr für die Marke MV nur zwei Jahre lang, 1958 und 1959. Der hochkarätige Fahrer kam von Mondial, wo er 1957 Weltmeister in der 125er Klasse geworden war, und war in Gefahr, mit vielen anderen Piloten plötzlich auf der Straße

Tarquinio Provini lieferte sich begeisternde Duelle mit seinem Rivalen und Freund Carlo Ubbiali; es waren vielleicht noch schärfere Gefechte während ihrer Zeit als Teamkollegen als in den Jahren, da sie für zwei verschiedene Marken kämpften.

zu sitzen; denn damals gaben, wie wir ja wissen, Mondial, Gilera und Moto Guzzi den Rennsport, zumindest vorübergehend, auf. Auch er hätte ohne Job dagestanden oder sich nach Ersatz umsehen müssen, wäre nicht MV auf ihn zugekommen, um ihn neben Ubbiali ins Werksteam aufzunehmen. Damit zog der Conte Agusta einen der gefährlichsten Gegner vom Markt und sicherte seinem Haus werbewirksame Zweikämpfe zwischen den beiden Assen unter derselben Flagge.

Der Conte bekam sein großes Spektakel, doch auch diejenigen, die ein problematisches Nebeneinander der beiden Rivalen prophezeit hatten, behielten recht. Ubbiali und Provini als Teamgefährten lächelten sich zwei Jahre lang an und suchten sich doch insgeheim ständig gegenseitig auszustechen. Und man munkelte auch, daß zwischen den beiden wohl nicht alles und immer ganz sportlich-fair zuging.

Provini wurde am 29. Mai 1933 in Roveleto bei Piacenza geboren und war im Aussehen, im Temperament und im Fahrstil das genaue Gegenteil vom kühlen, berechnenden Ubbiali. Auf seine Art war freilich auch Provini ein Rechner, doch eher mit viel Phantasie als mathematischem Hintergrund. Ob Intuition oder kompliziertes Austifteln – er ging auf jeden Fall andere Wege als sein Rivale, der direkter oder auch mit weniger Aufwand ans Ziel kam.

Provini fahren zu sehen, mit all seiner beispiellosen Hingabe und Leidenschaft, war ein besonderes Schauspiel. Kein anderer ist jemals so bedingungslos mit seinem ganzen Ich Rennfahrer gewesen, und das in einem nie zuvor gesehenen Fahrstil: ganz ausgestreckt und mit der Maschine zu einer aerodynamischen Einheit verschmolzen. Einen vergleichbaren Stil hatte man vielleicht bei Tenni gesehen, obschon die damaligen Maschinen von ihrer Struktur her solche Verschmelzung kaum zuließen.

Trotz seiner großen Fähigkeiten erlebte Provini in seinem MV-Intermezzo nicht die große Befriedigung. Zwar gewann er den WM-Titel in der 250er Klasse 1958, doch alle übrigen gingen in den beiden Jahren an Ubbiali. Zu vermerken sind dann noch die italienischen Meistertitel der 250er Klasse

1958 und 1959 und die Siege bei der TT, in Holland, am Nürburgring und in Schweden. Zweifellos sehr bedeutende Siege, doch Provini zog es 1960 vor, noch einmal von vorn anzufangen und bei der Entwicklung eines ganz neuen Motorrads mitzuwirken, nur um für sich zu sein. Und er fuhr die Morini und die Benelli mit Bravour, wenngleich nicht immer mit dem Glück, das er verdient hätte. Bis er im August 1966 jenen schlimmen Unfall mit der Benelli bei der Tourist Trophy erlitt, der ihn zwang, das Fahren für immer aufzugeben, wenn auch nicht das Ambiente des Motorrads: Seine Firma Protar stellt maßstäbliche Modelle berühmter Motorräder her. Und daneben hält sein Einsatz für die Erhaltung von »Oldies« auch das Interesse an einem ungewöhnlichen Menschen wach, der in seiner Laufbahn gewiß mehr Lorbeer verdient hätte.

Bruno Spaggiari

Von seinem Debüt 1954 bis Ende der Saison 1959 hatte Spaggiari zu Ducati gehört; danach holte ihn 1960 MV ins Werksteam mit Ubbiali, Taveri und Hocking, wo er vor allem die 125er fahren sollte. In dieser Saison erzielte er vierte Plätze in Belgien und Ulster und einen zweiten in Monza hinter Ubbiali, mit dem er wegen seines umstrittenen Sieges in Siracusa, einem Lauf zur italienischen Meisterschaft, bald Streit bekam. Bevor die Saison zu Ende war, holte er sich zwei weitere Siege in Bilbao und Madrid, wurde dann aber ein Opfer des Teilausstiegs der MV (die Zeit der »Privaten«), weswegen er sich in den folgenden Jahren »halb und halb« bei Benelli und bei der spanischen Ducati betätigte.
1964 aber erinnert sich die MV wieder an Spaggiari in dem Bemühen, die Stärke der 125er Bialbero (2-ohc) noch einmal gegen die Mondial von Francesco Villa auszuspielen und ihm die Vorherrschaft in der italienischen Meisterschaft streitig zu machen. MV staubt das gute Erbstück ab und vertraut es dem Ex-Piloten an, der auch sogleich den Titel nach Cascina Costa holt. Wo das Werk die Maschine ins Museum steckt und dem verdienten Fahrer ein zweites Mal den Laufpaß gibt...
Spaggiari wurde am 11. Januar 1933 in Reggio Emilia geboren, wo er heute Inhaber einer großen Fiat-Vertretung ist. Er hatte damals seine Karriere bei Morini und Ducati fortgesetzt und auch in den Klassen bis 500 und 750 cm³ brilliert. Wie sehr man seine technischen Fähigkeiten schätzte, beweist die Tatsache, daß gerade MV, nachdem er den Rennsport schon an den Nagel gehängt hatte, ihn holte, um bei der Lösung einiger Probleme mit der Vierzylinder-Rennmaschine zu helfen.

Emilio Mendogni

Der Conte Domenico hat häufiger versuchsweise junge, neue Fahrer auf seine Rennmaschinen gesetzt, um dann das mehr oder weniger gute Resultat zu analysieren. So ging es auch mit Mendogni, einem besonders in der kleinen Hubraumklasse sehr geschickt agierenden Fahrer, dem Agusta die 500 Vierzylinder in die Hand geben wollte.
Mendogni, geboren 1933 in Parma, hatte sich vor allem mit der Morini 125 und dann mit der 175 und 250 einen Namen gemacht. Nachdem er sich im Jahr zuvor noch einmal mit der Morini 250 bis zum zweiten Platz in Hockenheim und zum dritten in Monza hochgearbeitet hatte, wollte MV ihn 1960 für sich haben. Man vertraute ihm wider Erwarten – nach kurzer Probezeit mit Fahrzeu-

Emilio Mendogni, den die MV von der kleinsten zur größten Hubraumklasse aufsteigen ließ, aufgenommen auf der Solitude 1960 mit der 500 Vierzylinder.

gen der kleinen Klassen – die 500er an, die er zusammen mit Surtees, Venturi und gelegentlich Hartle fahren sollte.

Man muß sagen, daß Mendogni mit der schweren Maschine gut abschnitt: Dritter in Assen, Sechster in Belgien, Dritter auf der Stuttgarter Solitude und sogar Zweiter in Monza. Dennoch zog er es vor, zu Saisonende den Vertrag zu kündigen und sich aus dem Motorsport gänzlich zurückzuziehen. Wenngleich er in seiner kurzen Zeit bei MV nicht allzuviel hat ausrichten können, so erinnert man sich an Emilio Mendogni doch gern als einen ausgezeichneten italienischen Piloten und einen der korrektesten und intelligentesten Männer in der Welt des Motorradrennsports.

Gary Hocking

Der 1936 in England geborene, aber in Bulawayo im heutigen Rhodesien lebende Hocking war nach Meinung vieler Fachleute einer der couragiertesten Fahrer, die man je auf den internationalen Rennstrecken zu sehen bekommen hat.

1958 hatte er zusammen mit seinem Freund und Mechaniker Nobby Clark, der später im Gefolge von Hailwood und anderer großer Teams berühmt werden sollte, Rhodesien verlassen. Mit seiner Norton machte er schon bald von sich reden, vor allem bei den Rennen, die wegen der Strecken- oder der Klimaverhältnisse am schwierigsten zu fahren waren. Nicht nur einmal konnte er unter solchen Bedingungen auch die Vierzylinder-MV bezwingen. Diese seine besondere Fä-

higkeit erkannte als erste die ostdeutsche Marke MZ, die vergeblich nach geeigneten Fahrern für ihre griesgrämige 250er Zweizylinder gesucht hatte. Gary kam damit zurecht und landete mehr als einmal als Sieger.

Jetzt, 1960, interessiert sich auch MV für diesen Mann und holt ihn ins Team. Hocking, gewiß nicht unglücklich darüber, behält das aber – wie es seine Art ist – für sich. Er ist ein Einzelgänger, spricht wenig und nur mit wenigen Menschen und lächelt mit etwas kindlichem Ausdruck. Als man ihm nach dem Training auf der Solitude vom Tod seines Freundes Bob Brown berich-

tet, bringt er nur ein verzweifeltes »Warum...?« heraus und verkriecht sich betroffen in irgendeinen Winkel wie ein verwundetes Raubtier.

Bei MV erwarten ihn vielseitige Aufgaben, denn er ist für die (nicht ungefährliche) Rückendeckung zuständig: für Ubbiali in der 125er und 250er und für Surtees vor allem in der 350er Klasse.

Hockings erster Erfolg ist der Sieg bei strömendem Regen in Cesenatico mit der 125er vor Ubbiali. Danach siegt er mit der 500er in Siracusa, mit der 250 bei der TT vor Ubbiali und Provini, wiederum mit der 250 auf der Solitude. Mit der aufgebohrten Zweizylinder ge-

winnt er die 350er Klasse in Clermont Ferrand und dann mit der 350er Vierzylinder in Monza.

1961 ist Hocking der einzige »private« Vierzylinderfahrer und gewinnt ohne große Mühe die WM-Titel in der 350er und 500er Klasse. Doch ab Ende der Saison befindet sich Hailwood in der MV-Mannschaft, da der Conte Agusta seine Politik der Unterstützung der »Privaten« inzwischen revidiert hat. In Monza findet dann das erste Duell mit gleichen Waffen statt: In der 350er Klasse siegt Hocking vor Hailwood, in der 500er scheidet Hocking aus, und Hailwood gewinnt.

Gary Hocking, ein überaus schneller Komet am Firmament der MV, für die er zwei Weltmeistertitel herausfahren konnte, hier in voller Aktion mit der 500er in Mallory Park 1961. Man erkennt den enorm großen hinteren Zahnkranz, der auf dem besonders schwierigen Kurs verwendet wurde.

1962 sind diese beiden Männer nur zu Saisonbeginn im selben Team. Hocking bucht für sich den Goldcup der Shell in Imola und die TT mit der 500er und wird dort Zweiter in der 350er Klasse hinter Hailwood. Dann sorgen die Probleme im Team, der Tod seines Freundes Tom Phillis (Honda) bei der TT und eine plötzlich erwachte Liebe zum Auto dafür, daß er sich brüsk vom Zweiradsport trennt. Doch am 21.Dezember 1962 ereilt ihn sein Schicksal auf der Piste von Durban/Südafrika, wo er beim Training zum Grand Prix im Cockpit eines Lotus-Rennwagens tödlich verunglückt.

Mike Hailwood

Auch wir selbst unterliegen immer wieder der Versuchung, eine Art »absoluter Weltrangliste« zu erstellen, die ein für allemal ausweist, wer der beste Rennfahrer aller Zeiten sei. Doch das funktioniert nicht, weil die Bedingungen in den einzelnen Epochen zu unterschiedlich waren: die Fahrwerke der Maschinen, die Reifen, die Rennstrecken, um nur einige der Punkte zu nennen. All das aber hatte großen Einfluß auf den jeweiligen Fahrstil und die Leistungen der großen Piloten. Und dennoch: So, wie viele Leute (vielleicht mit einem Hauch von Romantik) Nuvolari als den König der Automobil-Rennfahrer ansehen, kann man Mike Hailwood an die Spitze unter den Motorradmeistern stellen.

In der Tat erfüllt Hailwood alle Voraussetzungen für eine solche Bewertung, so subjektiv diese auch scheinen mag: Er war in allen Hubraumklassen siegreich, einschließlich der 125er, die gewiß nicht seine »Kragenweite« war; er gewann auch mit bekanntermaßen widerspenstigen Modellen wie etwa der MZ 250 oder der ersten Ausgabe der Honda 500; er fuhr auch nach Stürzen, die viele andere hätten aufgeben lassen, weiter bis ins Ziel; seine Fairneß gegenüber den Gegnern war beispielhaft; er meckerte nie an der Qualität der Maschinen herum und fuhr manch eine in einem Zustand, den andere Fahrer schlicht zurückgewiesen hätten; schließlich war er der einzige Rennfahrer, der, nach Jahren der Abkehr und einem schrecklichen Unfall im Rennwagen, erneut eine Rennmaschine bestieg und mit ihr zur Begeisterung von Zuschauern und Reportern die extrem schwierige TT gewann.

Hailwood, am 2.April 1940 in Oxford geboren, war athletisch gebaut und jovial zu denen, die er mochte. Er entstammte einer sehr wohlhabenden Familie, und die wirtschaftliche Rückendeckung seitens des Vaters erleichterte ihm gewiß den Einstieg; doch schon bald konnte er selbst beweisen, was er wert war. Er begann 1957 mit 17 Jahren auf einer MV, die er mit Vaters Hilfe hatte erwerben können. Doch seine große Zeit waren die 60er Jahre, als er zuerst auf Honda, dann auf MV und schließlich wieder auf Honda neun Weltmeistertitel, davon vier in Folge (1962–65) mit der MV 500, gewann.

Zu MV kam er offiziell Ende 1961 anläßlich des GP der Nationen in Monza, des vorletzten WM-Laufes der Saison, wo er die Klasse bis 500 gewann. Als Hocking 1962 ausgeschieden war, wurde Hailwood unumstrittener erster Mann im MV-Team, bis Agostini kam – eine Sache, die ihm jedoch nicht sehr zu schaffen machte.

Mike Hailwood, einer der größten Piloten aller Zeiten, mit der 500er auf der Rundstrecke von Snetterton. Weil er so hochgewachsen war, »erfand« er eine Sitzposition mit nach außen abgespreizten Knien (»Froschsitz«). Man kann hier die Verkleidung gut mit derjenigen von Hockings Maschine vergleichen.

Denn die beiden Asse vertrugen sich gut und achteten einander, auch als Hailwood 1966 wiederum zu Honda überwechselte.

Trotz seines großen Könnens gelang es Hailwood mit der MV 350 nicht, allzuviel gegen die modernere, effektivere Honda auszurichten. So wurde er nur Dritter in der 1962er WM dieser Klasse, Zweiter 1963, Vierter 1964 und wieder Dritter 1965, vier Jahre, die ganz an Honda und ihren Fahrer Redman gingen. Dafür revanchierte er sich mit seinen Siegesserien in der 500er Klasse, wo er sich freilich wegen des Fehlens der stärksten Rivalen die gleiche Art von Kritik gefallen lassen mußte wie später Agostini. Hinzu kam, daß er (zufällig?) in dem einzigen Jahr, in dem er mit wahrhaft gefährlichen Gegnern konfrontiert war (der 1963 mit dem Duke-Team wieder aufgetauchten Gilera 4-Zylinder), eine bittere Niederlage in Imola hinnehmen mußte: Hartle und Minter, die er vermutlich unterschätzt hatte, verwiesen ihn auf Platz drei. Zu seiner Entlastung wurde damals angeführt, er habe sich von den Folgen seines Sturzes noch nicht genug erholt gehabt.

Auch ohne starke Gegner hatte der Brite extrem schwierige Aufgaben zu erfüllen, so etwa bei seinem Sieg in der 1965er TT in strömendem Regen und trotz eines Sturzes, bei dem seine Maschine schwere Schaden genommen hatte und sich u. a. einer der Vergaser ständig in Vollgasstellung befand.

Vielleicht aber wurde der Name Hailwood für die Marke MV noch bedeutungsvoller, als er nicht mehr ihr starker Mann, sondern ihr Gegner war und sich auf Honda Duelle mit dem Nachfolger Agostini lieferte, also in den Jahren 1966/67. Das waren Jahre, die man weniger leicht vergaß als etwa 1965, als beide demselben Team angehörten.

Hailwood bestieg zum letztenmal eine MV beim Training zum GP der Nationen 1968 in Monza. Der Conte Agusta (außer großem Sportfan auch mächtiger Stratege) hatte ihm, der durch Hondas Rückzug praktisch auf der Straße saß, eine seiner Maschinen angeboten, um das alte Duell mit Agostini wieder aufzunehmen. Als er dann erfuhr, daß er auf jeden Fall Agostini gewinnen lassen müsse, kehrte Hailwood MV erbost den Rücken und wandte sich an Benelli, die sofort bereit war, ihm im letzten Moment eine 500 Vierzylinder zu geben. Doch er hatte kein Glück, denn bei dem Versuch, aus der deutlich unterlegenen Benelli alles herauszuholen, rutschte er auf der regennassen Curva Parabolica weg, stürzte und mußte das Rennen aufgeben.

Nach einer durchaus zufriedenstellenden Periode im Cockpit von Rennwagen kehrte er – wenn auch nur sporadisch – zum Motorrad zurück; z. B. 1971 zu weiteren Duellen mit Agostini in Silverstone und Pesaro, und zwar mit der Yamaha und der Benelli, und schließlich 1978 und 1979, wo er, wie schon berichtet, seine glänzenden Auftritte bei der TT hatte.

Doch dann schlug das Schicksal, wie so oft, in fast zynischer Weise zu: Mike Hailwood, der im Rennen so häufig heikelste und gefährlichste Situationen erlebt und bezwungen hatte, starb am 22. März 1981 zusammen mit seiner kleinen Tochter Michelle wie ein ganz gewöhnlicher Sterblicher bei einem banalen Autounfall. Er ging als Legende in die Geschichte des Motorradsports ein, und niemand wird ihm darin seinen hohen Rang streitig machen.

Silvio Grassetti

In seiner arbeitsreichen und vielfältigen Laufbahn als Rennfahrer ist Grassetti neben Benelli, Bianchi, Jawa, Morini, MZ und Yamaha im Jahr 1963 auch eine kurze Zeit für MV gefahren. Geboren 1938 in Montecchio/Pesara und dann in Fano lebend, diente er zu dieser Zeit zur Hälfte MV und zur Hälfte Benelli.

Sympathisch, fröhlich, gut aussehend, temperamentvoll und waghalsig, schwankte Grassetti zwischen erfolgreichen Rennen und Zeiten, in denen wenig lief, weil er öfter schwere Stürze erlitt, verursacht zumeist durch zu großen Elan.

Er betätigte sich in allen Hubraumklassen von der Benelli

Silvio Grassetti, ein waghalsiger Fahrer, fuhr auch für MV und gewann 1963 die italienische Meisterschaft der 500er Klasse.

125 »Leoncino«, auf der er seine Laufbahn 1956 begann, über die 250er und 350er bis zur 500er. MV setzte ihn nur im Inland ein. Mit seinem zweiten Platz hinter Hailwood in Modena und Siegen in Cesenatico und Ospedaletti gelang es ihm, den italienischen Titel 1963 in der 500er Klasse zu gewinnen.

Die Verbindung mit MV hätte noch andauern können, doch Grassetti, den Morini für die 250er und Bianchi für die 350er Klasse haben wollte, zog es vor, für diese beiden Werke zu fahren und MV wieder zu verlassen.

Giacomo Agostini

Um ein Portrait des Rennfahrers Agostini zu zeichnen, genügen wenige Konturen: 15 Weltmeistertitel; kein schwerer Unfall in siebzehn aktiven Jahren; der erstmals in der Motorradgeschichte vergebene Titel »Starpilot«; die Gabe, stets Mittelpunkt zu sein – selbst als er nach glücklosem Ausflug in die Automobilszene wieder auf der Zweiradbühne erscheint, nämlich als Rennleiter im Team Yamaha-Marlboro.

Er ist ein Mann, der das Glück des Tüchtigen hat, der sich eine unglaublich große Anhängerschaft – darunter besonders viele weibliche – erobern kann, und an dem natürlich auch viele Kritiker und Neider herummäkeln. Der größte Vorwurf, den man ihm macht, ist, er habe stets das Glück auf seiner Seite gehabt (obwohl dies ganz und gar nicht zutrifft) und habe es in seiner Karriere zu oft mit Gegnern zu tun gehabt, deren Fahrzeuge dem seinen schlicht unterlegen waren.

Wir werden das aber gleich richtigstellen. Es ist wahr, daß »Ago« sehr oft Glück hatte, aber auch bei ihm ging nicht alles wie geschmiert; so verlor er 1965 zum Beispiel, was schon wie sein erster Titelgewinn schien, im letzten WM-Lauf in Japan wegen eines winzigen Kondensators. Es stimmt auch, daß es Jahre gab, in denen man es ihm vor allem in der 500er Klasse leicht machte; doch wenn es ernst wurde, bewies er sein ganzes Können angesichts von Rivalen wie Hailwood, Pasolini, Saarinen, Read, Bergamonti oder Cecotto, um nur einige zu nennen. Darüber hinaus bewies er, daß er auch Rennen gewinnen konnte mit Maschinen, die völlig anders waren als »seine« MV, so beispielsweise die Zweitakt-Yamaha, mit der er zwei der WM-Titel herausfuhr. Alles in allem hat sich Agostini von seinem Debüt im Juli 1961 bis zu seinem offiziellen Ausscheiden am 22.Dezember 1977 in 311 Rennen durchsetzen können: genau 125mal in WM-Läufen und zehnmal bei der Tourist Trophy. Achtzehnmal wurde er italienischer Meister. Läßt sich eine derartige Siegesserie etwa noch mit weiter nichts als purem Rennglück erklären?

Giacomo Agostini, leuchtendes Idol der – besonders weiblichen – Zuschauer. Ihm gelang es, die Marke MV und den Motorradrennsport weit populärer zu machen, als er es je zuvor gewesen war.

Am 16. Juni 1942 in Brescia geboren, lebte er später in Lovere und wurde daher oft für einen echten Bergamasken gehalten. Seine Laufbahn begann mit Bergrennen, bei denen er die Morini 175 Settebello fuhr. Nachdem er Morini-Werksfahrer geworden war, löste er 1964 Provini ab und erweckte damit nicht nur die allgemeine Aufmerksamkeit, sondern auch die von MV, die ihn bereits 1965 an der Seite Hailwoods in die WM-Rennserie schickte. Agostini, der mit Komplimenten und Lob immer sehr geizte, bekannte des öfteren, daß er viel von Hailwood habe lernen können.

Agostini kam mit der massigen Vierzylinder der ersten Generation schon verdammt gut zurecht; geradezu nach Maß für ihn gemacht schien aber die 350er Dreizylinder, der er bei ihrem Debüt auf dem Nürburgring 1965 zu einem brillanten Sieg verhalf. Auch die 500er kam dann sehr bald als Dreizylinder heraus, und damit hielt »Ago« die Waffen in der Hand, denen er zum großen Teil Karriere und Nimbus verdankt.

Nachdem er seinen ersten WM-Titel 1965, wie schon erwähnt, nur knapp verfehlt hatte, mußte er im folgenden Jahre die Farben des Hauses MV allein verteidigen, weil Hailwood zu Honda gegangen war. Mit der 350er wurde er 1966 und 1967 Zweiter in der WM hinter seinem Ex-Kompagnon, konnte sich aber mit der 500er in beiden Saisons revanchieren – wenn auch mit einem Auf und Ab der Ergebnisse, das den Titelgewinn in diesen bei-

den Jahren zu einer wahren Gratwanderung machte. Denn beidemal war das entscheidende Rennen der GP der Nationen, und in beiden Fällen profitierte Agostini von der gleichen sonderbaren Situation. Hailwood erschien nämlich gegen Ende der Saison trotz der reichlichen Mittel, die Honda einzusetzen pflegte, mit sichtlich verbrauchten Maschinen, die er natürlich nicht mehr voll ausfahren konnte. Mehr noch, im Gegensatz zur hervorragend liegenden Dreizylinder-MV hatte die Honda Stabilitätsprobleme, mit denen nur der couragierte Hailwood überhaupt noch einigermaßen zurechtkam.

Als sich Honda dann Ende 1967 zurückzog, begannen für »Ago« die berühmten »leichten« Jahre, in denen nur die herrlichen, von Presse und Zuschauern gespannt verfolgten Gefechte mit Renzo Pasolini und der Benelli Vierzylinder echte Höhepunkte darstellten. Leider aber fanden diese Kämpfe größtenteils auf nationaler Ebene statt, während die Gegner in den WM-Läufen trotz einiger Lichtblicke der Kombination Ago/MV zumeist kaum etwas entgegenzusetzen hatten.

Übrigens spürte auch das Haus MV selbst schließlich, daß man etwas tun müsse, um in die Eintönigkeit der Resultate wieder Leben zu bringen, und holte sich zum Ende der Saison 1970 Angelo Bergamonti als zweiten Mann, aber auch als Konkurrenz für Agostini ins Team. Ein heftiger Familienzwist entbrannte, und die Fans waren begeistert (und – wie so

oft – begierig, das gar zu hoch erhobene Idol stürzen zu sehen). Doch das Ganze war gar zu rasch vorüber, denn Bergamonti erlitt schon im April 1971 in Riccione einen tödlichen Unfall.

Während das Jahr 1971 also wieder ruhig verlief, weil der Finne Jarno Saarinen mit seiner Yamaha nur eine sehr kurze Vorstellung gab, wurde 1972 für Agostini (und MV) zum Auftakt für »schwierigere Zeiten«, zunächst freilich nur bei den 350ern. Saarinen wurde zur Gefahr Nummer eins, und hinzu kam Pasolini, der von Benelli zu Aermacchi/Harley Davidson gewechselt hatte und nun über einen neuen, starken Zweitakt-Zweizylinder verfügte. In der 500er Klasse ging es dagegen noch ruhig zu; zumal »Ago« auf Alberto Pagani zählen konnte, den man zu seiner Verstärkung engagiert hatte.

Für 1973 erwartete man daher etwas mehr Spannung, und anfangs schien sich das auch zu bewahrheiten. Doch dann kam der schreckliche 20. Mai, an dem in Monza Saarinen und Pasolini tödlich verunglückten. MV hatte wieder freie Bahn; doch man holte sich Phil Read (Agostinis ungeliebten Rivalen) als unbequemen zweiten Mann im Team sowie für die Entwicklung der neuen Vierzylinder, die die ruhmreiche, aber mittlerweile veraltete »Tre« ersetzen sollte. Agostini gewann noch einmal den 350er WM-Titel, mußte sich jedoch mit der 500 dem neuen Kollegen geschlagen geben. Das war der Grund, warum »Ago« beschloß, im Jahr darauf für Yamaha zu fahren.

Er kehrte nach dem Yamaha-Intermezzo wieder zu MV zurück, und ihm verdankt man auch die beiden letzten Siege mit der MV 350 und 500 bei WM-Läufen in Assen und am Nürburgring 1976. Hier in der Eifel hatte »Ago« 1965 unter den Augen der Welt seine Siegesserie begonnen, und hier beschloß er sie auch mit einer Glanzleistung – auf einem Fahrzeug der Marke, die ihm all diesen Ruhm erst ermöglicht hatte.

Angelo Bergamonti
Seine Rennfahrerlaufbahn und sein tragisches Ende mit der MV Agusta erinnern an das Schicksal von Ray Amm. Zwei Fahrer, aus dem gleichen Holz geschnitzt: waghalsige, selbstbewußte Männer, die auch in der aussichtslosesten Position keinem Kampf auswichen und die sich nach schwersten Stürzen rasch wieder aufrappelten. Gleichartig auch, wie das Fahren für die große Marke MV das Ziel ihrer Träume war, und ähnlich die Kürze der Zeitspanne, die sie dem Werksteam angehörten: Bei Ray Amm dauerte es nicht einmal ein ganzes Rennen lang, bei Angelo Bergamonti waren es einige schöne Wettkämpfe Ende 1970 und Anfang 1971, die Herausforderung an Agostini, schließlich der tödliche Unfall von Riccione am 4. April 1971.

Angelo Bergamonti wurde am 18. März 1939 in Gussola/Cremona geboren. Bevor er zu MV kam, hatte er bereits eine glänzende Laufbahn hinter sich, zuerst als Privatfahrer, danach als Werkspilot für Pa-

Angelo Bergamonti,
kühn und draufgänge-
risch bis zum Über-
mut, der als Wider-
sacher seines großen
Teamchefs Agostini
zu unerwartetem
sportlichem Ruhm
aufstieg.

ton, Morini und Aermacchi, wobei er es dreimal zum italienischen Meister gebracht hatte: 1967 mit der 250er Morini und der 500er Paton und 1970 mit der Aermacchi 125.

Dann endlich erfüllt sich der Traum seines Lebens: MV beschließt, ihn Agostini für den Großen Preis der Nationen am 13. September 1970 zur Seite zu stellen. Und wirklich: »Berga« landet hier in beiden Klassen – 350 und 500 – auf Platz zwei und tut das gleiche am Sonntag drauf in Imola und später auch in Ospedaletti. Als er dann in Barcelona beim letzten WM-Lauf der Saison allein starten darf und freie Hand bekommt, gewinnt er in beiden Klassen und fährt neue Rekordzeiten.

Den Winter über bereitet er sich sorgfältig auf die kommende Saison vor. Im Bewußtsein seiner wichtigen Rolle als eine der Hauptpersonen unterläßt er sogar das bißchen Angeberei, zu dem er sich bisher im Freundeskreis gern einmal hinreißen ließ, wenn er vor Unternehmungslust fast geplatzt war, weil er seine Fähigkeiten wegen der drittklassigen Maschinen, die man ihm gab, nicht hatte demonstrieren können.

Wenn »Berga« jetzt auch nicht mehr viel redete, so muß in seinem Innern ein großer Entschluß gereift sein, wie sich Anfang des Jahres 1971 denn auch zeigen sollte: In Modena ließ er Agostini in der 350er Klasse hinter sich und in Rimini in der 500er. Dann kam das Rennen in Riccione, bei strömendem Regen und mit vielen Wasserlachen entlang der Strandpromenade. Nach verspätetem Start mit der 350er war Bergamonti schon wieder dicht auf Agostini aufgeschlossen, als er durch Aquaplaning ins Schleudern geriet und mit dem Kopf auf den Bordstein aufschlug. An diesem Stück Granit zerbrach ein Traum, der eben im Begriff war, in Erfüllung zu gehen.

Alberto Pagani, hier
mit der 350er Drei-
zylinder, ein ernster
und eleganter Renn-
fahrer, begann und
beendete seine lange
sportliche Laufbahn
bei MV und war dort
zwei Jahre lang Renn-
leiter wie zuvor sein
Vater Nello Pagani.

Alberto Pagani

Wenngleich Albertos Karriere insgesamt nicht ganz so eindrucksvoll war wie die seines Vaters Nello, so war seine Zeit bei MV gleichwohl eines Pagani-Sohnes würdig.

Geboren am 29. August 1938 in Mailand, besitzt Alberto die gleiche Lebensart wie sein Vater: beherrscht, offen und hilfsbereit gegenüber seinen Nächsten, und ein Fahrer mit ausgezeichnetem Stil. Unter den italienischen Rennfahrern ist er zweifellos einer der kultiviertesten, sprachgewandtesten und erfahrensten, Eigenschaften, die er sich auf Reisen in alle Welt erwarb. Als er das Fahren aufgab, hätte er noch lange der perfekte Rennleiter sein können; doch er bekleidete diesen Posten bei MV nur kurz in den Jahren 1972/73, der Zeit des großen Phil Read.

Alberto Pagani stieg 1956 dank der Hilfe seines Vaters gleich »groß« als Werkspilot bei MV ein, in Kategorie zwei, 125er Klasse. Doch als bald darauf das Werk die Teilnahme in den unteren Kategorien aufgab, wußte er sich auch mit eigenen oder geliehenen Maschinen zu behaupten. Mit einer 125er seines Freundes Bill Webster wurde er 1960 Zwölfter bei der TT und begann, sich auf diesem berühmten Kurs Erfahrungen anzueignen, die noch sehr wertvoll sein sollten.

In den darauffolgenden Jahren fuhr er vor allem die Aermacchi und die Linto, erreichte gute Plazierungen und gewann auch mehrere Rennen. Erst 1971 entschied MV, daß er (nach dem tragischen Unfall Bergamontis) der richtige

Mann an »Agos« Seite sei, und ganz sicher war er leichter zu dirigieren und ertrug die Rolle des zweiten Mannes im Team sachlicher und emotionsloser als Bergamonti. Seine größten Erfolge waren in den beiden Jahren 1971 und 1972 die Siege in Monza und in Jugoslawien und die zweiten Plätze am Nürburgring, in Imola, Assen, Francorchamps, Imatra und vor allem bei der TT – alle mit der MV 500. Nachdem er hinter Agostini Vizeweltmeister und Zweiter in der italienischen Meisterschaft 1972 geworden war, gab er den Rennsport mit allen Ehren auf, blieb aber, wie gesagt, noch zwei Jahre als MV-Rennleiter dabei, bevor er der Motorradszene den Rücken kehrte und eine kaufmännische Tätigkeit aufnahm.

Phil Read

Als man ihn 1972 nach Cascina Costa holte, war Phil Read bereits fünffacher Weltmeister auf Yamaha (einmal 125er, viermal 250er), hatte viele weitere Siege auf dem Konto und verfügte über langjährige Praxis, erworben zuerst mit der Norton Manx und später bei Norton Players, unterbrochen von Zeiten mit Gileras Vierzylinder bei der Scuderia Duke (1963) und mit der Benelli (1969). MV interessierte an ihm freilich nicht so sehr seine lange Erfolgsliste, sondern vielmehr seine Persönlichkeit: kämpferisch, starrsinnig, unduldsam in der Rolle des Zweiten im Team.

Diese letztere Eigenschaft wird von Teamleitungen oft negativ bewertet, weil sie das Risiko des Ungehorsams gegenüber der Stallregie birgt (Read hatte sich 1968 schon in spektakulärer Weise über Yamahas Anordnungen hinweggesetzt, als er Ivy den 250er WM-Titel wegschnappte). Dennoch läßt sich in diesem Fall nicht ausschließen, daß MV damals gerade diesen Effekt erwartete, um Agostini anzuspornen, der zwar nicht verzagt, aber doch auch nicht mutig genug gegenüber der japanischen Offensive auftrat. Im übrigen sollte der neue Vierzylinder gerade herausgebracht werden, und da war auf jeden Fall ein zweites As in der Mannschaft von großem Nutzen.

Read beschränkte sich 1972 auf die 350er Klasse, siegte am Sachsenring und erreichte eine Reihe guter Plazierungen. Im Jahr darauf fuhr er auch die 500er, und zwar (die Ergebnisse beweisen es) ohne Einschränkungen, so daß er sich den 500er WM-Titel sicherte, während Agostini erst hinter der König von Newcombe auf Platz drei landete.

Nach der aufsehenerregenden Trennung Agostinis von MV nahm Read dort 1974 in jeder Weise den Spitzenplatz ein, fuhr jedoch nur in der 500er Klasse, in der er sich wiederum und ohne besondere Schwierigkeiten den Titel holte: Von den zehn Läufen der Saison gewann er vier.

Read blieb bei MV auch noch 1975, kämpfte ehrenvoll, aber mit einer 500er, die inzwischen nicht mehr unschlagbar war. Zwar gewann er zwei WM-Läufe in Belgien und der Tschechoslowakei und plazierte sich noch weitere Male, doch am Ende reichte es nur noch zum Ehrenplatz hinter Agostini und seiner Yamaha.

Phil Read, geboren am 1.Januar 1939 in Luton/GB, hat also die ruhmvolle Serie von Weltmeisterschaften der MV Agusta beendet (abgesehen von den letzten Erfolgen in der Saison 1976, die der noch einmal heimkehrende Agostini errang). Gebildet, gewandt, gut gekleidet und dem Luxus nicht abgeneigt (sein Erscheinen an den Rennstrecken im Rolls-Royce erregte viel Aufsehen), wohlerzogen und sportlich-fair (im Rennen freilich nicht unbedingt), verkörperte er den klassischen britischen Rennfahrertyp á la Geoff Duke, wenn man so will. Doch – im Gegensatz zu diesem Altmeister, der Read in einigen Phasen seiner Karriere unterstützte – war er auch bereit, um sich

zu beißen, wenn er es für nötig hielt und wenn es kaum einer von ihm erwartete.

Gianfranco Bonera

Wären ihm nicht gar zu oft »die Gäule durchgegangen«, so hätte Bonera in seiner Rennfahrerlaufbahn weit mehr erreichen können. Doch vor allem dann, wenn er große Verantwortung zu tragen hatte, setzte er oft wichtige Erfolge, die er schon so gut wie in der Tasche hatte, leichtfertig aufs Spiel. So war es auch in der Zeit, in der er für MV fuhr.

Bonera wurde am 2.April 1945 in Porpetto/Udine geboren und machte seine ersten Motorrad-Erfahrungen in der Nähe von Monza. Er war ein sympathischer Junge, überschäumend, spontan und von kräftiger Statur (er begann als Radrennfahrer), war längere Zeit

Langstrecken und Rundkurse gefahren und wurde 1974 zu MV Agusta geholt. In Cascina Costa spürte man damals nach Agostinis Wechsel zu Yamaha, daß man die entstandene Lücke am besten wieder mit einem talentierten Nachwuchsfahrer würde füllen können – wie damals, als man sich Agostini geholt hatte.

Bonera schlug sich in der ersten Zeit im Sattel der 500er enorm gut und gewann sogar zweimal in Misano vor Agostini und in Imola (im italienischen WM-Lauf) vor Lansivuoris Yamaha und Reads MV, so daß er am Ende sowohl im Kampf um den italienischen (hinter Agostini) als auch um den WM-Titel (hinter seinem

Phil Read 1975 in Mallory Park mit der Vierzylinder 500. Er war der letzte Fahrer, der mit der MV zu höchsten Weltmeisterehren kam. Kampfstark und eigensinnig, war er von MV mehr als Ansporn denn als Rückendeckung für Agostini engagiert worden und wurde schließlich auch sein direkter Nachfolger.

Teamchef Read) auf Platz zwei landete.

Doch dann, in der Saison 1975, ging seine Verwegenheit mit ihm durch. Das Übel begann in Modena, wo er aus Übereifer mit dem Knie an einen Strohballen geriet und sich so verletzte, daß er erst zum GP von Holland wieder einsatzfähig war. Dort endete er auf Platz sechs. Es schien jedoch, daß er die Saison mit Bravour würde beenden können. In Mugello führte er mit 15 Sekunden Vorsprung auf Agostini und Read, überschlug sich dann aber in der vorletzten Runde, womit für ihn nicht nur dieses Rennen, sondern auch seine kurze Zeit bei MV abrupt endete.

Nach einiger Zeit gab Bonera den Motorsport auf und wandte sich einer weniger riskanten, kommerziellen Tätigkeit auf dem Motorradsektor zu.

Armando Toracca

Nachdem, wie wir gerade sahen, Bonera schon zu Anfang der Saison 1975 durch einen Sturz ausgefallen war, machte sich MV auf die Suche nach einem jungen, zuverlässigen italienischen Fahrer, den man Phil Read zur Seite stellen konnte. In dem talentierten Toracca fand man, was man suchte.

Am 3. März 1951 in Portovenere/La Spezia geboren, hatte sich Toracca innerhalb weniger Jahre mit der Paton 500 und der Yamaha 250 einen Namen gemacht, und zwar unter der Obhut von Roberto Gallina, Klassefahrer der 60er Jahre und nun erfolgreicher »Talentjäger«. Mit der Yamaha hatte

Toracca die italienische Meisterschaft 1974 vor der Zweitakt-Aermacchi/Harley Davidson Walter Villas gewonnen. Darüber hinaus war er bis zum letzten Rennen der Saison in Mugello, wo er wegen eines Schadens in der zweiten Runde aufgeben mußte, auch schon beinahe Inhaber des 500er Titels, für den nur er, Agostini und Bonera noch in Frage kamen.

Sein Vertrag mit MV war sozusagen »auf Zeit« abgeschlossen, nämlich nur für so lange, wie Bonera wegen seines Unfalls nicht starten konnte, und das dauerte etwa bis zur Mitte der Saison. In dieser Zeit war Toracco recht erfolgreich und wurde Vierter in Le Castelet hinter Agostini, Kanaya und Read; ebenfalls Vierter in Salzburg hinter Kanaya, Lansivuori und Read; wiederum Vierter in Imola hinter Agostini, Read und Kanaya; schließlich gewann er den Rahmenwettkampf zwischen den beiden Läufen der »200 Meilen« in Imola.

Als Bonera dann wieder starten konnte, war das MV-Intermezzo Toraccas zu Ende. Er fuhr danach noch eine Weile mit japanischen Maschinen in den Klassen 500 und 750, gab dann aber eigentlich viel zu früh und zur Überraschung aller den Rennsport auf.

Auf Du und Du mit der Dreizylinder

Um dieses eingeschobene Kapitel abzurunden, halten wir es für interessant, über die Fahreindrücke zu berichten, die Roberto Patrignani, einer der beiden Autoren dieses Buches, mit der Dreizylinder 350 sammeln konnte. Er ist der einzige italienische Journalist, der vom Conte Domenico Agusta die Genehmigung erhielt, diese Rennmaschine 1969 zu fahren, in einer Zeit, da sie voll im Rennbetrieb eingesetzt wurde. Wir geben den Bericht so wieder, wie er damals über den Test geschrieben wurde; von Änderungen wurde abgesehen, um die Aktualität der Eindrücke zu erhalten, die zweifellos etwas ganz Besonderes für einen normalen Sterblichen waren, der sich einen Augenblick lang wie im Paradies fühlte...

Die Maschine fahren zu dürfen, mit der gerade erst die Motorradweltmeisterschaft erkämpft wurde – das widerfährt einem nicht alle Tage. Weiß man außerdem, daß nur zwei Rennfahrer sie bisher bestiegen haben, noch dazu zwei wie Agostini und Hailwood, so erscheint einem das Ganze noch ungewöhnlicher und aufregender.

Das Los fiel auf uns, und das Testobjekt ist die Dreizylinder MV, mit der Agostini in diesem Jahr (obgleich noch nicht alle WM-Rennen gefahren wurden) seinen sechsten Titel in den Klassen 350 und 500 gewinnt. Am Vortage der Abreise nach Imatra zum neunten Lauf zur Weltmeisterschaft befinden wir uns im Autodrom von Monza zur letzten praktischen Überprüfung der Fahrzeuge, die morgen per Flugzeug nach Finnland abgehen sollen. Es handelt sich um eine 500er und zwei 350er, und alle haben schon Großes geleistet. So ist die 350er, die wir testen dürfen, tatsächlich diejenige, die den Großen Preis der DDR gewann. Sie wird in Imatra als Reserve dienen und ist daher perfekt vorbereitet, so daß sie auch für das Rennen selbst benutzt werden könnte. Anwesend sind der Leiter der Rennabteilung Arturo Magni, seine rechte Hand Ruggero Mazza, der Mechaniker Lucio Castelli und natürlich Giacomo Agostini.

Motor warmlaufen lassen, dann die kalten 10 mm-Kerzen hinein, eine rasche Prüfung der Kettenspannung, der Einstellung der Bremsen und der Reifen – die Maschine ist startklar. Angenehm, daß keiner einem Ratschläge erteilt, außer daß man bei 13000 Touren hochschalten muß und...daß das Getriebe sieben Gänge hat! Sonst nichts. Bleibt also noch, den Benzinhahn zu öffnen und den, mit dessen Hilfe die Kette während der Fahrt tropfenweise Öl bekommt. Es gibt keine Zündverstellung, keinen Handhebel fürs Gemisch, und auch an den drei kleinen Vergasern muß man nichts machen.

Das Anschieben ist ganz einfach. Der Motor wird nicht etwa auf Kompression gedreht, sondern man schiebt nur ein paar Schritte und kuppelt dann ein, während man die Maschine gleichzeitig belastet, weil

Roberto Patrignani neben Giacomo Agostini kurz vor Beginn seiner Testfahrt im Jahre 1969. Ganz links der Mechaniker Lucio Castelli, rechts außen Arturo Magni.

das Hinterrad dann im Augenblick des Kraftschlusses besser durchzieht. Dann gibt man ein klein wenig mehr Gas, tut nichts mehr an der Kupplung – und schon brummen die drei Zylinder, bereit, die Maschine in Schwung zu bringen, sobald man den Gasdrehgriff etwas weiter öffnet.

Es fällt einem nicht gleich auf, aber der Gasdrehgriff, mit dem man gleichzeitig drei Vergaserschieber betätigt, erfordert eine ganze Menge Kraft im Unterarm. Um sich das zu erleichtern, hat sich Agostini den sonst zylindrischen Drehgriff mit einfachen Mitteln so abändern lassen, daß er eine Art Dreiecksquerschnitt bekam und ihm nicht so leicht durch die Finger glitt. Außerdem trägt er Handschuhe mit einer Art metallener »Spikes« in den Handflächen, um die Hände

Patrignani auf Testfahrt mit der 350 Dreizylinder im Autodrom von Monza.

bei der auf kurvigen Rennstrecken recht ermüdenden Arbeit zu schützen.

Mit den auf »unserer« Maschine verwendeten Zahnkränzen, vorn 19 und hinten 46 Zähne, erreicht die 350er in Monza am Ende der beiden Geraden 255 bis 260 km/h bei 13.000/min. Auf noch schnelleren Pisten kommt sie auf 270. Das erste, was einen beim Fahren mit der »Tre« überrascht, ist der kultivierte Lauf des Motors bei Teillast dank seines hohen Drehmoments, mit dem er schon ab 9.000/min einen gewaltigen Antritt hat und in kürzester Zeit auf volle Drehzahl kommt. Dabei treten keine Vibrationen auf (in diesem Punkt ist er besser als viele Serienmotoren), und auch beim plötzlichen Gasgeben aus mittlerer Drehzahl läuft er ohne Verzögerung hoch: eine der vielen Meisterleistungen der MV-Techniker, die viele Teile selbst entwickelt haben, die sonst zumeist von Spezialfirmen gekauft oder in enger Zusammenarbeit mit diesen als »absolut exklusive« Bauteile erstellt werden, also z. B. Vergaser, Bremsen und Hinterradaufhängungen.

Agostini meint, im Rennen sei die Dreizylinder längst nicht so fügsam, wie sie auf den ersten Blick scheint, und müsse auf hohem Drehzahlniveau gehalten werden, nämlich zwischen 11.000 und 14.000/min in den mittleren Gängen, wenn man sie mit vollem Einsatz fährt. Er sagt, das mache das Fahren besonders anstrengend bei Nässe und auf Strecken mit vielen Kurven, die den 1. Gang erfordern, und würde auch erklären, warum es bei den nationalen Rennen am Anfang der Saison immer einige »rote Zahlen« in der Bilanz gäbe.

Die 500er dagegen, so erklärt »Ago« weiter, die ja auch etwa 50 PS (37 kW) mehr abgäbe, benähme sich in der Praxis längst nicht so eigensinnig, denn ihr Motor würde schon bei 6.000/min kräftig abziehen, und sie sei sogar kurvenstabiler, obschon dieser Unterschied schwer zu erklären sei, weil der Rahmen und das ganze Fahrwerk nahezu identisch mit der 350er seien.

Der Grund dafür ist wohl der viel breitere Nutzungsbereich des 500er Motors, der es gestattet, in den meisten Fällen das Hinterrad unter Last zu halten. Wie wichtig dies sein kann, haben wir gemerkt, als wir an der »Curvone« um zwei Gänge herunterschalteten (Agostini geht dort nur um einen herunter) und nicht entschlossen Gas gaben: Die Maschine begann nervös zu schlingern – aber das tat sie dann übrigens auch in den Händen des Weltmeisters.

So wie wir sie fuhren, war die »Tre Cilindri« aber äußerst handlich und stabil. Niedrig, kurz, sehr kompakt und mit einer Sitzposition, in der man zu einem Stück der Maschine wird, ist es herrlich, diese Einheit mit dem Fahrzeug zu spüren, die es bei nur wenigen anderen Maschinen gibt. Die Dreizylinder wiegt übrigens knapp 116 kg.

Das Siebenganggetriebe ist ausgesprochen exakt und leicht zu schalten. Die Übersetzungen liegen so eng beieinander, daß sich das Motorengeräusch bei den Gangwechseln fast nicht ändert und die Drehzahlabnahme kaum spürbar ist. Agostini bremst 170 Meter vor der Lesmo-Kurve und 250 Meter vor der Parabolica (mit der 500er nur noch 10–15 Meter früher). Die Bremsen sind so kräftig, daß jemand, der nicht gerade ein Champ ist, noch früher mit dem Bremsen beginnt als er es gefühlsmäßig tun würde, nur weil er fürchtet, daß ihm die Bremse blockiert und er kopfübergeht.

5. Die märchenhaften Mehrzylindrigen

Entworfen und gebaut innerhalb von fünf Monaten von Dr. Pietro Remor, der im November 1949 von Gilera zu MV kam, war, wie wir sahen, die 500er Vierzylinder auf der Mailänder Mustermesse im April 1950 vorgestellt worden. In ihr erstes Rennen schickte man sie mit Arciso Artesiani zum GP von Belgien auf den überaus harten und schnellen Kurs von Francorchamps. Dort war sie freitags eingetroffen, gerade rechtzeitig zum Qualifikationstraining, und bewies sogleich ihre großen Fähigkeiten.

In der Tat war die MV-Halbliter schon auf dem Papier ein interessantes Motorrad. Die vier Zylinder waren in einem Block in Leichtmetall gegossen und 30° nach vorn geneigt; der Motor hatte zwei obenliegende, durch einen Stirnradsatz in Motormitte getriebene Nockenwellen; die Ventile waren um 45° geneigt und wurden von Schraubenfedern zurückgeholt; der Ventiltrieb lief im Ölbad. Die zerlegbare Kurbelwelle war fünffach wälzgelagert, und auch die Pleuel liefen in Rollenlagern. Der quadratisch ausgelegte Motor (54 × 54 mm, 494 cm³) wurde von zwei Dell'Orto-Vergasern gespeist, während ein Vertex-Magnetzünder mit rotierendem Magneten für Funken sorgte. Das Schmieröl befand sich im unteren Gehäuseteil. So weit also nichts Ausgefalle-

nes im Vergleich mit früheren Remor-Konstruktionen wie vor allem der Vierzylinder Gilera der Nachkriegsjahre. Eine Besonderheit waren dagegen der Kardantrieb und das längs eingebaute Vierganggetriebe, verbunden mit dem Motor über einen Kegelrad-Winkeltrieb, während die Kupplung unter dem Getriebe montiert war. Ungewöhnlich war auch die Getriebeschaltung mit ihrer quer im Fahrzeug liegenden Welle. Für das Hochschalten der Gänge diente ein Fuß-

hebel auf der linken, für das Hinunterschalten einer auf der rechten Seite.

Der geschlossene Doppelschleifenrahmen war aus Rohren und Blechteilen gefertigt. Auch bezüglich der Radaufhängungen bewies Remor Ei-

Leslie Graham 1953 in Faenza mit der 500 Vierzylinder, ausgestattet mit der zum Tank hin verjüngten Verkleidung und der Earles-Gabel. Man erkennt auch den nach vorn verlängerten Vorderkotflügel, eine aerodynamische Maßnahme, die von nun an hier und da imitiert wurde.

gensinn. Die Parallelogrammgabel war aus Chrom-Molybdänstahlblech gepreßt und verwendete vier Drehstäbe von 6 mm Durchmesser anstelle der üblichen Lagerbolzen. Hinten befanden sich zwei parallele Arme pro Seite, verbunden durch kurze Laschen, die ebenfalls als Parallelogramm arbeiteten und dem Winkeltrieb eine geradlinige Auf- und Abbewegung erlaubten. Die Federung übernahmen auch hier Drehstäbe, integriert in die einstellbaren Reibungsdämpfer. Die 20″-Räder, vorn mit 3″, hinten 3,25″ bereift, hatten zentral liegende Bremstrommeln.

Die Maschine erwies sich mit ihren 50 PS (37 kW) bei 9500/min und 140 kg Gewicht als über 200 km/h schnell. Obwohl es zum belgischen GP keine weitere Vorbereitung als einen Probelauf von 20 Minuten vor der Abreise gegeben hatte, konnte sich die MV 500 den vierten Platz hinter den Gilera-Vierzylindern von Nello Pagani und Umberto Masetti und Frends Zweizylinder-AJS sichern. Während sie aber auf schnellen Rundkursen gut lag, wurde sie auf gemischten Strecken wegen ihres Kardantriebs und der Radaufhängungen recht ungemütlich. Und in der Tat konnte sie in dieser Saison ihre vollen Qualitäten nicht mehr demonstrieren, obschon man sie außer Artesiani auch anderen guten Fahrern wie dem Engländer Armstrong und dem Italiener Leoni anvertraute. Bestes Ergebnis blieb der dritte Platz Artesianis beim GP der Nationen in Monza hinter Duke mit der Norton

und Masetti auf Gilera.
Über Winter unterzog man die 500er einer intensiven Kur, um ihre Mängel zu beseitigen. Außerdem leitete MV von dieser Rennmaschine ein Serien-GT-Modell ab: eine echte Sensation am Mailänder Salon 1950, wo es niemand erwartet hatte. Auch wenn viele Leute behaupten, der »wahre« Motorradmotor sei der Einzylinder, hat ein Vierzylinder hier doch immer etwas Faszinierendes, sei es wegen seines vornehmen Images oder wegen seiner technischen Qualitäten wie Leistung, Elastizität oder Beschleunigungskraft. Der zwischen den Weltkriegen recht weit verbreitete Vierzylinder – wir denken da an viele amerikanische Marken, an Zündapp und an Puch – galt in den Jahren der Rezession als unvorstellbarer Luxus, den sich nur die britische Nobelmarke Ariel leisten und wenigen reichen Leuten anbieten konnte. Auf jeden Fall aber handelte es sich stets um sehr ruhig laufende Motoren, konzipiert für weite Reisen oder für den Antrieb von Gespannen. Bei der 500er MV mit ihrer direkten Abstammung vom Rennfahrzeug lag der Fall ganz anders: Von ihr versprach man sich einen noch nie zuvor erlebten Fahrgenuß.
Die Konzeption der GT glich weitgehend der der Rennversion, von der sie abstammte, einschließlich Kardan, 4-Gang-Getriebe und Zweipedal-Fußschaltung. Vorn hatte sie freilich eine Telegabel statt der Drehstabfederung und hinten (wo die Schwinge unverändert blieb) hydraulische statt me-

chanischer Dämpfer. Eine Besonderheit waren auch die beiden gekoppelten Scheinwerfer, die jedoch später wieder verschwanden.
Mit ihrem vorgesehenen Preis wurde dieses Modell, das ebenso teuer gewesen wäre wie eine Harley-Davidson 1200, auf dem italienischen Markt nur noch von der Rennversion der Parilla 250 übertroffen, und für dasselbe Geld hätte man zwei Moto Guzzi Falcone oder siebeneinhalb Lambrettas bekommen; dennoch hätte die MV Quattro ihren Markt gehabt – auch und wohl überwiegend im Ausland. Doch dieses außergewöhnliche Modell ging nie in Produktion und blieb ein reiner Salonschlager. Fünfzehn Jahre mußten vergehen, ehe sich MV unter dem Druck der veränderten Motorradmarktsituation entschloß, das Thema Vierzylinder für Serienmaschinen wieder aufzugreifen.

Doch kommen wir zurück zu den Rennmaschinen. Für 1951 stellte MV eine hervorragende Mannschaft auf, indem sie Artesiani, Bertoni und Magi vier neue Asse zur Seite stellte: Bruno Bertacchini, zuvor Guzzi-Werksfahrer; den launischen und waghalsigen Carlo Bandirola; den ausgezeichneten, recht maßvollen Felice Benasedo, einen der wenigen italienischen Privatfahrer, die schon Auslandserfahrung besaßen; vor allem aber Leslie Graham, den ersten Weltmeister überhaupt (1949) auf AJS 500, früherer britischer Fliegermajor

und gewiegter, fähiger und erfahrener Motorradrennfahrer. Zuerst erhielt die 500er eine Telegabel, dann entfiel auch hinten die Drehstabfederung, schließlich erhielt der Motor vier statt zwei Vergaser. Die Fahrleistungen nahmen deutlich zu, und vor allem konnten Handling und Fahrverhalten wesentlich verbessert werden, so daß z. B. die drei Maschinen von Artesiani, Bandirola und Graham viele Runden lang den äußerst schwierigen Kurs von Ospedaletti dominieren konnten, obschon dann stets irgendetwas passierte (in Ospedaletti waren es die Tanks, die defekt wurden), weshalb sie ihren Höhenflug nicht zu Ende führen konnten.

Nello Pagani beim Training in Monza 1954. Die Vierzylinder hat hier eine kuriose Verkleidung in Form einer halbierten Glocke. Mit dieser Maschine gewann Pagani den ersten Lauf zur italienischen Meisterschaft.

Dickie Dale 1954 in
Faenza mit der Vier-
zylinder. Man beachte
die neue, erleichterte
Earles-Gabel und die
erste Ausführung ei-
ner umschließenden
Frontverkleidung, die
wir schon auf dem
Foto Seite 66 von
vorn sahen.

Den ersten Sieg gab es in Ferrara, und zwar für Bandirola, an jenem traurigen Tag, an dem das Rennen der 125er wegen eines schweren Unfalls abgebrochen werden mußte, bei dem Raffaele Alberti und Guido Leoni tödlich verunglückten. Danach siegte Bertacchini in Varese – doch all das waren zweitrangige Wettbewerbe. Bei internationalen Rennen konnten die MV weder gegen die Gilera und die Guzzi, noch gegen die Norton, deren Einzylinder der schwächste, deren Fahrwerk aber leicht und handlich war, etwas ausrichten. Noch dazu wurde sie von Nortons aufgehendem Stern, Geoff Duke, gefahren.

Deshalb wurde die 500er im Winter 1951–52 fast vollständig umkonstruiert. Der Motor wurde langhubig (53 × 56 mm), so daß sich auch die Brennraumform änderte; die Zylinder wurden nun einzeln gegossen; die Maschine erhielt ein quer eingebautes Fünfganggetriebe und statt des Kardantriebs rechts eine Kette. Der Doppelschleifenrahmen bestand nun ganz aus Rohren und hatte hinten eine Schwinge mit hydraulischen Federbeinen zu beiden Seiten; als Bereifung verwendete man 3.00–19″ vorn und 3.50–18″ hinten, womit man den Trend zu kleineren Rädern einleitete, der zu den heutigen 16 Zoll führte. Die Bremsen hatten zentrale Trommeln.

Zu all diesen Änderungen hatte Leslie Graham seinen Teil beigetragen, der unter anderem – nach einer enttäuschenden Vorstellung beim GP in Bern – den Einbau einer Earles-Gabel vorgeschlagen hatte: eine spezielle Gabel mit Langschwinge, geschobenem Rad und hydraulischen Federelementen, erfunden von einem britischen Ingenieur. Sie war zwar recht schwer, besaß aber hohe Quersteifigkeit, weshalb sie ein Jahrzehnt lang für Straßen- wie Rennmaschinen gern verwendet wurde.

Der neue Motor lieferte etwa 52 PS (38 kW) bei 10.200/min, eine damals beachtliche Drehzahl; die Spitze lag bei 210 km/h und der Gewinn im Handling war enorm. Zum ersten Lauf zur italienischen Meisterschaft in Faenza startete MV jedoch noch mit der Kardanmaschine, freilich mit abgeänderter hinterer Federung. Das neue Modell erschien erst am 14. April in Parma mit Bandirola als Fahrer. Es hatte jetzt auch einen nach dem Körper geformten Tank mit einer Verlängerung nach vorn, die als Verkleidung des Lenkkopfs wirkte.

Doch auch in der 52er Saison kam man nur mühsam voran; es gab Ausfälle und mittelmäßige Plazierungen, und immer nur, weil irgendein kleiner Fehler die an sich überlegene Maschine zurückwarf. Erste brillante Beweise ihrer Fähigkeiten erhielt man erst bei der TT, dem berühmt-berüchtigten Rennen auf der Isle of Man.

Die Tourist Trophy, mangels geforderter Sicherheit heute zu einem zweitrangigen Wettbewerb degradiert, ist eines der ältesten Rennen der Welt (seit 1907). Auch jetzt noch ist der Kurs etwa 60 Kilometer lang (die 500er mußten ihn damals siebenmal umrunden) und windet sich durch Dörfer und Ba-

deorte mit seltsamen Namen, vorbei an Stränden und Anlagen. Er klettert an den Hängen des Snaefell hinauf und hinab, in zahllosen Kurven und kurzen Geraden, steilen Anstiegen und Gefällen, zwischen Mauern hindurch, über Querrinnen und eng an Lichtmasten vorüber – und liegt fast immer im Regen oder im dichten Nebel.

Es ist eine zauberhafte Landschaft, doch die Strecke ist hart und gefährlich und hat daher jahrzehntelang den perfekten Provingground für Mensch und Maschine dargestellt. Noch heute halten die Briten die TT für wichtiger als die ganze Weltmeisterschaft, und ein Sieg dort bedeutete früher mehr Ruhm und Renommé als

Foto ganz links: 1955 erschien die erste glockenförmige Vollverkleidung für die Vierzylinder; der Fahrer ist Tito Forconi. Foto links: Tourist Trophy 1956. John Surtees am Start zu seiner siegreichen Fahrt mit der 500 Vierzylinder. Links im Hintergrund steht mit der Stoppuhr Nello Pagani (mit Mütze und Regenmantel).
Unten: Szene vom GP der Nationen in Monza 1955, den Masetti später gewinnen wird: Bandirolo mit seinem unverwechselbaren Stil führt hier an der Parabolica, die gerade erst die beiden früheren Porphyr-Kurven ersetzt hatte, vor Forconi (ebenfalls MV) und Geoff Duke (Gilera).

in irgendeinem anderen Rennen.

Die TT ist lange Zeit die Domäne der Briten – Fahrer wie Maschinen – gewesen, auch weil Länge und Schwierigkeit der Strecke eine so profunde Ortskenntnis erfordern, wie sie die vom Kontinent kommenden Piloten sich kaum aneignen konnten. Graham war deshalb der ideale Fahrer für die TT, und ihm vertraute MV die Maschine mit der Earles-Gabel, aber ohne die kleine Lenkkopfverkleidung, an. Die ersten vier Runden hielt er sich auf Platz zwei, übernahm in der fünften die Spitze und beendete das Rennen dann doch als Zweiter, weil er seinen hinteren Reifen vorzeitig hatte wechseln müssen. Es war dennoch eine Demonstration der zweifellos großen Fähigkeiten dieser 500er, deren ersten wichtigen Erfolg nur die üblichen kleinen Widerwärtigkeiten verhindert hatten.

Und so fiel Graham auch beim Ulster-GP durch Profilablösung am Hinterreifen aus, eine damals nicht ungewöhnliche Panne; im Jahr zuvor hatte z. B. auch Norton mehrfach darunter leiden müssen. Schließlich aber wurde MV zu Ende der Saison durch zwei spektakuläre Siege entschädigt, und noch dazu auf zwei Kursen ganz unterschiedlicher Art: in Monza und beim GP von Spanien in Barcelona, auf der äußerst kurvigen Strecke von Montjuich. Beidemal war es Graham, der den Widerstand der Gilera und ihres ausgezeichneten Piloten Masetti brechen konnte.

Zu Beginn der Saison 1953 sah sich MV einer Front starker Rivalen gegenüber; allen voran Gilera mit internationalem Fahrerteam, angeführt von Geoffrey Duke; dann Moto Guzzi mit ihrer neuen Vierzylinder mit längsliegender Kurbelwelle; BMW mit einem überarbeiteten Einspritzmotor; schließlich die immer noch gefährliche Norton, die sich auf Kavanagh und den aufsteigenden Stern Ray Amm stützen konnte. MV dagegen hatte im Vergleich zum Vorjahr praktisch nichts Neues zu bieten, obschon man die Maschinen über Winter natürlich wie üb-

lich – und dank der Mitarbeit Grahams – weiter verfeinert hatte. Die MV-Rennabteilung war zu dieser Zeit zweigeteilt: Unter Leitung von Giulio Cella stand die 125er Gruppe und unter der von Arturo Magni (dem Mann, der einmal so etwas wie das Symbol der Rennabteilung werden sollte) der 500er Sektor. Als passionierter Flugmodellbauer hatte sich Magni in jungen Jahren mit Ferruccio Gilera angefreundet, der ebenfalls gern Modelle bastelte, und war nach seiner Tätigkeit bei Bestetti Aeronautica in Arcore 1947 in Gileras Rennteam eingetreten. Drei Jahre später war er zusammen mit Dr.Ing. Remor zu MV gegangen und schon bald der »Zauberer von Cascina Costa« geworden.

Die beiden Teile der Rennabteilung, auch räumlich von einander getrennt (der eine in Cascina Costa, der andere in Verghera), hatten jedoch nie einen wirklichen »Chef«, weil hier alles unmittelbar vom Grafen Domenico Agusta abhing. Nur er traf Entscheidungen über technische Lösungen, über die Fahrerauswahl und über das Modellprogramm. Die technischen Mitarbeiter – insbesondere Mario Montoli und Mario Rossi – mußten seine Entwürfe realisieren, vor allem als Dr.Remor Ende 1955 die Firma verließ und für Serien- und Rennmaschinen der Conte allein Konzeption und Aufbau festlegte. Wobei er nur der eigenen Eingebung folgte, seiner Intuition oder ganz einfach einer Idee, die ihm unter technischen oder lediglich ästhetischen Gesichtspunkten

besonders gut gefallen hatte. Wie schon erwähnt, war daher das Vierzylindermodell 1953 praktisch das gleiche wie im Vorjahr; jedoch hatte man die Verkleidung am Lenkkopf wieder entfallen lassen. Übrigens betrugen sich die großvolumigen MV-Modelle dieser Periode »nackt« besser als mit irgendeiner der in den verschiedensten Formen ausprobierten Verkleidungen.

Durch den tödlichen Unfall Grahams bei der TT wurden die weiteren Arbeiten zunächst einmal unterbrochen. Sein Tod bedeutete in dieser Zeit für MV den Verlust ihres Top-Fahrers und ebenso eines überaus wertvollen Technikers und bewirkte, daß es den Rest der Saison eher still zuging. Doch man legte die Hände nicht in den Schoß und versuchte alles, um diesen Tiefpunkt rasch zu überwinden. So entstand gerade zu dieser Zeit eine neue 350er Vierzylinder, die anfangs vor allem dazu bestimmt war, den Fahrern bessere Trainingsmöglichkeiten zu schaffen (und tatsächlich sah man sie erstmals bei der TT, wo die Trainingsrunden bekanntlich nie ausreichen). Sie sollte dann jedoch für die Firma MV noch eine äußerst wichtige Rolle spielen. Die 350er Klasse, die in Italien wenig Beachtung fand, stand damals im Ausland – vor allem in England – hoch im Kurs, so daß ein erfolgreiches Modell große Werbewirkung haben konnte.

Die ersten 350er Motoren wurden mit Hilfe kleiner gebohrter 500er Zylinder hergestellt. Erst später baute man aufgrund der guten Ergebnisse ei-

nen speziellen Motor für die Maschine, der jedoch, ebenso wie das Fahrwerk, der bewährten Konzeption treublieb. Während man anfangs auch die gleiche Earles-Gabel verwendete wie für die 500er, kam gegen Saisonende eine andere Ausführung, ähnlich derjenigen der 125er: mit geraden Rohren und mehr senkrecht angestellten, gekapselten Federn. Auch war der Tank etwas verkleinert worden.

Das erste Exemplar leistete etwa 42 PS (31 kW) bei 11.000/min, ein wenig mehr als die britische Konkurrenz – AJS, Norton und Velocette – und auch die 1953 ebenfalls debütierende Moto Guzzi anzubieten hatte, doch es wog auch mehr als seine Rivalen, weil man ja praktisch das ganze Fahrwerk der 500er verwendete. Das aber beruhte, wie gesagt, auf der Absicht, vor allem ein zusätzliches Trainingsgerät zu schaffen. Obgleich die Anfangsergebnisse vielversprechend ausfielen – die Neue gewann mit Bandirola den Großen Preis von Deutschland auf dem sehr schwierigen Schottenring –, erschien die Maschine für den Rest der Saison fast nur noch im Training und trat bei keinem Rennen mehr an.

Auch 1954 war ein Jahr voller Probleme und eine Zeit des Experimentierens für die Vierzylinder. Dazu holte sich MV zwei junge, hoffnungsvolle Talente aus England, die sich mit britischen Maschinen schon einen Namen gemacht hatten: Dickie Dale und Bill Lomas. Am Ende freilich erwies sich als erfolgreichster Pilot der bereits 40jährige Carlo Bandirola, neben dem der 43jährige Nello Pagani die letzte Vorstellung seiner Rennfahrerlaufbahn gab, bevor er Rennleiter wurde.

1954 wurde auch die Saison der voll verkleideten Maschinen. Versuche, den Luftwiderstand durch eine Verkleidung zu verringern, hatte es schon seit den dreißiger Jahren gegeben, doch erst um 1952/53 war man an dieses Problem mit Nachdruck herangegangen. Zuerst waren Teilverkleidungen erschienen, bis dann fast alle Werke zu glockenförmigen, das Vorderrad voll mit einschließenden Karosserien übergingen, zu denen in vielen Fällen auch noch eine Heckverkleidung, ein »Schwanz«, gehörte. Das Fahrverhalten mit einer solchen Karosserie war allerdings höchst problematisch, weshalb sie Ende 1957 vom Reglement verboten wurde; doch der Gewinn an Fahrleistungen, den man damit erzielte, war so beachtlich, daß man gar nicht anders konnte als mitzuziehen, wenn man vorne »mitmischen« wollte.

Die MV ging nur ungern zur Vollverkleidung für die 500er über, weil das Handling der ziemlich schweren, hochgebauten Vierzylinder ohne Karosserie besser war. Dennoch konnte man den Gegnern den aerodynamischen Vorteil nicht einfach überlassen. Daher erschien die MV, die in Modena, dem ersten Lauf zur italienischen Meisterschaft (den sie mit Bandirola gewann), noch »nackt« war, beim zweiten Lauf in Ferrara mit einer Leichtmetallkarosse. Sie umgab vorn den Lenkkopf und fiel zu beiden Seiten des Motors schräg ab, ließ die Arme des Fahrers also frei. Oben sollte eine knappe, sich verjüngende Sichtscheibe etwas Schutz bieten.

Zum dritten Lauf in Monza sah man eine seltsame Variante dieser Verkleidung: eine halbe Glocke, horizontal und abrupt abgeschnitten auf der Höhe des Reifens und in zwei seitlichen Motorabdeckungen endend. In dieser Form gewann damit Nello Pagani übrigens dieses Rennen.

Zur TT wurde die 350er für Dickie Dale neu karossiert: mit »Wespentaille«, d. h. in einer ähnlichen Form, wie sie später auch nach dem Verbot der Vollverkleidung verwendet wurde: eine kleine Glocke für den Lenkkopf und die Arme des Fahrers, verbunden mit zwei seitlichen Motorabdeckungen.

Die »halbierte« Karosserie wurde jedoch noch bis zum GP der Nationen eingesetzt, wo an Lomas' Maschine wieder eine neue Version erschien: eine Form wie ein Fischmaul, eine Glocke, der man die Spitze abgeschnitten hat. Doch den letzten wichtigen Sieg der Saison auf dem kurvenreichen Kurs von Barcelona errang Dale mit einer völlig nackten 500er.

Das eigentliche Motorrad aber blieb die ganze Saison im wesentlichen unverändert, und lediglich Verbesserungen wurden erzielt, freilich einschließlich einer Steigerung der Leistung auf 60 PS (44 kW) und der Spitze auf 230 km/h. Nur an der Earles-Gabel wurde viel gearbeitet: von gebogenen bis zu geraden Schwingenarmen; mit Federelementen von Girling und Armstrong anstelle der hauseigenen; mit mehrmals abgeändertem Lenkkopfwinkel. Davon abgesehen wurden die Endstücke der Auspuffrohre entfernt.

Auch 1955 arbeitete man fleißig, vor allem an der besten aerodynamischen Lösung. Zuerst gab es eine neue Variante der »Fischmaul«-Karosserie ohne Ausbuchtungen für die Hände und dann eine Vollverkleidung in Glockenform mit zwei Einlässen für die Kühlluft. Doch in Neapel im März sah man wieder die »halbierte« Glocke, während in Ospedaletti die Maschinen von Bandirola und Pagani wieder völlig nackt erschienen, vorn mit flacher Startnummernscheibe wie in früheren Jahren. Wichtig aber waren auch die Änderungen am Fahrwerk: Der Rahmen wurde leichter und niedriger; zum Motorausbau konnte man Teile der Schleife demontieren; nach den ersten Einsätzen gab man die Earles-Gabel ganz zugunsten einer eigenen Telegabel von MV mit Achslage vor dem Gabelrohr auf; hintere Dämpfer von MV und Girling wurden ausprobiert; die vordere Bremse erhielt auffallende Kühllufteinlässe; der Tank wurde verlängert. Die Motorleistung stieg auf 65 PS (48 kW) bei 11.000/min.

Stets im Streben nach dem Weltmeistertitel in der 500er Klasse, sicherte sich der Conte für die Saison 1955 die Hilfe von Ray Amm, der bis zum Jahr davor mit Entschlossenheit die Farben Nortons verteidigt hatte. Der schmächtige, 28jährige Rhodesier, äußerst fähig und bis zur Tollkühnheit couragiert, wäre gewiß der würdige Nachfolger Grahams gewesen, auch was seine technischen Qualitäten betraf. In Italien angekommen, nahm er seinen Wohnsitz am Lago Maggiore und machte sich mit Feuereifer an seine Aufgabe. Doch es war nur ein kurzer Traum: Bei seinem ersten Einsatz mit der 350er in Imola kam er von der Strecke ab; ein Ausrutscher, der ziemlich banal erschien – doch ein Aufprall auf einen eisernen Pfahl der Abschrankung bedeutete das tragische Ende für den neuen, hoffnungsvollen Fahnenträger der MV Agusta.

So wandte sich der Conte an Umberto Masetti, um in seinem Team das bewährte 1950er Gilera-Dreigespann wiedererstehen zu lassen: Bandirola, Pagani und jetzt noch Masetti. Die Saison wurde zu einer Folge von Höhen und Tiefen, die am Ende aber zugunsten Gileras und ihres großen Piloten Duke ausging. MV jedoch konnte sich in Monza, beim letzten Lauf der Saison, in einem spannenden Rennen noch einmal so recht revanchieren. Am Vortage hatte noch alles für Duke und Gilera gesprochen. Er hatte dann nach einigen anfänglichen Vorteilen für Bandirola und Forconi auf MV die Führung übernommen. Doch der artistische Masetti blieb dicht dran und bedrängte die andern Gilera-Fahrer, die Duke unterstützten, vor allem

Armstrong auf dem zweiten Platz.

Wenige Runden vor Schluß wurde Dukes Motor plötzlich sauer, und so mußte er ausgangs der vorletzten Runde seine zwei Verfolger Armstrong und Masetti an sich vorbeiziehen lassen. Es gab einen spannenden Endspurt, den Masetti gewann und den Gegner sogar noch um hundert Meter hinter sich ließ.

Der Conte war darüber so froh, daß er, wie Masetti später zugab, seinem Fahrer eine Extraprämie von einer Million Lire zukommen ließ, und das war damals noch eine enorme Summe.

Zu Beginn der Saison 1956 präsentierten sich die großen MV mit weiteren kleinen Retuschen an Motor und Fahrwerk; die Leistung betrug jetzt 67 PS (49 kW), genug um mit der Vollverkleidung 250 km/h zu erreichen. Neue, nach eigenen Patenten gebaute Bremsen wurden verwendet, mit kleinen Luftführungen zur Verbesserung der Innenkühlung. Zum zweiten Lauf zur Landesmeisterschaft in Monza erhielt die Maschine auf jeder Seite ein Rohr, das von der Öffnung vorn in der Verkleidung nach hinten verlief. Durch die Rohre erhielten die Vergaser Luft unter Staudruck.

Was die Karosserie betrifft: Die ersten Rennen wurden noch mit Maschinen in der Form des vergangenen Jahres gefahren. Erst im Mai erschien in Faenza eine neue Version der Verkleidung ohne die Luftlöcher vorn, die man aber sehr schnell wieder aufgab. Auf besonders kurvenreichen Strecken kam jedoch auch die kleine an den Tank anschließende Kuppel wieder zum Einsatz.

So geringfügig die Änderungen an den Maschinen auch sein mochten, so brillant waren die Ergebnisse im Lauf der Saison, die im Gewinn des WM-Titels, dem ersten in einer sehr langen Reihe, gipfelten. Das freilich war in erster Linie das Verdienst von John Surtees, des jungen britischen Piloten, der Ende der 55er Saison zum Team gestoßen war und sich als das erstklassige Fahrertalent erweisen sollte, das MV seit dem Tode Grahams und Amms gefehlt hatte. Surtees bewies, daß er die nach wie vor widerborstige Vierzylinder absolut beherrschte, und fuhr von Anfang an eine Serie herrlicher Siege heraus; bei der TT, beim GP der Niederlande und bei dem von Belgien, wo er sogar in beiden Klassen (350/500) siegte. Ein Sturz in Deutschland, der ihm einen gebrochenen Fuß einbrachte, zwang ihn für den Rest der Saison zum Aussetzen; doch sein Vorsprung war so groß, daß er den Titel der 500er Klasse auch vom Sessel aus entgegennehmen konnte.

In der Saison 1956 erschien, obgleich unregelmäßig, auch die verbesserte, aktualisierte 350 Vierzylinder wieder im Rennen. Die Resultate waren nicht schlecht (wie gesagt, sogar ein Sieg in Belgien). Ferner wurde die von Giannini entworfene Zweizylinder (siehe Produktionsmodelle) erprobt, und daneben sah man auch ein noch unbekanntes Triebwerk, das MV aus zwei 175er Motoren zusammengebaut hatte. Doch am Ende vertraute man auf die »Quattro«, die sich von allen am besten bewährt hatte.

Während des folgenden Winters wurde hart gearbeitet, um für die Saison 1957 noch schärfere Waffen zu besitzen und die Angriffe der Gegner besser abwehren zu können, die ihrerseits schweres Geschütz auffahren würden. Besonders die neue Guzzi 500 Achtzylinder, obschon noch nicht fertig abgestimmt, hatte bereits ihre ungeheuren Muskeln gezeigt. Der Motor der MV 500 erhielt neue Zylinderabmessungen (52 × 58 mm), während der Rahmen überarbeitet und weiter abgesenkt wurde. Gegen Ende der Saison wurde dann eine neu entworfene Vollverkleidung erprobt, wogegen man auf gemischten Kursen weiterhin die kleine Kuppel vor dem Lenkkopf verwendete. Die 500 wurde – mit besten Ergebnissen – auch in die Läufe zur italienischen Juniorenmeisterschaft völlig nackt geschickt, wie es das Reglement der sogenannten Formel 2 verlangte.

Beim Training zum GP der Nationen sah man des weiteren eine ungewöhnliche 500er mit quer eingebautem Sechszylinder in Reihe, 10° nach vorn geneigt, natürlich 2-ohc, Stirnradtrieb in Motormitte, Magnetzündung und Öl im unteren Gehäuseteil. Der Motor hatte unterquadratische Abmessungen und leistete beachtliche 75 PS (55 kW) bei 15.000/min. Als wichtiges technisches Detail, erstmals für einen Rennmotor eingesetzt, verwendete er hartverchromte Zylinderlaufbahnen. Die R6 hatte ein Sechsganggetriebe, einen Doppelschleifen-Rohrrahmen mit besonderer Dreiecksstruktur im Heckbereich und mit einem Lenkkopfanschluß Typ »Federbett«. Die 18″-Räder hatten zentrale Bremstrommeln, vorn mit vier und hinten mit zwei Backen.

Trotz ihres enormen Einsatzes war jedoch die 57er Saison für MV keine Glanzzeit, und das nicht nur, wie wir schon sahen, bei den kleinen, sondern ebenso bei den großen Hubräumen. Angesichts der hohen Überlegenheit des Gilera-Teams nützten weder die Leistungen der Motoren etwas, noch die der Fahrer, die sich mit einer Reihe von zweiten Plätzen in den diversen Meisterschaften und mit einem einzigen Surtees-Sieg beim GP von Holland begnügen mußten.

Als die Saison 1957 vorüber war, beschlossen Gilera, Guzzi und Mondial gemeinsam, sich aus dem Rennsport zurückzuziehen. Es war eine Entscheidung, die nicht nur in der Presse viel Wirbel machte. Als Gründe nannte man fehlende ausländische Konkurrenz sowie ein Klima von Unsicherheit, das nach dem schrecklichen Unfall bei der Mille Miglia (für Rennwagen) herrschte; ferner die aufgekommenen Zweifel wegen der Gefährlichkeit der Vollverkleidungen. In Wahrheit aber waren es wirtschaftliche Bedenken, die aus den ständig steigenden Ausgaben für die Rennabteilungen erwuchsen, zusammen mit ersten Anzeichen eines Markteinbruchs, der sich in diesem Jahr mit einem erheblichen Absatzrückgang ankündigte.

Ob nun gerechtfertigt oder nicht, die Entscheidung der drei Werke ließ MV praktisch allein im Rennen, zumindest in den großen Hubraumklassen, denn weder die britischen Einzylinder von Norton, AJS und Matchless, noch die zweizylindrige BMW waren imstande, den Lombarden ernsthaft etwas entgegenzusetzen.

Diese Situation ließ die Leute von MV jedoch nicht auf ihrem Lorbeer ausruhen. Es galt nun, »gegen die Uhr« zu fahren und die zuvor für die verschiedenen Strecken aufgestellten Bestzeiten zu brechen, eine Aufgabe, die erschwert wurde durch den Wegfall der Vollverkleidungen. Trotz dieses Handikaps stellte Surtees 1958 die Rundenzeiten von Francorchamps und Assen ein und tat ein gleiches 1959 bei der TT und dem GP der Nationen in Monza, wo er das Tempo auf etwa 192 km/h anheben konnte.

Jedenfalls wurden die MV-Rennmaschinen während der 1957er Saison sowohl mit einer den Vorschriften entsprechenden »Delphin«-Karosse in Rot und Silber, als auch mit einer minimalen, sich am Tank ver-

Oben: Surtees bei der TT 1956, aufgenommen an der Kurve von Governor's Bridge, einem der klassischen Punkte der Strecke kurz vor der Zielgeraden.
Links: Bandirola in Codogno zwischen Begrenzungssteinen und einer Tankstelle am Straßenrand. Sicherheitsnormen in jenen Tagen waren äußerst dehnbar!

95

jüngenden Verkleidung ausgerüstet. Die Vierzylinder wurden nebenher in der Formel 2 eingesetzt, und zwar dort ohne jede aerodynamischen Mittel. Die Motoren unterzog man der üblichen Überarbeitung, durch die die Leistung der 500er auf 70 PS (52 kW) und die der 350er auf etwa 45 PS (33 kW) stieg. Vorn wurde eine neue, MV-eigene Vierbackenbremse montiert. Auch die Entwicklung der Sechszylinder wurde weiterverfolgt, und sie stand beim GP der Nationen sogar mit Fahrer John Hartle am Start. Die »Quattro« jedoch erwies sich als stark genug, um alle Konkurrenten zu deklassieren, und so war der WM-Titel für Surtees in beiden Klassen, der 350er und der 500er, zu keiner Zeit gefährdet.

Die Zeit bis 1960 bezeichnet man zu Recht als die drei goldenen Jahre für MV. Sie beinhaltet insgesamt 76 Läufe zur Weltmeisterschaft, von denen MV, die einigen davon fernblieb, 63 siegreich beendete, darunter 32mal mit Surtees und 17mal mit Ubbiali im Sattel. Und auch die nationalen Wettbewerbe gaben MV allen Grund zur Zufriedenheit: Carlo Bandirola, für seine Verdienste um den Motorsport mit dem Titel »Cavaliere della Repubblica« geehrt, sicherte sich die italienische Meisterschaft 1958, während die Juniorentitel an Gilberto Milani und Tino Brambilla fielen.

1959 wurde viel am Rahmen gearbeitet, um Fahrverhalten und Handling weiter zu verbessern. Die verfügbare Leistung war der der Konkurrenten deutlich überlegen, doch auf gemischten Kursen konnte man sie noch immer nicht voll nutzen. Am Rahmen wurde

nur der untere Teil demontierbar gemacht, um den Motorausbau zu erleichtern, ohne dabei aber die Steifigkeit zu verringern. Außerdem probierte man verschiedene Formen einer Dreiecksstruktur am Heck unterhalb des Sattels und an den Anlenkpunkten der Dämpferbeine aus, deren Einbauneigung im Verlauf der Saison ebenfalls mehrfach verändert wurde. Zu den kleineren Änderungen zählten der 40-l-Tank für die TT und die Kühlluftführung für die vordere Bremse. Größere Kuren gab es bei der 350er, die immerhin um 20 kg erleichtert werden konnte, vor allem dank spezieller Werkstoffe, die MV aus der Flugzeugproduktion zur Verfügung standen. 1960 sah

man dann eine neue Version der 350er mit vergrößerter Ölwanne, spitzer zulaufender Verkleidung und Gitterstruktur am Heck, eine Version, mit der Hocking den GP in Monza gewann. Dazu kam eine 500er, die, ebenfalls beim Training in Monza, in den Händen von Mendogni mit Fachwerk-Heck erschien, jedoch im Versuchsstadium hängenblieb.

Zwei weitere Varianten der für die Vierzylinder verwendeten Vollverkleidungen: unten die stark eingezogene von 1956 mit kleinem Spoiler vorn (Masetti auf der Solitude); rechts die vom Saisonbeginn 1957, aufgenommen bei der Erprobung in Monza mit Ken Kavanagh.

Im Kapitel über die kleinen Hubraumklassen hatten wir schon von den großen Veränderungen des Jahres 1961 gesprochen, die sich mit dem offiziellen Rückzug der MV aus dem Rennsport und der Invasion der japanischen Marken ergaben. Bei MV verzichtete man auf die leichten Motorräder und konzentrierte sich ganz auf die »privat« gefahrenen 350er und 500er, die einige Jahre lang praktisch ohne größere Änderungen auftraten (abgesehen von einer 1962 erprobten und danach wieder verlassenen Verkleidung in geänderter Form). Interessanter war da schon, wie sich das Fahrerkarussell zu drehen begann. Nach Surtees' Abgang und dem Ausscheiden des Kometen Hocking (der sich aber noch beide WM-Titel in den großen Klassen 1961 holte) tauchte der neue Stern Hail-

Links: Nello Pagani mit der 6-Zylinder 500 beim Training zum GP der Nationen 1957.
Unten: Surtees in Aktion mit der 500er Vierzylinder und der letzten von MV montierten Form der Vollverkleidung.

Ein tolles Foto, das die ganze erregende Rennatmosphäre wiedergibt, aufgenommen bei der TT 1959 während des Rennens der 350er Klasse. Vor den Augen und Kameras der Zuschauer ist Arturo Magni im Begriff, Surtees' Maschine aufzutanken, noch bevor der Fahrer so recht aus dem Sattel ist. Nello Pagani überwacht den Vorgang mit der Stoppuhr, während die beiden anderen Mechaniker Ezio Colombo und Vittorio Carrano – die nach dem Reglement nicht helfen dürfen – mit begreiflicher Sorge dabeistehen.

wood auf, »Mike-The-Bike«, einer der größten Rennfahrer aller Zeiten. Für die Läufe zur nationalen Meisterschaft stellte MV außerdem Remo Venturi und Silvio Grassetti ein. Das ruhige Leben dauerte jedoch nur bis Ende 1961; denn 1962 gelang es Honda, in der 350er Klasse die MV mit einer Vierzylinder von 339 cm³ (die erste aufgebohrte vom Vorjahr hatte nur 285 cm³ gehabt) zu schlagen. 1963 kam noch die Rückkehr Gileras hinzu, wenn auch nur formell und mit dem 57er Modell, das eine Scuderia unter Geoff Duke fuhr.

Bedeuteten die sechs Jahre alten Gileras auch kaum eine wirkliche Bedrohung, so traten die Hondas doch immer massiver auf, so daß MV trotz der exzellenten Fähigkeiten Hailwoods bei den 350ern auch den 1963er Titel den Japanern überlassen und sich allein mit dem 500er begnügen mußte.

1964 konzentrierte sich MV – weiterhin nur mit »privaten« Fahrern – praktisch allein auf die Halbliterklasse, zumindest auf internationaler Bühne; die 350er wurden nur sporadisch eingesetzt, etwa in Holland, wo sich Hailwood prompt mit Platz zwei begnügen mußte. Dafür gewann er alle sieben Läufe zur 500er WM, an denen er teilnahm, und traf nur gelegentlich auf den Widerstand des Argentiniers Benedicto Caldarella, dem man – im Rahmen der Vereinbarungen zwischen Gilera und Duke – eine alte Vierzylinder Gilera anvertraut hatte. Hailwoods Maschine blieb im Verlauf der Saison so gut wie unverändert. Aus eher technischer als rein sport-

Noch ein schönes Foto von Bandirola mit der 500er, diesmal beim GP der Nationen 1959, und (unten) ein anderes von John Surtees auf dem Weg zum Sieg beim GP von Ulster im selben Jahr. Man kann hier gut den völlig verschiedenen Fahrstil der beiden großen Asse vergleichen: Bandirola ganz nach außen, Surtees ganz nach innen geneigt.

licher Sicht seien noch die Geschwindigkeitsrekorde erwähnt, die – ebenfalls mit Hailwood im Sattel – in Daytona/USA über die 100 km und über eine Stunde erzielt werden konnten.

In jenem Jahr veranstaltete man in dem bekannten Badeort in Florida zum erstenmal einen Lauf zur Motorrad-WM, und die überaus schnelle Anlage mit den überhöhten Kurven reizte Hailwood, Gilera die beiden begehrten Rekorde streitig zu machen. Es gab Probleme beim Transport des Materials in die USA, und so stand für den Rekordversuch als einzige die für das Rennen bestimmte Maschine zur Verfügung. Dem britischen Champ und dem braven Mechaniker Vittorio Carrano, der ihn begleitete, blieb kaum die Zeit, um die nötigsten Änderungen an den Übersetzungen vorzunehmen, und so ließ man die

Grand-Prix-Maschine im übrigen unverändert, einschließlich Delphin-Verkleidung und Tank, der für den Rekordversuch nur knapp ausreichte. Das Unternehmen, das am Morgen des 2. Februar stattfand, verlief erfolgreich: Die 100 km wurden mit 25:44,74 Minuten gestoppt, was einem Mittel von 233,047 km/h entspricht (der bestehende Gilera-Rekord betrug 26:28,01 Minuten oder 226,671 km/h). In einer Stunde legte Hailwood 233,081 km zurück gegenüber den 227,519 km der Gilera. Am Nachmittag desselben Tages ging diese Maschine, außer einer Anpassung der Übersetzungen völlig unverändert, ins Rennen, das Hailwood überlegen gewann – neben allem anderen eine ungewöhnliche Demonstration der Robustheit und mechanischen Zuverlässigkeit der Maschine!

Aus dem Verlauf der Saison 1964 hätte man vermuten können, daß das Werk im Begriff war, sich auch aus der letzten mit den verfügbaren Waffen noch zu verteidigenden Stellung, der Halbliterklasse, sang- und klanglos zurückzuziehen. Etwa so, wie sich die Instrumente in Haydns Abschiedsymphonie eines nach dem andern verabschieden, bis am Ende die große Stille eintritt. Doch wer das dachte, der unterschätzte Kampfgeist und Stolz des Conte Domenico. Einen Teil des Feldes räumen – nun gut, wenn es denn sein mußte. Aber das ganze Feld? Gewiß nicht. Und schon gar nicht, was die Halbliterklasse betraf, seit jeher der strahlendste Stein in der Krone des Mo-

torradsports und schon seit Jahren unumstrittene Domäne von MV, der Marke, der man freilich oft vorwarf, im Kampf mit schwachen Konkurrenten leichte Beute gemacht zu haben. Doch man bedenke, auf welch niedriges Niveau der Motorradsport ohne MV in jenen Jahren abgerutscht wäre: eine Sammlung edler Museumsstücke, veraltet und abgeschabt, nur mit liebevoller Pflege und den knappen Geldmitteln ihrer Besitzer am Leben gehalten. Und darüber hinaus fast alle mit ausländischen Namen, weshalb die Präsenz der Marke MV so wichtig war, um dem italienischen Sport jenes Ansehen zu erhalten, das andere Sportarten trotz riesiger Subventionen nicht zu bewahren vermochten.

Mit dem Auftreten von Hailwood und Agostini erreichte MV den Zenit ihrer Laufbahn. Oben links der britische Champion beim Überholen von Marsovski (Matchless) 1963 in Mallory Park (man beachte die gegenüber der Surtees-Maschine geänderte Verkleidung). Das Foto links zeigt Hailwood in Daytona 1964 bei seiner brillanten Rekordfahrt (der eifrige Helfer mit der Tafel ist sein Vater Stan). Oben sieht man Agostini mit der Dreizylinder, eine der perfektesten Paarungen aller Zeiten. Im Foto rechts schließlich beide Seite an Seite – nun nicht mehr im selben Team: Hailwood auf Honda und Ago mit der MV.

Auch bei den großen Werksteams muß manchmal gefeilt werden: Lucio Castelli beim Nacharbeiten einer Kupplungslamelle. Rechts und unten: ein Blick ins Innere des Dreizylinders: Sechsganggetriebe, Kurbelwelle mit Kolben und Zylinderblock, Leichtmetallkopf mit bronzebewehrten Brennräumen und die Vergaserbatterie.

Wie um zu beweisen, daß MV nicht an Aussteigen dachte, erschien 1965 die wohl erfolgreichste Paarung von Mensch und Maschine in der Geschichte des Motorradsports: Giacomo Agostini und die Dreizylinder. Ein damals sehr junger Mann, doch bereits ein sicherer Tip, den der Menschenkenner Domenico Agusta unbedingt im Team haben wollte, und eine in jeder Hinsicht ungewöhnliche Maschine. Eine Paarung, deren Verdienst es unter anderm war, den Motorradsport so populär gemacht zu haben, wie er nie zuvor und – um ehrlich zu sein – auch danach nie mehr gewesen ist. Mit dem Erscheinen der Drei-

zylinder begann der Abstieg der alten, ruhmreichen »Quattro«: 1965 wurde sie noch einmal voll und konkurrenzlos in der 500er Klasse eingesetzt (die 350er Version dagegen mußte schon als Rückendeckung für das neue Modell herhalten). Als aber zum GP der Niederlande 1966 das Dreizylinderkonzept auch in der Halbliterklasse erschien, war dies für den so verdienstvollen Veteranen das Ende einer fünfzehnjährigen Karriere – eine für Serienmotorräder schon beachtliche, für einen hochgezüchteten Renner jedoch schier unglaublich lange Zeitspanne!

Beim Auftauchen des Dreizylinders gab es heiße Diskussionen unter den Technikern, weil man die Zylinderzahl zwar beim Zweitakter, nicht aber beim Viertakter für sinnvoll hielt. Doch der praktische Gewinn an Kompaktheit, Gewicht und Abmessungen war allein die Sache wert, weil sich bei sehr hohem Tempo jeder Zentimeter weniger Stirnquerschnitt so auswirkt wie etliche Mehr-PS. In Wahrheit stand hinter dieser Konzeption aber nicht das Gehirnschmalz kundiger Techniker, sondern eine Laune des Grafen Domenico, der eines schönen Tages verlangte, einen Motor zu bauen, der sich vom gängigen Schema deutlich abheben sollte: eben einen Dreizylinder.

Der erste nach der neuen Formel gebaute Motor war wie gesagt ein 350er, die Klasse, in der es dringend nötig geworden war, sich gegen die Honda zur Wehr zu setzen. Das Triebwerk hatte seine drei Zylinder

nebeneinander und unter 10° nach vorn geneigt; dazu zwei obenliegende Nockenwellen mit Antrieb über Stirnräder an der rechten Seite; vier um 22° geneigte Ventile je Zylinder; stark unterquadratische Zylinderabmessungen; ein geradverzahntes Radpaar rechts als Primärtrieb; ferner ein Siebenganggetriebe; Naßsumpfschmierung mit Zahnradpumpe; Spulenzündung; drei Dell'Orto-Vergaser 31 bzw. 32 mm je nach Rennstrecke. Der Doppelschleifenrahmen aus Stahlrohr war vor allem im hinteren Teil dreiecksförmig verstrebt, hatte demontierbare Unterholmen und eine Schwinge aus Kastenprofil. In der ersten Version waren die hinteren Dämpfer in mehreren Positionen, also unterschiedlich geneigt, montierbar, und die fast immer von Ceriani hergestellten Federn waren von Hand einstellbar. Die Bereifung war 3.00–18″ vorn und 3.50–18″ hinten. Die Trommelbremsen – eigene oder ganz zuletzt auch von Ceriani – hatten vier Bakken und vier Nocken vorn (mit 230 mm Durchmesser) und zwei Nocken hinten (mit 240 mm). Vor einigen der Rennen sah man im Training auch eine vordere mechanische Zweischeibenbremse.

Die neue Rennmaschine erschien kurz einmal während des Trainings in Imola im Frühjahr 1965 mit dem MV-Emblem ohne den üblichen Zusatz »privat«, der ja im übrigen an einer solchen Neuentwicklung fehl am Platze gewesen wäre. Sie blieb bei den ersten Läufen der Saison noch verborgen, kam dann aber mit

einem Knall ans Licht, um beim ersten offiziellen Auftritt, dem GP von Deutschland auf dem Nürburgring, mit Agostini im Sattel vor der »Quattro« des Teamkameraden Hailwood durchs Ziel zu gehen. An dieser Stelle sei vermerkt, daß der Conte Agusta mit der Forderung nach der neuen Maschine die Absicht verband, sie einem italienischen Fahrer zu

geben, um noch eindrücklicher auf die Präsenz der MV bei internationalen Rennen hinzuweisen und, wenn möglich, mit einer rein italienischen Paarung zu gewinnen. Der Conte Agusta hatte sich in den Jahren, in denen es einfach keine überragenden Italiener für die großen Hubraumklassen zu geben schien, darauf eingestellt, sich englischsprachigen Assen

Die letzten Augenblicke vor dem Start sind voll innerer Spannung und schwirrender Gedanken. Agostini und der Mechaniker Ruggero Mazza scheinen hier den Worten des Offiziellen Dr. Costa andächtig zu lauschen.

zuzuwenden, und hatte den wesentlichen Anteil Grahams, Surtees' und Hailwoods am Ansehen der Marke MV und auch an der Entwicklung der Maschinen wohl zu würdigen gewußt. Und doch hatte er als nationalistisch empfindender Mann stets die Hoffnung gehegt, seine Kreationen auch wieder hervorragenden italienischen Fahrern anvertrauen zu können. Der aufgehende Stern Agostini bot ihm nun die Möglichkeit, sich diesen Wunsch voll und ganz zu erfüllen, denn, wie wir ja wissen, war dies der Startpunkt zu einer langen Zeitspanne voller Ruhm und Glanz für den Motorradsport des Hauses MV.

1965 wurde für den Dreizylinder – wie stets für neue Entwicklungen – eine Saison des Abstimmens und Verbesserns: Gute Ergebnisse am Nürburgring, in der DDR, Finnland und in Monza wechselten ab mit Ausfällen und mäßigen Plazierungen, so daß am Ende der Titel an Redman und seine Honda fiel. Hailwood hielt sich dafür in der 500er Klasse mit der »Quattro« schadlos.

Das Miteinander des aufgehenden Sterns Agostini und des bewährten Piloten Hailwood dauerte nur eine Saison. Dann erlag Hailwood der Verlockung, bei Honda neue Modelle und bessere Bezahlung zu finden, und wechselte 1966 zu den Japanern über, für die er übrigens schon einige Jahre zuvor gefahren war. Damit endete eine Rivalität im Werksteam, die – wie einst die zwischen Ubbiali und Provini – unerträglich zu werden drohte. Dem Lombarden stellte man

den Einsatz der Rennmaschinen des Hauses nun völlig frei, und in der Tat fuhr Agostini anfangs sowohl die Drei- wie die Vierzylinder. So gewann er die 500er Klasse beim Eröffnungslauf zur italienischen Meisterschaft in Modena mit der 350er »Tre«, der Dreizylinder, während er sich bei andern wichtigen nationalen Rennen (Imola, Cesenatico, San Remo) mit der »Quattro« durchsetzte.

Das Jahr 1966 brachte Agostini seinen ersten WM-Titel, noch dazu in der schwierigsten, der Halbliterklasse. Bis zum GP der Niederlande hatte er in der 350er und der 500er Klasse (wo er die alte Vierzylinder weiterhin benutzte) nur lauter zweite Plätze erreicht. Erst in Francorchamps gelang »Ago«, wie er inzwischen allgemein genannt wurde, der Sieg über seine Rivalen, und zwar immer noch mit der »Quattro«. Es

Oben: Die Duelle zwischen Agostini und Pasolini – hier in Riccione 1969 in der 350er Klasse – heizten die Begeisterung der traditionsgemäß in zwei Lager geteilten Fans auf. Rechts: Der Zylinderkopf des 350er Sechszylinders von 1969, wiederum mit bronzebewehrten Brennräumen. Gut zu erkennen die Dehnfugen zwischen den Zylindern.

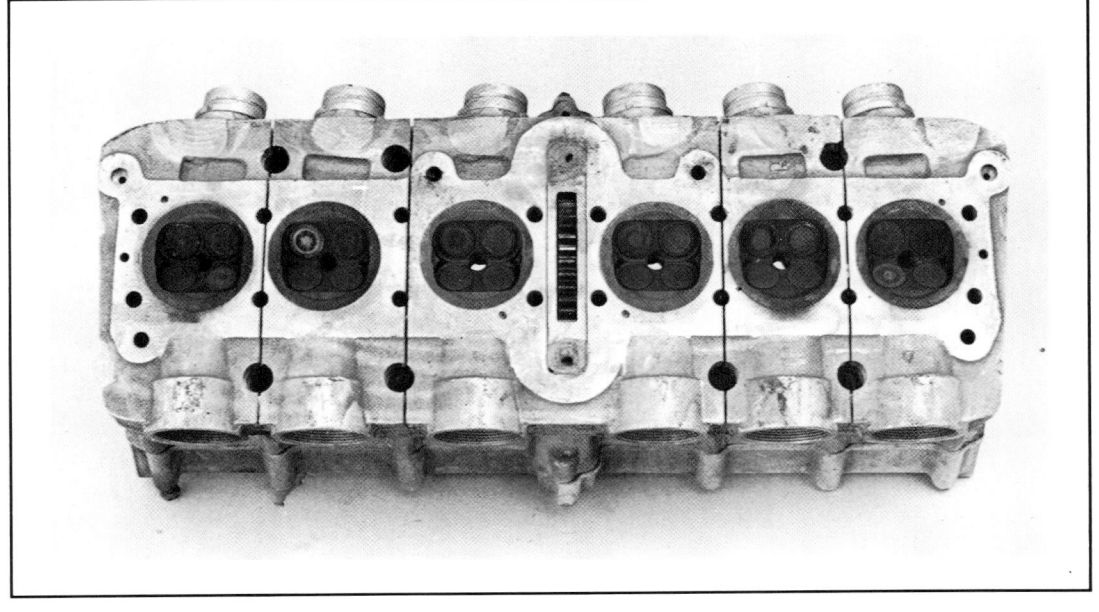

350 Vierzylinder – 1953–1965

Exemplar von 1960 aus dem MV-Museum in Gallarate

500 Vierzylinder »Kette« – 1952–1966

Exemplar von 1965 aus dem MV-Museum in Gallarate

600 Vierzylinder – 1966–1970

Exemplar von 1968 aus dem MV-Museum in Gallarate

500 Dreizylinder – 1966–1973

Exemplar von 1970 aus dem MV-Museum in Gallarate

sollte das letztemal sein, daß er diese bewährte Maschine fuhr; denn von nun an wurde auch für die Halbliterklasse der Dreizylinder der Vorrang gegeben.

Die Dreizylinder für den Einsatz als »500er« in Assen erhielt man dadurch, daß man die 350er (die inzwischen eine nach vorn verlängerte Ölwanne mit größerem Inhalt besaß) auf 377 cm³ aufbohrte. Sie landete auf Platz zwei hinter Redmans Honda. Ein Sturz Agostinis beim Großen Preis der DDR zwang dazu, für das Training zum nächsten WM-Lauf in der CSSR eine Notlösung einzusetzen, nämlich den Dreizylinder im alten Fahrwerk der »Quattro«, das zu groß und zu schwer war, mit dem Agostini sich aber dennoch den zweiten Platz sicherte. Schließlich bekam Ago die Hondas in Monza doch noch in den Griff, mit einer auf 474 cm³ gebrachten »Tre«. Nach dramatischem Duell mit seinem Ex-Teamkollegen Hailwood, der zu guter Letzt durch einen Überlastungsbruch an seiner japanischen Maschine aufgeben mußte, gewann Ago den ersehnten Titel. An Hailwood fiel derjenige der 350er Klasse – trotz Agostinis Siegen bei der TT und in Monza.

Die Saison 1967 kündigte sich an als eine Herausforderung zwischen zwei Männern, die praktisch allein und ohne Rükkendeckung aus dem Team kämpfen mußten: Hailwood mit der Honda und Agostini mit der MV. Ago würde die auf letzten Stand gebrachten Dreizylinder 350 und 500 (diese jetzt voll am Hubraumlimit)

Agostini in voller Aktion mit der 500er »Tre« (links) und mit der 350er (unten). Zwar fährt auch er, wie es sich eingebürgert hat, mit abgespreizten Knien, doch er haßt Übertreibungen und bewahrt sich einen äußerst eleganten Fahrstil, so daß man ihn als den letzten wahren Stilisten unter den Motorradrennfahrern bezeichnen darf.

Interessante Gegen-
überstellung der Vier-
zylinder-Kurbelwel-
len aus den 50er Jah-
ren (oben) und des
letzten Modells (un-
ten), die wesentlich
kompakter ist und
den Abtrieb außen
statt zwischen den Zy-
lindern hat. Bemer-
kenswert auch die
»bis auf die Knochen«
abgemagerten Kol-
ben. Ganz unten der
Vierventilkopf der
1971er Vierzylinder-
version.

einsetzen; Hailwood würde neben einer auf Höchstleistung
getrimmten 500er Vierzylinder
nunmehr eine herrliche, noch
unbekannte 350er Sechszylinder zur Verfügung haben.
Bei MV sah man klar und bereitete sich auf eine schwierige
Partie vor. Die italienische
Meisterschaft interessierte MV
zwar weniger – Agostini nahm
nur in Zingonia erfolgreich teil
–, aber an den Wettbewerben
im Frühjahr auf den klassischen Kursen der Romagne
(Milano Marittima, Cesenatico, Rimini, Riccione) mit dem
weltweiten Image beteiligte
man sich eifrig – schon weil der
Gegner dort die Waffen zeigte.
In Wahrheit bestand aber die
große Überraschung in der unerwarteten Vitalität der Benelli
350 Vierzylinder, mit der es
Pasolini schaffte, MV in Cesenatico und Hailwoods Honda
in Rimini zu schlagen. Die
gleichartige Benelli 500 erzielte dann einen unerwarteten
Sieg in Modena, erleichtert
freilich durch eine mechanische Panne an Agos MV. Und
dies bewirkte sogleich eine
Spaltung der italienischen Fre-
aks in zwei Lager, in »Ago-«
und »Paso-« Fans, in die Ver-
ehrer des schönen, unbeküm-
merten, vom Glück verwöhn-
ten und ständig von Mädchen
umlagerten Helden und diejenigen des scheuen, in sich ge-
kehrten, bescheidenen Mannes, der zum ewigen Zweiten
und zum dauernden Kampf mit
dem widerwärtigen Geschick
verurteilt zu sein schien. Wahrhaft goldene Jahre für den italienischen Motorradsport!
Tatsächlich ging es bei den
WM-Läufen rund, aber es wur-

106

de sehr schnell klar, daß MV mehr in der 350er Klasse bedrängt wurde als in der 500er. Das zeigte sich zuerst in Hokkenheim, wo die Honda 6-Zylinder 350 mit fast einer Minute Vorsprung gewann, Agostini aber in der 500er Klasse siegte, nachdem Hailwood kurz vor Schluß ausgeschieden war. Ago unterlag auch bei der TT und in Holland, revanchierte sich aber in Belgien und der DDR. Hailwood siegte wieder in der CSSR, Agostini in Finnland und Hailwood noch einmal in Ulster.

Am Vorabend von Monza war »Mike-The-Bike« bereits in der kleineren Klasse nicht mehr einzuholen; dagegen war im Kampf um den 500er Titel noch alles offen. Im Rennen ließ Hailwood seinen vielen PS freien Lauf und ließ den Abstand zu Ago immer größer werden, der Probleme mit der Kupplung hatte, bis drei Runden vor dem Ziel die starke aber rücksichtslos strapazierte Honda sauer zu werden begann. So konnte Agostini wieder aufholen und den Briten sogar noch abhängen. Der letzte Akt der WM, der Große Preis von Kanada, hatte dann nur noch akademischen Wert: Der Titel war bereits fest in der Hand des Italieners.

Im folgenden Jahr, 1968, zog sich Honda offiziell aus dem Rennsport zurück, nicht ohne Hailwood zum mehr oder weniger privaten Gebrauch einige Maschinen zur Verfügung zu stellen. Und trotz der Angriffe des unbeugsamen Pasolini mit der Benelli wurde es zweifellos ein ruhiges Jahr für MV, der mit jeweils praktisch einer ein-

zigen Maschine, der Agostinis, fast mühelos beide WM-Titel zufielen. Daß die Arbeiten zur Verbesserung der Fahrzeuge dennoch nicht nachließen, beweisen die immer kürzeren Rundenzeiten, die auf fast allen Strecken erzielt werden konnten. Doch es ist nur wenig bekannt über die Art der Maßnahmen an den mechanischen Komponenten, weil man damals allergrößte Geheimhaltung im Hause MV übte, weil man alle Maschinen auch mitten in der Saison sofort wieder abdeckte, um keinen Neugieri-

gen und keinen der Fotografen etwas erhaschen zu lassen. Heute, Jahre später, können nicht einmal die Mechaniker von damals viel dazu sagen; sicher ist nur, daß im Zylinderbereich an der Verkleidung gearbeitet wurde – denn das ließ sich kaum verheimlichen!

Die Jahre 1969, 1970 und 1971 standen ganz im Zeichen der einmaligen Paarung Agostini-MV, die mit beeindruckendem, aber monotonem Gleichmaß auf allen Rennpisten einen Sieg nach dem anderen einsammelte. Um ehrlich zu sein: Es gab kaum hochklassige Gegner in diesen Jahren. Da war die erwähnte Benelli von Pasolini, die inoffiziellen japanischen Yamaha, Suzuki und Kawasaki und die handgemachten italienischen und britischen Einzelstücke. Doch man darf auch nicht vergessen,

Phil Read, der Sieger von Imola 1974, einem Lauf zur italienischen Meisterschaft, mit der 500 Vierzylinder nach einem Kampf um die letzten Meter gegen den früheren Teamchef Agostini, der ab diesem Jahr für Yamaha fuhr.

107

daß jedes Jahr auf jeder Strecke die Rekordzeiten des Vorjahrsrennens verbessert wurden – ein Beweis für die kämpferische und die technische Leistung von Fahrer und Werk. Und auch ein Beweis, daß ein gleichwertig ausgerüsteter Gegner gewiß kein leichtes Leben gehabt und vermutlich kaum Gewinnchancen gehabt hätte.

Und wie damals, als Surtees in ähnlicher Lage war, ruhte das Werk durchaus nicht auf seinen Lorbeeren aus, denn man mußte damit rechnen, daß von einem Tag zum andern neue Widersacher auftauchen würden. So nahm man 1969 einen neuen 350er Motor in Arbeit, einen Sechszylinder, der mehr oder weniger geheim erprobt, am Ende aber nach einigen Jahren aufgegeben wurde, und zwar weil er sich als sehr schwierig in der Abstimmung erwiesen hatte, vor allem aber, weil das geänderte, wenig später in Kraft tretende Reglement für GP-Maschinen eine Begrenzung der Zylinderzahl (und der Getriebegänge) vorsah. Nur einen Zylinder wollte man für 50, zwei für 125 und 250 und maximal vier für Maschinen über 250 cm³ zulassen. Die weitere Entwicklung eines Motors, den man nur für eine oder höchstens zwei Saisons verwenden durfte, hatte daher wenig Sinn.

Zu Ende geführt aber wurde die Entwicklung eines neuen Vierzylinders, der in seiner 350er Form beim GP der Nationen 1971 debütierte, gefahren von Alberto Pagani, Nellos Sohn. Er mußte jedoch wegen eines Lagerschadens abbre-

chen. Es war ein denkwürdiger Tag, denn außer Pagani (der dafür aber die 500er Klasse mit der Dreizylinder gewann) fielen auch Agostinis beide Maschinen (die 350 wie die 500) mit Lagerschäden aus – eine Sache, die noch nie zuvor passiert war. Das waren erste Anzeichen dafür, daß die »alte« Dreizylinder mit ihrem Latein am Ende war und möglichst rasch etwas Neues her mußte. Ende 1972 war Agostini Inhaber von zwölf Weltmeistertiteln, eine bis dahin noch von niemandem erreichte Zahl; doch ganz so leicht war ihm das nicht gefallen. Die Dreizylinder schien plötzlich der immer stärker werdenden Konkurrenz nicht mehr Paroli bieten zu können, vor allem den hochmodernen Yamahas mit ihren wassergekühlten Zwei-

taktern und dem aufsteigenden Fahrertalent Saarinen. Die Vierzylinder aber mußte sich erst noch im Renneinsatz mit all seinen Überraschungen und Risiken bewähren.

Praktisch hieß das, daß Agostini auch für die ersten 1972er Rennen – wir sprechen von der 350er Klasse – nur die alte »Tre« benutzen konnte. Nachdem aber Saarinen mit der Yamaha ihn in Deutschland und Frankreich glatt abkassiert hatte, stieg er ab dem GP von Österreich voll auf die neue Vierzylinder um, eine Maschine, die zwar nicht viel schneller war als die »Tre«, die man aber in der Kurve so stark abwinkeln konnte, daß man »den Himmel sah«, wie Ago selbst es nannte. Eine ähnliche Maschine gab man dann auch dem Briten Phil Read, weil Yamaha

zu einer gar zu großen Gefahr geworden war und es nötig schien, ein zweites As im Team zu haben, auch um die Gegner daran zu hindern, zu viele der vorderen Plätze in der Wertung zu belegen.

Die 350er Dreizylinder wurde freilich nicht sofort in den Ruhestand geschickt, sondern versah weiter ihren Dienst, wenn auch nur als Backup-Maschine; in der 500er Klasse erwies sich ihr Schwestermodell sogar noch die ganze Saison hindurch als stark genug, weshalb ihre Ablösung auf die folgende Saison verschoben wurde. Eine Saison – 1973 –, in der die Zweitakter auch für die großen Klassen wie Pilze aus der Erde schossen.

Der Zweitaktmotor hatte sich schon vor Jahren mit Hilfe von Drehschiebern, Klappenventi-

len, Saugrohrbrücken oder Expansionsräumen aus der Versenkung, in die er gegenüber dem Viertakter geraten war, zum dominierenden System in den kleinen Hubraumklassen erhoben. Für die großen Hubvolumen hatte der Viertakter hingegen seine Führungsrolle bewahren können. 1972 aber hatte, wie erwähnt, Yamaha begonnen, die 350er Klasse zu erobern; 1973 dehnte sie ihre Teilnahme auch auf die 500er Klasse aus, verstärkt durch Suzuki. Für MV wäre die naheliegendste und radikalste Lösung gewesen, jetzt einen Zweitakter in die Schlacht zu schicken, eine Schlacht mit gleichen Waffen. Doch diese Entscheidung fiel MV nicht leicht; vor allem besaß man kaum spezielle Erfahrung mit modernen, großvolumigen Zweitaktmotoren, so daß man mit recht langen Entwicklungszeiträumen rechnen mußte. Zum zweiten basierte das Image des Hauses so sehr auf dem Viertakter, daß man es als Verrat empfand, sich von ihm zu trennen. Etwa

so, wie Honda früher einmal ihren bewährten, hochentwickelten Vierzylinder mit »ovalen« Kolben baute, ein untauglicher Versuch, gegen die Strömung und gegen die eigenen Grundsätze zu schwimmen.

Wie dem auch sei, zur Saison 1973 hatte man in aller Eile eine Vierzylinder mit 433 cm³ (56 × 44 mm) und etwa 80 PS (59 kW) bei 14.000/min fertiggestellt, die mit Read im Sattel auf dem Paul-Ricard-Kurs in Frankreich debütierte. Agostini dagegen bevorzugte noch

für mehrere Rennen die Dreizylinder, auf die er besser eingespielt war und die inzwischen vordere hydraulische Scheibenbremsen (Lockheed/Scarab) erhalten hatte, anfangs mit dem klassischen Speichenrad und dann mit Leichtmetallgußrädern, um bessere Torsionssteifigkeit zu gewährleisten.

Im weiteren Verlauf der Saison wechselte das eingesetzte Material mehrmals. Während man in der 350er Klasse die neue Vierzylinder beibehielt, wurde

(vorige Seite:) »Monocross«-Rahmen der 1975er Vierzylindermaschine, eine Konstruktion von Dr. Bocchi; (oben:) die Vierzylinder von 1975 mit diesem Rahmen, jedoch hinteren Federbeinen mit variabler Neigung. An der Gabel vorn erkennt man die getrennten, außenliegenden Dämpfer.

Gianfranco Bonera im Frühjahr 1974 in Imola, eingesetzt als Verstärkung für Phil Read mit der alten, ruhmreichen 500er Dreizylinder.

für die Halbliterklasse eine neue Maschine mit nahezu 500 (nicht mehr 433) cm³ Hubraum vorbereitet, die bei ihrem ersten Auftritt in Hockenheim gewann. Doch auch die Dreizylinder wurde weiterhin – mit Erfolg – ins Rennen geschickt.

Diese Saison wurde überschattet von einer Reihe tragischer Unfälle, beginnend mit demjenigen in Monza, bei dem Pasolini und Saarinen ums Leben kamen. Am Ende holten sich zwar Agostini (350er Klasse) und Read (500er) die Weltmei-

stertitel, doch es war nun allen klargeworden, daß ein unwiederbringlicher Abschnitt der Renngeschichte zu Ende ging. Die völlig überraschende Trennung Agostinis von MV und sein Wechsel zu Yamaha waren daher wie ein Schlußstrich unter diese Epoche. 1974 fuhren für MV somit nur mehr Phil Read und die Neuerwerbung Bonera; die 350er Klasse wurde zugunsten einer Konzentration auf die 500er aufgegeben. Damit stand jetzt an der Spitze die Vierzylindermaschine, die

wir uns deshalb einmal aus der Nähe ansehen werden. Die vier Zylinder in Reihe waren rechteckig verrippt und unter 10° nach vorn geneigt, mit unterquadratischen Abmessungen; die Steuerung war natürlich mit zwei obenliegenden Nockenwellen, angetrieben über Stirnräder, und vier um 25° geneigten Ventilen pro Zylinder. Vier Dell'Orto-Vergaser mit 28 mm (für die 350) bzw. 32 mm (für die 500) – oder streckenabhängig mit noch anderen Durchmessern – sorgten für die Gemischbildung. Die Zündung besorgte ein hinter dem Kurbelgehäuse liegender Magnetzünder, angetrieben von einer kurzen Welle mit Kegeltrieb. Für die 350er wurde auch eine elektronische Zündung eingebaut. Die Naßsumpfschmierung mit Öl in der Wanne verwendete einen Ölkühler, der vorn hinter einem Grill in der Verkleidung angeordnet war.

Die Primärübersetzung war mit Zahnrädern, die Kupplung trocken. Das zuerst achtgängig

Der Vierzylinder-Boxer mit querliegender Welle, wie er 1976 zwar gebaut wurde, dann aber nicht mehr zum Einsatz kam, weil MV den Motorsport endgültig aufgab.

ausgelegte Getriebe wurde dann doch im Hinblick auf das kommende Reglement mit nur sechs Gängen gebaut. Der Rahmen war ein doppelschleifiges Fachwerk aus Stahlrohren mit einer Schwinge aus Vierkantrohr, und die Ceriani-Federsysteme waren vorn wie hinten verstellbar. Die ersten Exemplare waren mit üblichen Stahlspeichenrädern und Trommelbremsen ausgerüstet; wie schon erwähnt, ging man im Lauf der Saison 1973 zuerst zu einer Scheibenbremse am Vorderrad (immer noch mit Speichen) über, dann zu einem gegossenen Elektron-Speichenrad vorn und schließlich auch zu einem solchen hinten. Vorn war ein Reifen 3.00–18″ montiert und hinten eine der drei Größen 3.25/3.50/3.75–18″. 1974 verwendete man auch (profillose) Slicks und erprobte in Franchorchamps eine Verkleidung mit kleinen Spoilerflügeln.

Der Motor leistete in 350er Form zuerst 70 PS (52 kW) bei 16.000/min und kam später, 12,2:1 verdichtet, auf 75 PS (55 kW); die 500er Version konnte von anfangs 90 PS (66 kW) bei 13.500/min (430 cm³) auf 102 PS (75 kW) bei 14.600/min und Verdichtung 11,5:1 gesteigert werden. Zu vermerken ist noch das für Brands Hatch präparierte Exemplar, das auf 580 cm³ aufgebohrt wurde.

Nachdem die 74er Saison mit der mühsamen Eroberung des 500er WM-Titels durch Read beendet war (er hatte bis zum Schluß im harten Kampf mit dem Yamaha-Team unter Leitung seines Ex-Kollegen Agostini gelegen), konzentrierte sich MV ganz darauf, durch Arbeiten an Rahmen und Radaufhängungen Stabilität und Handling der Vierzylinder zu verbessern. Der Motor selbst war mehr oder weniger an den Grenzen seiner Möglichkeiten angekommen, und vor allem kam es auf den modernen, auf Sicherheit zugeschnittenen Rennstrecken nun weit mehr auf Beschleunigen und Bremsen an als auf reines Tempo. In der Winterpause wurde deshalb ein neuer Rahmen mit mehreren Positionen für die obere Befestigung, also variabler Neigung, der hinteren Federbeine entwickelt. Später, zum GP von Deutschland, wurde ein anderer Rahmen hinten mit (liegender) »Monocross«-Feder und kleinen Ölstoßdämpfern zu beiden Seiten des Rades ausgerüstet. Obschon das Debüt des Monocross-Rahmens recht vielversprechend war (Read mußte sich Ago erst kurz vor dem Ziel beugen, nachdem er fast das ganze Rennen hindurch geführt hatte), überzeugte das Fahrwerk als Ganzes nicht, so daß man nun eine neue Rahmenform wählte, bei der das Monocross-Schema mit einer eher herkömmlichen Doppelschleife »verheiratet« wurde. Man blieb weiterhin bei den seitlichen, aber stärker geneigten Dämpfern; Gußräder, Scheibenbremsen und Slicks waren mittlerweile die Norm. 1975 aber wurde kein glückliches Jahr, und zum erstenmal seit vielen Jahren konnten MV und ihre Piloten keinen WM-Titel erringen. Read und Toracca (als zeitweiliger Ersatzmann für den in Modena verunglückten Bonera) mußten sich der Überlegenheit von Agostinis Yamaha beugen. Einziger Trost blieben Reads Siege in Belgien und der CSSR. Es war das Ende einer Epoche, und dem bis dahin stärksten Rennteam der Welt blieb nichts übrig, als sich verzweifelt zu verteidigen und in allen Ehren unterzugehen.

Und siehe da, zum guten Schluß gab es noch eine richtige Sensation: Agostini kehrte nach Cascina Costa zurück! In Wahrheit hatte er mit Yamaha nur einen Zweijahresvertrag gehabt, und der war nun abgelaufen. Seine Heimkehr aber hatte nicht nur eine sentimentale Seite: Ago kam mit einem wichtigen Sponsor im Rücken, dem Team Marlboro, und die recht kräftige finanzielle Unterstützung sorgte dafür, daß MV die geplante Aufgabe des Rennsports vorerst zurückstellte.

Offiziell sollte die Agostini anvertraute Vierzylinder-MV unter den Marlboro-Farben laufen, während das Werk die technische Hilfe und die dafür nötigen Leute beistellen mußte. Daher erschien die Maschine nun mit einer weiß-rot lackierten Verkleidung – sehr elegant, muß man sagen –, an der das Emblem der Zigarettenmarke sofort ins Auge fiel, weit mehr als das nun unwichtig gewordene ruhmreiche MV-Zeichen.

Außerdem erschien auch die Maschine selbst in überarbeiteter Form: mit neuer Gabel und Hinterradfederung, bei der die Federbeine wieder zu beiden Seiten des Rades saßen.

Das Projekt war von großem Optimismus durchdrungen, so sehr, daß man sogar die seit zwei Jahren verstaute 350er wieder hervorholte. Alles in allem war der Start nicht ungünstig: Beim ersten Rennen der Saison, in Modena, fiel die 350er zwar nach wenigen Runden aus, doch die 500er ging als erste durchs Ziel – unter dem Jubel der Fans, die genauso schnell sauer sind wie sie sich begeistern können.

Doch leider erwies sich dieser Tag in Modena als Strohfeuer: Die 350er geriet in eine anhaltende Serie von Pannen, aus der als Lichtblick nur der Erfolg von Assen zu vermelden war und ein Sieg in Mugello am 26. September – dem allerletzten von einer MV gewonnenen Rennen –, während der 500er nur eine Reihe so mittelmäßiger Plazierungen gelang, daß Agostini mitten in der Saison aufgab und sich auf eine Suzuki setzte, um wenigstens den Versuch zu machen, seine erzielten WM-Punkte zu retten. Und noch einmal flackerte das Strohfeuer auf, als er beim Großen Preis von Deutschland auf dem Nürburgring einen unerwarteten und herrlichen Sieg herausfuhr. Auch dieses Datum ist es wert, vermerkt zu werden, der 29. August: der Tag, an dem zum letztenmal eine MV einen WM-Lauf gewinnen konnte.

Um die Geschichte der MV Agusta abzuschließen – alles in allem eine kurze, doch sehr intensive – bliebe noch von der

500 Vierzylinder – 1973–1976

Exemplar von 1973 aus dem MV-Museum in Gallarate

500 Vierzylinder – 1973–1976

Exemplar von 1974 aus dem MV-Museum in Gallarate

350 Sport »Ipotesi« – 1975–1980

Exemplar von 1976 aus dem MV-Museum in Gallarate

750 Sport America – 1975–1980

Exemplar von 1976 aus dem MV-Museum in Gallarate

letzten Enwicklung der MV-Techniker zu berichten, dem Boxermotor, der 1977 den Vierzylinder hätte ersetzen sollen. Er war unter Dr. Bocchis Leitung entstanden, den man ganz zuletzt noch als Versuchschef engagiert und der u. a. bereits den Monocross-Rahmen entworfen hatte. Dieses Aggregat sollte vier liegende Zylinder – zwei nach vorn, zwei nach hinten – haben, nach einem bereits seit Anfang des Jahrhunderts bekannten Schema, mit dem man einen sehr niedrig liegenden Schwerpunkt und einen recht schmalen Stirnquerschnitt erhält. Der Motor war wassergekühlt, besaß zwei obenliegende Nokkenwellen je Zylinderreihe sowie vier Ventile pro Zylinder und verwendete vier eigens von Dell'Orto konstruierte Fallstromvergaser und eine elektronische Zündung. Das über ein Stirnradpaar getriebe-

ne Sechsganggetriebe lag unterhalb der Zylinder. Von ihm aus lief eine Kette an der rechten Seite zum Hinterrad.

Die Entwicklung hatte einen weit fortgeschrittenen Stand erreicht; ein Gitterrohrrahmen war aufgebaut, und der Motor war viele Stunden auf dem Prüfstand gelaufen, wo er etwa 100 PS (74 kW) geleistet hatte. Ganz emotionslos gesagt, hätte dieser Boxer vermutlich gegenüber den besten Zweitaktern jener Tage aus den schon genannten Gründen den Kürzeren gezogen; überdies wurden die Viertakter vom geltenden Reglement deutlich benachteiligt, da sie nur mit sehr kleinen Zylindereinheiten die extrem hohen Drehzahlen erreichen würden, die nötig wären, um die Zweitakter zu schlagen.

Es war ein Jammer, daß diese letzte Kreation der MV keine Gelegenheit mehr fand, sich in der Praxis zu beweisen, denn

sie war unkonventionell wie so vieles aus Cascina Costa. Und es war ein noch größerer Jammer, eine Marke untergehen zu sehen, die in genau dreißig Jahren so viel Lorbeer, so viele Siege, so viele Titel sammeln konnte wie keine andere, wie berühmt und gewichtig sie auch sein mochte.

Doch ob man's glaubt oder nicht: Es kam noch schlimmer. Genau zehn Jahre nach Aufgabe der Motorsport-Aktivitäten kam der letzte Akt des Dramas: die Versteigerung des gesamten noch im Besitz der Rennabteilung befindlichen Materials, von den Fertigungseinrichtungen bis zum Mehrzylinder-Austauschmotor. An dieses Material hatten sich die wunderlichsten Gerüchte geknüpft; denn es war so gut wie begraben gewesen, jedenfalls für niemanden nutzbar. Doch es hatte existiert – zum Teil in den alten Werkshallen und zum

Teil in einem entfernten Magazin in Borgomanero/Novara. Der Beschluß, das Material versteigern zu lassen, führte zum Verschleudern eines Vermögens, das eigentlich nicht nur der Firma, sondern inzwischen der ganzen Nation gehörte. Für die neue, halbstaatliche Leitung des Agusta-Konzerns mag das ein günstiger Moment gewesen sein, um mit alten Sentimentalitäten Schluß zu machen. Für alle die aber, die in langen Jahren all ihre Kraft, ja manche sogar ihr Leben, für MV und den italienischen Motorradsport gegeben hatten, war es eine Beleidigung. Doch Bürokraten sind nun einmal gleichgültig und kurzsichtig, und man darf von ihnen nicht erwarten, daß sie auch nur das geringste Gespür dafür hätten, was anderen Menschen lieb und wertvoll ist. Addio denn für immer, du ruhmreiche MV Agusta!

TEIL 2

DIE MODELLE

Die Tourenmaschinen
Die Transportfahrzeuge
Die Rennmaschinen

HINWEIS: Im »Katalogteil« dieses Buches wird die Produktionsdauer der Modelle im Titel mit zwei Jahreszahlen (von-bis) bezeichnet. Demgegenüber beziehen sich die Jahreszahlen in der ersten Zeile der »Technischen Daten« auf den unter Umständen kürzeren Zeitraum, für den die Daten im »Kasten« gelten. Da sich bei häufigen Aktualisierungen eines Modells die technischen Daten mitänderten, haben wir in den »Kästen« entweder die Daten der ersten oder aber die der bedeutendsten Version festgehalten und im Text oder in den Bildunterschriften auf abweichende Daten und Ausstattungen hingewiesen. In einigen Titeln sind ggf. auch mehrere verschiedene Modelle zusammengefaßt, wenn diese die gleiche Konzeption haben und wesentliche Baugruppen gemeinsam verwenden.

DIE TOURENMASCHINEN

Leistung bei 3500/min: 3,5 PS (2,6 kW) Gewicht trocken: 70 kg Höchstgeschwindigkeit: 65 km/h

Das erste MV-Motorrad, mit etwas Glück in den finsteren Zeiten des 2. Weltkriegs konzipiert und in den Beginn des rastlosen Wiederaufbaus hineingeboren, war ein ehrliches Gebrauchsmotorrad, das wenig kosten, noch weniger verbrauchen und lange halten sollte, auch in den Händen ungeschickter Fahrer. Es wandte sich also nicht an den typischen Käufer aus Vorkriegszeiten, sondern an denjenigen, der ein motorisiertes Fahrzeug als alltägliches Transportmittel brauchte und sich vom ermüdenden Radfahren und von den unzuverlässigen öffentlichen Verkehrsmitteln unabhängig machen wollte. Der

Motor war daher sehr einfach aufgebaut; mit seinem Hubraum leistete er genug für seine Zwecke, ohne daß man übermütig wurde, und erfüllte seine Pflicht auch bei dem, der nicht gerade geübt im Motorradfahren war. Doch die leichte Maschine hatte alle Eigenschaften, die ein braves, zuverlässiges Motorrad nötig hat: eine gute Sitzposition, normale Reifenabmessungen, für beide Räder wirksame Federungen

(und das zu einer Zeit, in der durchaus noch nicht alle Hersteller den starren Rahmen verlassen hatten). Der Motor entsprach dem klassischen Zweitaktschema mit Querspülung und Nasenkolben; er wurde mit Zwei- und Dreiganggetriebe gebaut und angeboten, bald aber nur noch mit drei Gängen. Dem Tourenmodell wurde fast gleichzeitig eine Deluxe-Version zur Seite gestellt, deren Telegabel dem

Motorrad einen modernen, attraktiven Look vermittelte.

Im Herbst 1945 erschien nach zwei Jahren Entwicklung in aller Stille inmitten der Kriegswirren das erste Motorrad der MV unter dem Namen »Vespa«, der kurz darauf aus Gründen des Warenzeichenschutzes geändert werden mußte. Der Zweitakter hatte ein Zweiganggetriebe mit Fußschaltung. Der Rahmen war kräftig und steif. Man erkennt oben den Dekompressionshahn am Kopf. Rechts der Motor in seiner späteren Dreigang-Form.

Oben: Dreigang-Tourenversion mit Hinterradfederung; 1947 kostete sie
135.000 Lire. Unten: Das Luxusmodell mit Telegabel, vorgestellt Ende 1946.
Diese ersten Modelle erschienen alle in dunklem Kastanienbraun.

Modell und Baujahr	98 Turismo/Lusso 1946–1949
Motor – Bauart	Einzylinder – Zweitakt
Hubraum (cm³) – Bohrung × Hub (mm)	98 – 49 × 52
Verdichtungsverhältnis	6:1
Zylinderkopf	Leichtmetall
Zylinder	Grauguß
Ventile – Anordnung	–
Ventile – Steuerung	–
Zündung	Schwungradmagnetzünder
Vergaser	Dell'Orto TA 16 A
Schmierung	10%iges Gemisch
Kupplung	Ölbadlamellenkupplung
Getriebe – Bauart	angeblockt, 2 oder 3 Gänge
Kraftübertragung	primär: Zahnräder, sekundär: Kette
Rahmen	Rohr; einfache, geschlossene Schleife
Radstand (mm)	1250
Radaufhängung vorn	Parallelogrammgabel/Telegabel
Radaufhängung hinten	teleskopische Radführung
Räder	Stahlspeichen, 2.25 × 19"
Bereifung	vorn + hinten 2.50–19"
Bremsen	seitl. Trommel, vorn + hinten 130 mm
Mittlerer Verbrauch (l/100 km)	2,5
Inhalt Kraftstofftank (l)	9
Inhalt Ölbehälter (l)	–

125 Bicilindrica – 1947

Schon zwei Jahre nach ihrer Gründung stand die Marke MV so gut da, daß man sich Produkte leisten konnte, die angesichts der wirtschaftlich angespannten Lage aus dem Rahmen fielen, weil sie keine Alltagsmotorräder waren: ein Zeichen für die Leistungsfähigkeit, wenn nicht sogar eine Demonstration für die finanzielle Unabhängigkeit des Werkes, die den Bau von sehr hochwertigen Maschinen erlaubte, ohne große Stückzahlen zur Amortisierung der Fertigungsanlagen herstellen zu müssen. So zeigte MV auf dem Mailänder Motorradsalon 1947 die »Zefiro«, eine elegante 125er

mit Zweizylinder-Zweitaktmotor, eine Maschine, die sich vom breiten Angebot jener Tage deutlich abhob. Sie war sehr sauber ausgeführt und besaß ein Vierganggetriebe, ein weiterer Punkt, in dem sich diese Neuerscheinung von den Konkurrenten unterschied. Dem Motor, klein, kompakt und lupenrein, hatte man im Werk den Beinamen »Ranetta« (Renette) gegeben. Als Kuriosität

sei erwähnt, daß der Prototyp einen Magnetzünder vorsah, der dann doch einem Schwungradmagneten mit zwei Unterbrechern weichen mußte. Trotz des ihr entgegengebrachten Interesses ging die Zefiro nie in Serie und verschwand auch nach kurzer Zeit aus dem Katalog.

Leistung bei 5200/min: 5 PS (3,7 kW) *Gewicht trocken:* 80 kg *Höchstgeschwindigkeit:* 85 km/h

Modell und Baujahr	Zefiro 125 1946–1949
Motor – Bauart	Zweizylinder – Zweitakt
Hubraum (cm³) – Bohrung × Hub (mm)	124,6 – 42 × 45
Verdichtungsverhältnis	6:1
Zylinderkopf	Leichtmetall
Zylinder	Grauguß
Ventile – Anordnung	–
Ventile – Steuerung	–
Zündung	Schwungradmagnetzünder
Vergaser	Dell'Orto Ø 22
Schmierung	6%iges Gemisch
Kupplung	Ölbadlamellenkupplung
Getriebe – Bauart	angeblockt, 4 Gänge
Kraftübertragung	primär: Zahnräder, sekundär: Kette
Rahmen	Rohr; doppelte, geschlossene Schleife
Radstand (mm)	1270
Radaufhängung vorn	Telegabel
Radaufhängung hinten	teleskopische Radführung
Räder	Stahlspeichen, 2.50 × 19"
Bereifung	vorn + hinten 2.75–19"
Bremsen	seitl. Trommel
Mittlerer Verbrauch (l/100 km)	3,5
Inhalt Kraftstofftank (l)	12
Inhalt Ölbehälter (l)	–

Der Zweizylinder der 125 arbeitete mit drei Kanälen und Nasenkolben und hatte kleine Deckel an den Überströmkanälen wie die 98er. Der Vergaser war horizontal angeordnet, eine sportliche Lösung und damals der letzte Schrei.

Die kleine Zefiro (scherzhaft auch »Ranetto« genannt) hatte eine sehr elegante und für ihre Zeit besonders moderne Linie. Sie war in Graumetallic lackiert. Obwohl sie in ihrem Aufbau der 98er entsprach, hatte ihr Kurbelgehäuse eine etwas andere Form, auch schon wegen des hier verwendeten Vierganggetriebes mit innenliegender Vorwählung.

121

250 1947–1951

Leistung
bei 5100/min:
10 PS (7,4 kW)
Gewicht trocken:
135 kg
Höchst-
geschwindigkeit:
110 km/h

Zur gleichen Zeit wie die Zefiro, die 125er der vorigen Seiten, kam auch die »250« heraus, ebenfalls nicht unbedingt das, was der Markt verlangte. Und das nicht nur, weil die Nachfrage in den mittleren und großen Klassen noch recht bescheiden, sondern auch weil dieser Sektor fest in der Hand alter, renommierter Marken war: neben den »Großen« Moto Guzzi und Gilera auch Sertum, Bianchi und MM. MV aber wagte es mit jugendlichem Mut und Unbefangenheit, in dieses sehr diffizile Geschäft einzudringen. Im Gegensatz zur 125er griff man hier jedoch zu bewährten Lösungen, besonders was den Motor betraf: ein solider, stehender Einzylinder-Stoßstangenmotor mit Zylinder und Kopf in Grauguß, Magnetzündung und Ölsumpf, der freilich – für damalige Zeiten noch längst nicht selbstverständlich – einen gekapselten, in Öl laufenden Ventiltrieb und ein angeblocktes Getriebe besaß. Zumindest aber der Doppelschleifenrahmen und die Teleskopfederungen vorn und hinten ließen MV im Hinblick auf das Fahrwerk als besonders fortschrittlich erscheinen. Die »250«, die in der Öffentlichkeit – in Prototypform – zum erstenmal bei der Zuverlässigkeitsfahrt von La Spezia im Oktober 1946 mit Egidio Conficoni als Fahrer zu sehen war, wurde anschließend, wenngleich in bescheidener Stückzahl, in Serie gefertigt. Sie wurde in Silbermetallic geliefert. 1950 kostete sie 350.000 Lire.

Die »250« von 1947 mit ihrer klassischen, von den bekanntesten britischen Modellen inspirierten Linienführung, jedoch im Finish moderner. Ihr 1950er Preis: Lit 350.000.

Man beachte die Unterschiede zum Exemplar auf der vorigen Seite: Die Reibungsdämpfer hinten sind verschwunden, die vordere Bremse nach links verlegt, der Tank verchromt.

Blick auf den langhubigen Motor mit dem in den Tank eingelassenen Kopf, den leicht geneigten Stoßstangen und dem angeblockten Getriebe.

Modell und Baujahr	250 1947–1951
Motor – Bauart	Einzylinder – Viertakt
Hubraum (cm³) – Bohrung × Hub (mm)	249,2 – 63 × 80
Verdichtungsverhältnis	6:1
Zylinderkopf	Grauguß
Zylinder	Grauguß
Ventile – Anordnung	geneigt, hängend
Ventile – Steuerung	Stoßstangen/Kipphebel
Zündung	Magnetzünder
Vergaser	Dell'Orto MB 22 B
Schmierung	Ölsumpf
Kupplung	Ölbadlamellenkupplung
Getriebe – Bauart	angeblockt, 4 Gänge
Kraftübertragung	primär + sekundär: Kette
Rahmen	Rohr; einfache, geschlossene, getrennte Schleife
Radstand (mm)	1390
Radaufhängung vorn	Telegabel
Radaufhängung hinten	teleskopische Radführung, Reibungsdämpfer
Räder	Stahlspeichen, 2.50 × 19″
Bereifung	vorn + hinten 3.00–19″
Bremsen	seitl. Trommel, vorn 180, hinten 150 mm
Mittlerer Verbrauch (l/100 km)	3
Inhalt Kraftstofftank (l)	18
Inhalt Ölbehälter (l)	2,3

125 3-Gang – 1948–1949

Im Frühjahr 1948 ging ein neues Leichtmotorrad mit 125er Einzylinder in Serie. Es handelte sich um die logische Weiterentwicklung der ursprünglichen 98er, deren Äußeres und deren Grundkonzeption sie auch beibehielt; eine Entwicklung, die den gewachsenen Ansprüchen der Käuferschaft entsprach. Im Vergleich mit der luxuriösen Zweizylinder des Vorjahres erschien die Neuschöpfung technisch fast wie ein Rückschritt, paßte sich aber tatsächlich nur in realistischer Weise den Anforderungen des Marktes an, der zwar nach etwas stärkeren und schnelleren, aber noch nicht

nach teuren, exklusiven Maschinen verlangte. Konstruktiv enthielt jedoch der 125er Motor, verglichen mit dem Vorgänger, eine wichtige Neuerung, nämlich die Umkehrspülung mit Flachkolben, die zweifellos erhebliche Vorteile gegenüber dem Nasenkolben brachte. Auch hier fand man am Zylinder die typischen Verschlußdeckel für das leichtere Reinigen der Überströmkanäle

in dreieckiger (statt rechteckiger) Form.
Dieses Modell lebte nicht lange, sondern wurde schon im folgenden Jahr durch eine motor- wie fahrwerksseitig vollständig überarbeitete 125er mit Vierganggetriebe ersetzt. Wichtig war jedoch, daß von diesem Serienmotorrad die erste wirkliche Rennmaschine der MV abgeleitet wurde, der wir im entsprechenden Kata-

logteil begegnen werden, und die der Firma die ersten wertvollen Rennerfolge einbrachte.

Modell und Baujahr	125 Turismo 1948–1949
Motor – Bauart	Einzylinder – Zweitakt
Hubraum (cm³) – Bohrung × Hub (mm)	123,5 – 53 × 56
Verdichtungsverhältnis	6,2:1
Zylinderkopf	Leichtmetall
Zylinder	Grauguß
Ventile – Anordnung	–
Ventile – Steuerung	–
Zündung	Schwungradmagnetzünder
Vergaser	Dell'Orto MA 17
Schmierung	5%iges Gemisch
Kupplung	Ölbadlamellenkupplung
Getriebe – Bauart	angeblockt, 3 Gänge
Kraftübertragung	primär: Zahnräder, sekundär: Kette
Rahmen	Rohr; einfache, geschlossene Schleife
Radstand (mm)	1270
Radaufhängung vorn	Parallelogrammgabel
Radaufhängung hinten	teleskopische Radführung
Räder	Stahlspeichen, 2.25 × 19" oder 2.50 × 19"
Bereifung	vorn + hinten 2.75–19" oder 3.00–19"
Bremsen	seitl. Trommel
Mittlerer Verbrauch (l/100 km)	2,5
Inhalt Kraftstofftank (l)	12
Inhalt Ölbehälter (l)	–

Die 125er Einzylinder von 1948 trat in die Fußstapfen ihrer Vorgängerin, der 98, besaß aber einen Motor mit Umkehrspülung und Flachkolben, während die Telegabel wieder durch die traditionelle, bewährtere Parallelogrammgabel ersetzt wurde.

125 T E L – 1949–1954

Das Jahr 1949 brachte eine erhebliche Qualitätssteigerung in der MV-Fertigung. Die leichte 125er, die den Löwenanteil der Produktion stellte, präsentierte sich mit einem neuen Motor, zwar weiterhin einem Zweitakter mit Umkehrspülung, doch mit Vierganggetriebe und einem neu konzipierten Gehäuse mit kompakten, fließenden Linien, das nichts mehr von den Ecken und Kanten der alten Modelle erkennen ließ. Auch der Rahmen war gründlich überarbeitet worden; er hatte hinten eine moderne Schwinge mit Teleskop-Federelementen erhalten und bestand nun aus einer Mischung von Stahlroh-

ren im vorderen und Stahlblech-Preßteilen im hinteren Bereich, eine Bauweise, der MV vor allem in der Serienfertigung bis fast zu den letzten überhaupt gebauten Modellen treublieb. Die neue 125 T E L wurde in zwei Versionen angeboten, Turismo und Sport, die sich in Einzelheiten der Ausrüstung und natürlich in der Leistung unterschieden. Sie waren in leuchtendem Rot oder in

Schwarz erhältlich. Mit der T E L begann bei MV der Brauch, die Serienmodelle mit nicht unbedingt sinnfälligen Buchstaben zu bezeichnen, die sich zuweilen ohne nennenswerte Modifikationen an den Modellen selbst änderten, weshalb es heute auch oft sehr schwierig ist, die Maschinen mit Sicherheit zu identifizieren. Während die Tourenversion 228.000 Lire kostete, zahlte man für die

Sport 256.000. Die 125 T E L blieb fast unverändert bis 1954 in Serie.

Leistung bei 4800/min: 5 PS (3,7 kW) bzw. 6 PS (4,4 kW) bei 5500/min *Gewicht trocken:* 85 kg *Höchstgeschwindigkeit:* 80 bzw. 85 km/h

Motor und Rahmen der 125er wurden 1949 vollständig überarbeitet. Hier die Tourenversion mit Gepäckträger, 5 PS (3,7 kW) stark und 80 km/h schnell.

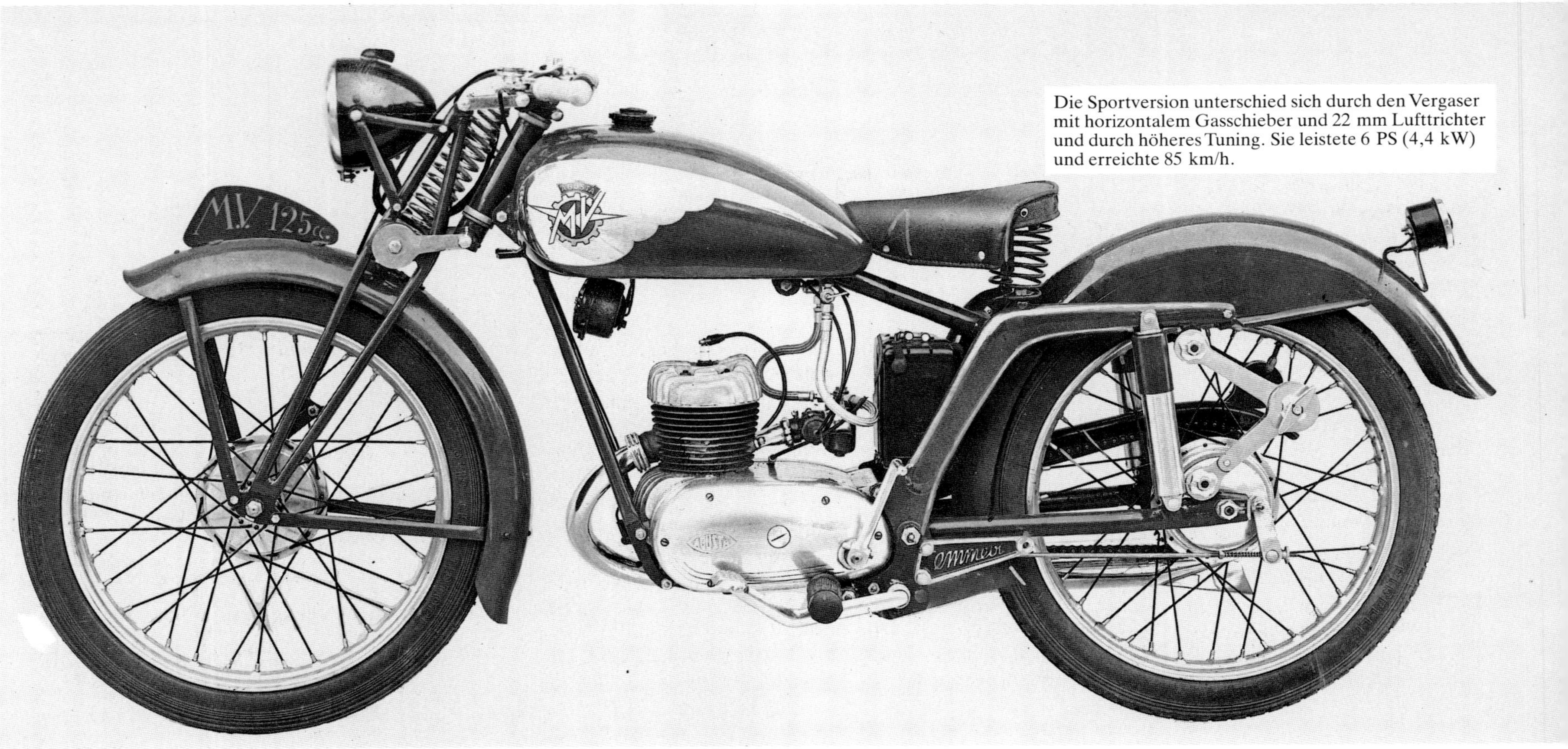

Die Sportversion unterschied sich durch den Vergaser mit horizontalem Gasschieber und 22 mm Lufttrichter und durch höheres Tuning. Sie leistete 6 PS (4,4 kW) und erreichte 85 km/h.

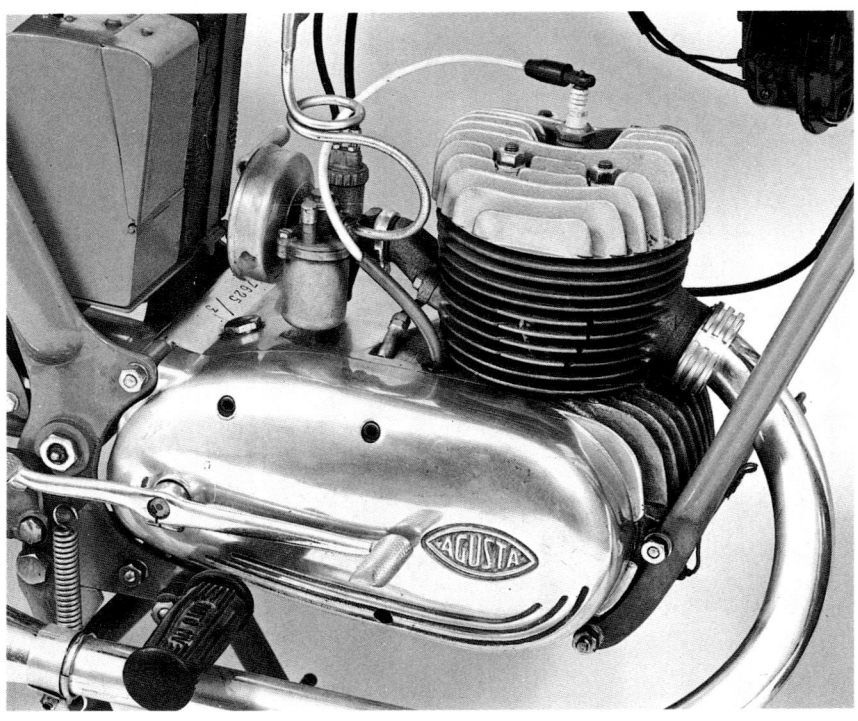

Der Motor von 1949, hier in der Version Turismo, mit Vierganggetriebe. Die Reinigungsdeckel an den Kanälen gibt es immer noch, doch wurden sie jetzt geschickt unter Kühlrippen verborgen.

Modell und Baujahr	125 T E L 1949–1954
Motor – Bauart	Einzylinder – Zweitakt
Hubraum (cm³) – Bohrung × Hub (mm)	123,5 – 53 × 56
Verdichtungsverhältnis	6,1 bzw. 7,1 : 1
Zylinderkopf	Leichtmetall
Zylinder	Grauguß
Ventile – Anordnung	–
Ventile – Steuerung	–
Zündung	Schwungradmagnetzünder
Vergaser	Dell'Orto MA 17 bzw. MA 22
Schmierung	6%iges Gemisch
Kupplung	Ölbadlamellenkupplung
Getriebe – Bauart	angeblockt, 4 Gänge
Kraftübertragung	primär: Zahnräder, sekundär: Kette
Rahmen	Rohr und Stahlblech; doppelte, offene Schleife
Radstand (mm)	1270
Radaufhängung vorn	Parallelogrammgabel
Radaufhängung hinten	Teleskopfederelemente/Reibungsdämpfer
Räder	Stahlspeichen, 2.25 × 19″
Bereifung	vorn + hinten 2.50–19″
Bremsen	seitl. Trommel, vorn 150, hinten 130 mm
Mittlerer Verbrauch (l/100 km)	2,7
Inhalt Kraftstofftank (l)	12
Inhalt Ölbehälter (l)	–

Scooter 125 B/C/CSL – 1949–1951

Ebenfalls 1949 beschloß man bei MV, sich auch auf dem Sektor Motorroller (Scooter) zu betätigen. Der Roller, ein Versuch, das billige aber unbequeme Motorradfahren komfortabler zu gestalten, stammt aus einer sehr frühen Phase der Motorisierung, wurde aber erst in den Nachkriegsjahren weltweit populär durch die »italienische Schule«, die nicht nur sehr praktische, sondern auch elegante, gefällige Fahrzeuge kreierte. Die MV fand Eingang in diesen Marktsektor mit einer Reihe ansehnlicher Modelle, die nach und nach erweitert und verbessert wurden und, wenngleich nicht immer besonders originell konzipiert, ihren Marktanteil eroberten. Der erste Roller erschien auf der Mailänder Mustermesse im Frühjahr 1949 mit dem jüngsten 125er Motor des Hauses und Vierganggetriebe, untergebracht in einer selbsttragenden Stahlblechkarosserie. Die Räder waren jeweils einseitig aufgehängt, hinten an einer gefederten Schwinge. Der erste Scooter 125 wurde mit dem Buchstaben B bezeichnet; es hatte auch einen A gegeben, einen Prototyp, der dann nicht in Serie gegangen war. 1950 folgte die Baureihe C, die später CSL (C Super Lusso oder Super Luxus) getauft wurde und einen eigenen Rohrrahmen mit nichttragender Karosserie erhielt. Ihre ins Auge fallende formale Änderung bestand in einem hohen Tunnel zwischen den Fußbrettern, in dessen Innern Kühlluft zum Motor geführt wurde.

Leistung bei 4800/min:	5 PS (3,7 kW)
Gewicht trocken:	85 kg
Höchstgeschwindigkeit:	80 km/h

Der Motor mit Gebläsekühlung.

MVs erster Motorroller, der 125 B von 1949, mit seiner offenen, selbsttragenden Karosserie.

Die Version C von 1950 und der CSL von 1951 hatten einen Rohrrahmen und einen hohen Mitteltunnel.

Modell und Baujahr	125 B/C/CSL 1949–1951
Motor – Bauart	Einzylinder – Zweitakt
Hubraum (cm³) – Bohrung × Hub (mm)	123,5 – 53 × 56
Verdichtungsverhältnis	6:1
Zylinderkopf	Leichtmetall
Zylinder	Grauguß
Ventile – Anordnung	–
Ventile – Steuerung	–
Zündung	Schwungradmagnetzünder
Vergaser	Dell'Orto MA 17
Schmierung	6%iges Gemisch
Kupplung	Ölbadlamellenkupplung
Getriebe – Bauart	angeblockt, 4 Gänge
Kraftübertragung	primär: Zahnräder, sekundär: Kette
Rahmen	Schalenbauweise; Blech bzw. Zentralrohr
Radstand (mm)	1130
Radaufhängung vorn	gezogene Kurzschwinge
Radaufhängung hinten	Schwingarm; liegende Schraubenfeder
Räder	Stahlscheibenräder 3.25 × 10″
Bereifung	vorn + hinten 3.50–10″
Bremsen	Trommel, vorn + hinten 100 mm
Mittlerer Verbrauch (l/100 km)	3
Inhalt Kraftstofftank (l)	7
Inhalt Ölbehälter (l)	–

125 Motore Lungo – 1950–1953

Die 125 »Motore Lungo« (langer Motor) oder – wie man sie auch gern nannte – »Carter Lungo« (langes Gehäuse) war der Traum der meisten sportlichen Fahrer, besonders derjenigen, die ein renntaugliches Fahrzeug für wenig Geld suchten, um mit ihm ihre Rennfahrerlaufbahn zu beginnen. 1950, als die Carter Lungo herauskam, waren bereits eine Anzahl Viertakter mit einer oder zwei Nockenwellen im Handel, doch ihr Preis und vor allem ihre Haltungskosten waren für viele so unerschwinglich, daß eine gute Zweitaktmaschine, wenn sie wirklich etwas taugte, für den Anfänger das einzig

Wahre war. Der Name bezog sich auf das ungewöhnlich weit nach vorn verlängerte Kurbelgehäuse, in dem der Marelli-Magnetzünder untergebracht war (ein Sondermodell mit zwei Unterbrechern), der den Schwungradmagneten ersetzte, weil dieser damals nicht für Drehzahlen über 7000/min geeignet war. Auch der Rahmen war modifiziert worden: Jetzt verwendete man eine geschlossene Doppelschleife, aus Gewichtsgründen ganz aus Rohren bestehend und hinten mit Querstreben zur Erhöhung der Steifigkeit. Die Bremsen hatten zentrale, groß dimensionierte Trommeln. Die Maschine wurde mit normaler Straßenausrüstung angeboten, also mit Beleuchtung, Schalldämpfern usw., wurde aber fast ausschließlich im Motorsport eingesetzt, sei es von Werksfah-

rern bei zweitrangigen Wettbewerben oder von privaten bei Langstreckenrennen. In der Tat haben nicht wenige Meister der 50er Jahre sich auf der schnellen und spurtstarken »Carter Lungo« ihre ersten Sporen verdient.

Modell und Baujahr	125 Motore Lungo 1950–1953
Motor – Bauart	Einzylinder – Zweitakt
Hubraum (cm³) – Bohrung × Hub (mm)	123,5 – 53 × 56
Verdichtungsverhältnis	9:1
Zylinderkopf	Leichtmetall
Zylinder	Grauguß
Ventile – Anordnung	–
Ventile – Steuerung	–
Zündung	Magnetzündung
Vergaser	Dell'Orto SS 25 A
Schmierung	6%iges Gemisch
Kupplung	Ölbadlamellenkupplung
Getriebe – Bauart	angeblockt, 4 Gänge
Kraftübertragung	primär: Zahnräder, sekundär: Kette
Rahmen	Doppelschleifen-Rohrrahmen
Radstand (mm)	1300
Radaufhängung vorn	Telegabel
Radaufhängung hinten	Schwinge mit Teleskopfedern
Räder	Stahlspeichen; 2.50 × 19″
Bereifung	vorn + hinten 2.75 –19″
Bremsen	zentrale Trommel, vorn 190, hinten 160 mm
Mittlerer Verbrauch (l/100 km)	4
Inhalt Kraftstofftank (l)	14
Inhalt Ölbehälter (l)	–

Der Motor der »Carter Lungo« mit dem zur Aufnahme des Magnetzünders nach vorn verlängerten Gehäuse. An diesem im MV-Museum befindlichen Exemplar wurde jedoch wieder ein Schwungradmagnet montiert.

Die »Carter Lungo« besaß einen Leichtbaurahmen ganz aus Rohr, der hinten im Bereich der Schwinge versteift war.

Scooter 125 CGT – 1950–1952

Nachdem sie sich auf dem Motorrollermarkt eingerichtet hatte, stellte MV 1950 ihrem ursprünglichen Modell B, aus dem inzwischen der CSL geworden war, eine Neuentwicklung zur Seite. Diese bediente sich wieder der wesentlichen Merkmale des CSL, war jedoch viel einfacher ausgestattet und damit niedriger in den Herstellkosten und letztlich im Preis. Dieser Roller, der am 1950er Genfer Salon vorgestellt und zuerst als Populare, dann als Normale und schließlich als CGT (C Gran Turismo) bezeichnet wurde, verwendete die Mechanik und fast die ganze vordere Karosseriehälfte

des CSL. Weggelassen wurde dagegen die hintere Verkleidung, so daß der Antriebsblock sichtbar blieb. Der hintere Aufbau wurde durch den Tank und durch einen geräumigen Staukasten ergänzt, weshalb am Ende der einfachere, spartanische CGT mehr Bequemlichkeit bot als der luxuriösere CSL. Jedenfalls war die Ersparnis sehr fühlbar, denn das neue Modell wurde zum

durchaus konkurrenzfähigen Preis von 175.000 Lire angeboten. 1951 kam auch eine auf 150 cm³ vergrößerte Variante heraus, doch alles in allem kann man bei diesem Modell nicht von einem großen Verkaufserfolg sprechen, weil die Käufer schließlich doch das Schwestermodell mit der geschlossenen Karosserie bevorzugten. Der CGT blieb für etwa zwei Jahre, bis 1952, in Fer-

tigung, um dann einer komplett anderen, wirtschaftlicheren Neuentwicklung Platz zu machen: dem Roller Ovunque.

Leistung bei 4800/min:
5 PS (3,7 kW)
Gewicht trocken:
86 kg
Höchstgeschwindigkeit:
80 km/h

Der CGT, das zweite Rollermodell von MV, mit dem nicht abgedeckten Antriebsblock, dem Staukasten ganz hinten und dem mächtigen Fußschalthebel. Er wurde zumeist in Grünmetallic lackiert, doch es gab ihn auch in anderen Farben.

Der Antrieb des Motorrollers 125 CGT mit Vierganggetriebe und Fahrtwindkühlung ohne Gebläse.

Modell und Baujahr	C G T 51 1950–1951
Motor – Bauart	Einzylinder – Zweitakt
Hubraum (cm³) – Bohrung × Hub (mm)	123,5 – 53 × 56
Verdichtungsverhältnis	6:1
Zylinderkopf	Leichtmetall
Zylinder	Grauguß
Ventile – Anordnung	–
Ventile – Steuerung	–
Zündung	Schwungradmagnetzünder
Vergaser	Dell'Orto MA 17
Schmierung	6%iges Gemisch
Kupplung	Ölbadlamellenkupplung
Getriebe – Bauart	angeblockt, 4 Gänge
Kraftübertragung	primär: Zahnräder, sekundär: Kette
Rahmen	Stahlblechteile und Zentralrohr
Radstand (mm)	1132
Radaufhängung vorn	gezogene Kurzschwinge
Radaufhängung hinten	Schwingarm; Reibungsdämpfer
Räder	Stahlscheibenräder 3.00 × 10″
Bereifung	vorn + hinten 3.50–10″
Bremsen	Trommel, vorn + hinten 100 mm
Mittlerer Verbrauch (l/100 km)	3
Inhalt Kraftstofftank (l)	7
Inhalt Ölbehälter (l)	–

500 Turismo – 1950

Das Erscheinen der MV 500 Vierzylinder-Rennmaschine im Frühjahr 1950 erregte Aufsehen, doch von Grand-Prix-Boliden war man ja schon einiges gewohnt. Als aber im folgenden November eine Straßenversion auf dem Mailänder Motorradsalon vorgestellt wurde, blieb den Leuten der Mund offenstehen; denn es geschah hier zum erstenmal, daß eine derartige Hochleistungsmaschine jedermann zum Kauf angeboten wurde, so daß alle die Chance haben sollten, das Gefühl von Renntempo zu erleben und sich sozusagen auf gleicher Stufe mit den großen, bewunderten Champions zu

wissen. In der Tat besaß die Maschine alles das, was nötig ist, um die Fans zum Träumen zu bringen: Vierzylinder mit zwei obenliegenden Nockenwellen, Kardanantrieb, Doppelschleifenrahmen. Dazu kam ein wundervolles Finish und die großzügige Anwendung hochwertiger Werkstoffe, die unter anderem zu Gewichtseinsparungen führte, so daß die 500 weniger wog als eine

Einzylindermaschine gleichen Hubraums. Dieses Modell erregte viel Aufsehen in Italien und im übrigen Europa, was damals so viel wie »weltweit« bedeutete. Die 500 Turismo sollte 950.000 Lire kosten, ein für jene Zeit zwar hoher, doch nicht astronomischer und dem Wert gewiß angemessener Betrag. Trotz der erkennbaren Nachfrage konnte sich MV jedoch nicht entschließen, das

Modell tatsächlich in Produktion zu nehmen, und stellte es nach einiger Zeit auch nicht mehr auf den Salons aus, deren viel bewunderte Attraktion es gewesen war.

Leistung
bei 8500/min:
40 PS (29 kW)
Gewicht trocken:
155 kg
Höchstgeschwindigkeit:
170 km/h

Der Motor der 500 »Quattro«. Unterhalb der Vergaser erkennt man den Zündverteiler. Die Kupplung sitzt unter dem Getriebe.

Modell und Baujahr	500 Turismo 1950
Motor – Bauart	Vierzylinder – Viertakt
Hubraum (cm³) – Bohrung × Hub (mm)	494,4 – 54 × 54
Verdichtungsverhältnis	9:1
Zylinderkopf	Leichtmetall
Zylinder	Leichtmetall
Ventile – Anordnung	geneigt, hängend
Ventile – Steuerung	2 obenliegende Nockenwellen
Zündung	Spulenzündung
Vergaser	Dell'Orto SSI 27 DS, SSI 27 DD
Schmierung	Ölsumpf
Kupplung	Einscheiben-trocken, zw.Getriebe u.Kardanwelle
Getriebe – Bauart	angeblockt, 4 Gänge
Kraftübertragung	primär: Kegelräder, sekundär: Kardanwelle
Rahmen	Doppelschleifen-Rohrrahmen
Radstand (mm)	1520
Radaufhängung vorn	Telegabel
Radaufhängung hinten	Doppelschwinge, Drehstäbe, Reibungsdämpfer
Räder	Leichtmetall, Speichen, vorn 2.75×19″, ht.3.25×19″
Bereifung	vorn 3.00–19″, hinten 3.50–19″
Bremsen	zentrale Trommel, vorn 230, hinten 220 mm
Mittlerer Verbrauch (l/100 km)	5
Inhalt Kraftstofftank (l)	18
Inhalt Ölbehälter (l)	2,8

Die Vierzylinder war in Silbermetallic lackiert. Auf dem Tank waren Drehzahlmesser und Tacho angebracht. Zu beiden Seiten befanden sich Fußschalthebel, einer zum Aufwärts-, einer zum Abwärtsschalten.

Scooter Ovunque – 1951–1954

Leistung bei 4800/min:
5 PS (3,7 kW)
Gewicht trocken:
74 kg
Höchstgeschwindigkeit:
80 km/h

Um 1951 war der Kampf um den Rollermarkt voll entbrannt und hatte bei den konkurrierenden Werken vielfach zu Preissenkungen geführt. MV, die schon im Vorjahr den CGT eingeführt hatte, wollte daher ihre Position mit einem weiteren Modell festigen, das durch Anwendung neuer technischer Lösungen noch billiger gefertigt und angeboten werden konnte. So entstand der Ovunque (etwa: »wohin du willst«), dessen Struktur aus dicken Stahlrohren bestand, die einen offenen Rahmen bildeten. Der Motor allein stammte aus den schon beschriebenen 125er Viergangmodellen; die übrige Mechanik einschließlich des Getriebes mit nur drei Gängen und Drehgriffschaltung am Lenker war neu. Auch die Federung war wesentlich vereinfacht worden: Das Aggregat ging mit der Schwinge auf und ab, weshalb man nur ein Federelement anstatt zwei brauchte. Der Ovunque wurde zu 141.000 Lire verkauft und war damit ausgesprochen konkurrenzfähig. MV baute zwei Serien mit den Kürzeln 0 51 und 0 52; letztere unterschied sich äußerlich durch die doppelten Auspuffrohre.

Der Ovunque in seiner ersten Version – oben – mit einfacher Abgasleitung und – unten – in der Version 0 52 mit Auspuffrohr und Schalldämpfer an beiden Seiten.

Modell und Baujahr	Ovunque 1951–1954
Motor – Bauart	Einzylinder – Zweitakt
Hubraum (cm³) – Bohrung × Hub (mm)	123,5 – 53 × 56
Verdichtungsverhältnis	6:1
Zylinderkopf	Leichtmetall
Zylinder	Grauguß
Ventile – Anordnung	–
Ventile – Steuerung	–
Zündung	Schwungradmagnetzünder
Vergaser	Dell'Orto MA 17
Schmierung	6%iges Gemisch
Kupplung	Ölbadlamellenkupplung
Getriebe – Bauart	angeblockt, 3 Gänge
Kraftübertragung	primär: Zahnräder, sekundär: Kette
Rahmen	offen, Zentralrohr
Radstand (mm)	1240
Radaufhängung vorn	gezogene Kurzschwinge
Radaufhängung hinten	Motorschwingarm; Reibungsdämpfer
Räder	Stahlscheibenräder 3.25 × 8″
Bereifung	vorn + hinten 3.50–8″
Bremsen	Trommel, vorn + hinten 130 mm
Mittlerer Verbrauch (l/100 km)	3
Inhalt Kraftstofftank (l)	7
Inhalt Ölbehälter (l)	–

150 1952–1953

Als 1951 in Italien die Zulassungsfreiheit für leichte Motorräder bis 125 cm³ wegfiel, gab es keinen triftigen Grund mehr, diesen Hubraum beizubehalten, und tatsächlich fand man bald in den Katalogen aller Hersteller auf 150 bis 160, wenn nicht gar auf den klassischen Vorkriegshubraum von 175 cm³ vergrößerte Modelle. Obwohl dies in der löblichen Absicht geschah, robustere, langlebigere Fahrzeuge anbieten zu können, wurde in der Praxis der größere Hubraum dann doch für weitere PS und höhere Fahrleistungen genutzt. Auch MV ging bald schon diesen Weg und bereicherte das Programm 1952 um

eine neue 150er in den beiden gewohnten Versionen Turismo und Sport. Sie war der schon bekannten 125er recht ähnlich, nutzte jedoch die dreijährige Erfahrung, vor allem auch aus der Teilnahme an vielen Zuverlässigkeitsfahrten, einer von MV seit einiger Zeit erfolgreich betriebenen Wettbewerbsart. So enthielt die neue Konstruktion deutliche Verbesserungen an der Federung (jetzt mit Ölstoßdämpfern)

und der Bremsanlage (mit zentral liegenden Leichtmetalltrommeln) sowie die übliche Überarbeitung der Motorbauteile. Die Preise für das neue Modell lagen zwischen 200.000 und 240.000 Lire.
1953 kam eine Billigversion mit Parallelogrammgabel hinzu, die auch werksseitig bei Zuverlässigkeitsfahrten eingesetzt wurde. Und es mangelte auch nicht an schneller gemachten Exemplaren der

150er für Langstreckenrennen wie etwa Mailand-Tarent.

Leistung bei 4800/min:
5,5 PS (4,0 kW)
bzw. 6,2 PS
(4,6 kW)
bei 5200/min
Gewicht trocken:
90 kg
Höchstgeschwindigkeit:
90 bzw. 98 km/h

Die 150 in Turismo-Ausführung mit Gepäckträger (und noch mit Reibungsstoßdämpfer hinten). Die überarbeitete Telegabel fand man inzwischen bei allen Serienmodellen des Hauses.

135

Die Version Super-sport, im Januar 1952 vorgestellt. Sie hatte hinten Ölstoß-dämpfer.

Modell und Baujahr	150 Turismo/Sport 1952–1953
Motor – Bauart	Einzylinder – Zweitakt
Hubraum (cm³) – Bohrung × Hub (mm)	153 – 59 × 56
Verdichtungsverhältnis	6,1 bzw. 6,5:1
Zylinderkopf	Leichtmetall
Zylinder	Grauguß
Ventile – Anordnung	–
Ventile – Steuerung	–
Zündung	Schwungradmagnetzünder
Vergaser	Dell'Orto MB 20 B
Schmierung	5%iges Gemisch
Kupplung	Ölbadlamellenkupplung
Getriebe – Bauart	angeblockt, 4 Gänge
Kraftübertragung	primär: Zahnräder, sekundär: Kette
Rahmen	Rohr u. Stahlblech; doppelte, offene Schleife
Radstand (mm)	1270
Radaufhängung vorn	Telegabel
Radaufhängung hinten	Schwinge, Teleskopfederelemente
Räder	Stahlspeichen, 2.50 × 19"
Bereifung	vorn + hinten 2.75–19"
Bremsen	zentrale Trommel
Mittlerer Verbrauch (l/100 km)	3 bzw. 3,5
Inhalt Kraftstofftank (l)	14
Inhalt Ölbehälter (l)	–

Der Motor der 150 in der Version Supersport mit horizontalem Gasschieber. Man beachte die inzwischen weiterentwickelte Verrippung am Kopf. Angeblockt war ein Vierganggetriebe.

Für das Billigmodell von 1953, das als Werksmaschine auch an Zuverlässigkeitsfahrten teilnahm, verwendete man eine Parallelogrammgabel aus Blechpreßteilen.

Ein Exemplar der 150 Supersport, präpariert für Langstreckenrennen. Typisch die für den »Froschsitz« weit zurückverlegten Fußrasten und der kurze Megaphon-Auspuff, der heute nicht mehr vom Reglement zugelassen würde.

175 CS – 1953–1959

Die gegen Ende 1952 vorgestellte und ab 1953 in Serie gebaute 175 stellte einen wichtigen Meilenstein in der Entwicklung des Hauses MV dar, sei es aus technischer, motorsportlicher oder kommerzieller Sicht. Technisch, weil MV damit den Viertaktmotor nun in die Serienproduktion einführte (die zuvor erschienene 250 und mehr noch die 500 blieben ja praktisch im Prototypstadium stecken). Motorsportlich, weil die diversen, speziell auf Rennen für Serienmotorräder (die damals gerade wieder zu voller Entfaltung kamen) abgestellten Varianten und Ableitungen dazu beitrugen, die Liste der Rennerfolge des Hauses laufend zu verlängern. Kommerziell schließlich, weil die Firma MV es von nun an fast nur noch mit sportlich interessierten Kunden zu tun hatte. Denn hier und auch künftig tendierte MV dazu, hohen Fahrleistungen den Vorrang vor Robustheit und Haltbarkeit zu geben, so daß Kunden, die ein Motorrad für den Alltagsgebrauch wollten, das Nachsehen hat-

Die Tourenversion, vorgestellt am Mailänder Salon 1952. Es gab auch eine Ausführung mit größeren Reifenabmessungen. Unten: Der Motor – in der ersten Version hatten Zylinder und Kopf fast gleich große Kühlrippendurchmesser.

Leistung
bei 5600/min:
8 PS (5,9 kW)
bzw. 11 PS
(8,1 kW)
bei 6700/min
Gewicht trocken:
110 kg
Höchst-
geschwindigkeit:
100 bzw.115 km/h

Modell und Baujahr	175 Turismo/Sport 1953–1959
Motor – Bauart	Einzylinder – Viertakt
Hubraum (cm³) – Bohrung × Hub (mm)	172,3 – 59,5 × 62
Verdichtungsverhältnis	6:1 bzw. 7:1
Zylinderkopf	Leichtmetall
Zylinder	Leichtmetall
Ventile – Anordnung	geneigt, hängend
Ventile – Steuerung	obenliegende Nockenwelle
Zündung	Schwungradmagnetzünder
Vergaser	Dell'Orto MA 18 B/MB 22 B
Schmierung	Ölsumpf
Kupplung	Ölbadlamellenkupplung
Getriebe – Bauart	angeblockt, 4 Gänge
Kraftübertragung	primär: Zahnräder, sekundär: Kette
Rahmen	Rohr und Stahlblech, offene Doppelschleife
Radstand (mm)	1300
Radaufhängung vorn	Telegabel
Radaufhängung hinten	Schwinge, Ölstoßdämpfer
Räder	Stahlspeichen, 2.50 × 19"
Bereifung	vorn + hinten 2.75–19"
Bremsen	zentrale Trommel, vorn 180, hinten 150 mm
Mittlerer Verbrauch (l/100 km)	2,5 bzw. 3
Inhalt Kraftstofftank (l)	14
Inhalt Ölbehälter (l)	2

Unten: Die erste Sportversion vom November 1952. Ganz unten:
Die zugleich ausgestellte Turismo Lusso (Luxus, CSTL) mit langer
Sitzbank und noch weiteren Ausstattungsunterschieden. Rechts:
Die Sport (CS) vom November 1955 mit der im Kopfbereich
vergrößerten Verrippung.

ten. Das geschah in diesen Jahren mit nahezu allen Serienmodellen, doch bei MV war es besonders ausgeprägt und blieb ein Dauerzustand. Von nun an stand der Name MV für brillante, empfindliche Technik und folglich auch für Anfälligkeit – und zwar praktisch bis zum bitteren Ende. Die MV 175 blieb bis 1959 im Katalog; die Preise lagen zwischen 235.000 und 300.000 Lire für die Standardversionen.

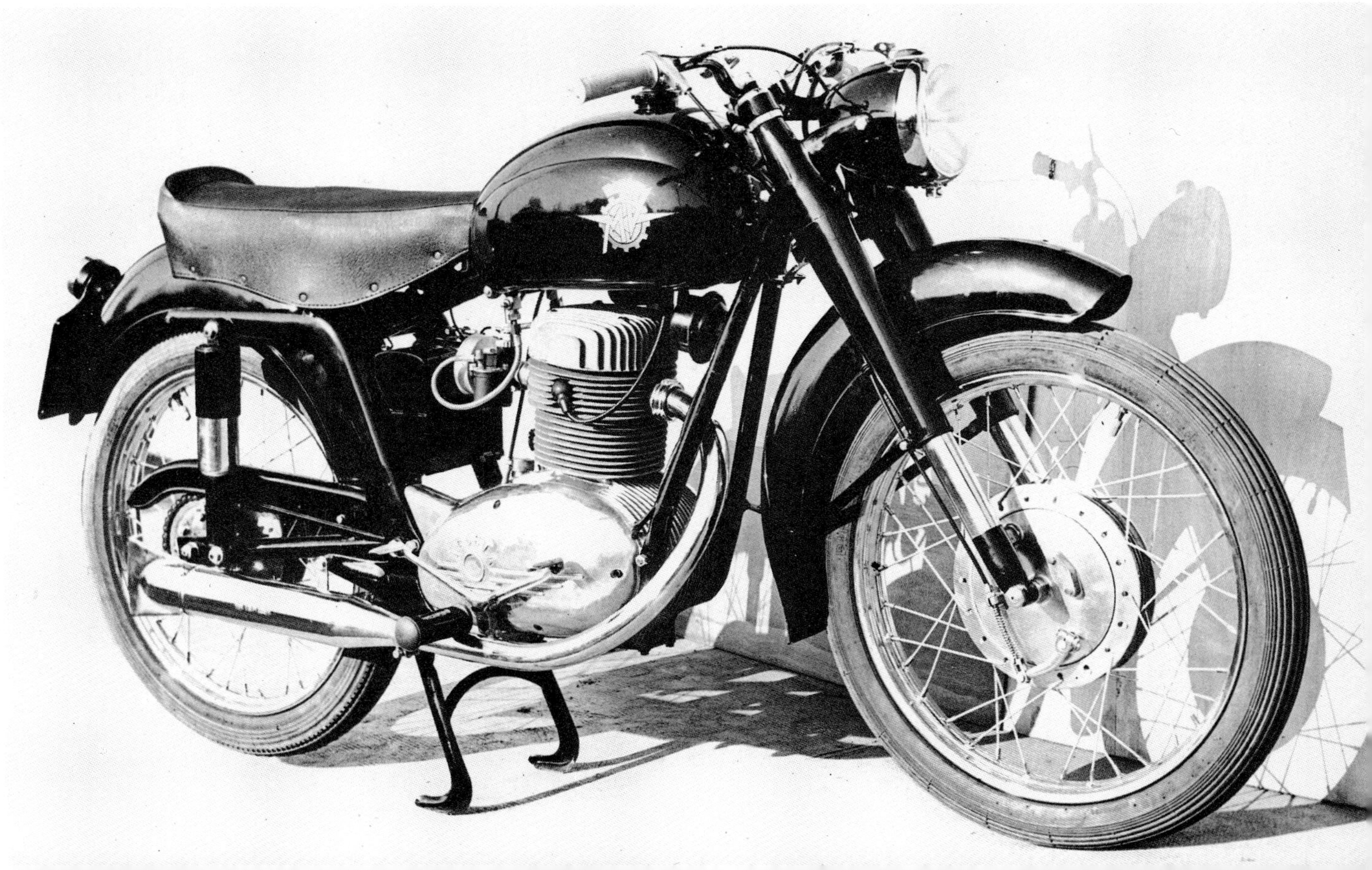

Die Turismo Lusso (CSTL), Modell 1956. Sie erhielt den Motor mit den vergrößerten Kühlrippen. Auffallend war auch der geänderte Tank.

Die 175 Sport (CS) vom November 1958 mit den geänderten Ausstattungsteilen einschließlich des Schalldämpfers. Am Zylinderkopf erkennt man den Drehzahlmesseranschluß.

Die Turismo Esportazione Lusso (175 CSTEL, Export Luxus) von 1959. Sie unterscheidet sich durch ihren Tank (weiß-rot), den Schalldämpfer und den Vergaser mit Luftfilter.

Die 175 CSS oder Supersport, besser bekannt als »Disco Volante« (fliegende Untertasse) wegen ihrer Tankform, in der Variante mit Earles-Gabel. Sie kostete 275.000 Lire.

Die »Squalo« (Hai), speziell für den Rennsport hergerichtet. Der 175er ohc-Motor saß in einem unmittelbar von der Werksrennmaschine abgeleiteten Rahmen.

Für die Rennformel der abgeleiteten Seriensportmaschinen erhielt die Squalo Schalldämpfer, Scheinwerfer und Kickstarter. Der Magnetzünder war an die Stelle des Schwungradmagneten getreten.

Pullman 125 1953–1956

Die Pullman war ein kleines, stilles und bescheidenes Maschinchen, das nicht dafür gemacht schien, die Massen zu begeistern, so daß man sie auch nur auf einem zweitrangigen Salon vorstellte – Januar 1953 in Brüssel. Sie entpuppte sich jedoch als wahrhaft geniales Konzept; es schien, als hätte die Öffentlichkeit gerade auf dieses eine Modell gewartet – nicht schnell, nicht spurtstark, aber einfach, robust und vor allem komfortabel. Tatsache ist, daß damals die Käufer von guten Alltagsmaschinen noch in der Überzahl waren, und der Wunsch nach einem Fahrzeug, das die Bequemlichkeit

des Motorrollers mit der Charakteristik des klassischen Motorrads – in erster Linie große Räder – verband, war weit verbreitet. Zudem brachten die neuentwickelten dicken Reifen diesem Modell einen Hauch von Originalität, die augenscheinlich die Phantasie der Leute positiv beeindruckte. So erntete die Pullman nicht nur viel Erfolg, sondern hatte auch eine ganze Reihe Nachahmer,

weil die andern Werke ebenfalls den Weg der dicken Reifen einschlugen. Das Triebwerk war direkt vom Scooter Ovunque abgeleitet, ein 125er Dreigang-Aggregat, und bewegte sich mit der Hinterradschwinge auf und ab. Hier allerdings gab es zwei seitliche Federbeine anstelle einer zentralen Feder beim Ovunque. Vorn verwendete man die übliche Telegabel. Die Pullman

wurde zu einem Preis angeboten, der je nach Ausstattung zwischen 155.000 und 163.000 Lire lag.

Leistung
bei 4500/min:
5 PS (3,7 kW)
Gewicht trocken:
85 kg
Höchst-
geschwindigkeit:
75 km/h

Der Motor der Pullman, hier in einer im Museum von Gallarate ausgestellten speziellen Variante, nämlich mit Direkteinspritzung und getrennter Pumpenschmierung.

Modell und Baujahr	Pullman 1953–1956
Motor – Bauart	Einzylinder – Zweitakt
Hubraum (cm³) – Bohrung × Hub (mm)	123,5 – 53 × 56
Verdichtungsverhältnis	6:1
Zylinderkopf	Leichtmetall
Zylinder	Grauguß
Ventile – Anordnung	–
Ventile – Steuerung	–
Zündung	Schwungradmagnetzünder
Vergaser	Dell'Orto MA 17
Schmierung	6%iges Gemisch
Kupplung	Ölbadlamellenkupplung
Getriebe – Bauart	angeblockt, 3 Gänge
Kraftübertragung	primär: Zahnräder, sekundär: Kette
Rahmen	Zentralrohr
Radstand (mm)	1285
Radaufhängung vorn	Telegabel
Radaufhängung hinten	Motorschwingarm; Ölstoßdämpfer
Räder	Stahlspeichen, 3.25 × 15″
Bereifung	vorn + hinten 3.50–15″
Bremsen	zentrale Trommel, vorn + hinten 130 mm
Mittlerer Verbrauch (l/100 km)	2,5
Inhalt Kraftstofftank (l)	13
Inhalt Ölbehälter (l)	–

Das erste Modell der Pullman mit Drehgriffschaltung am Lenker (unten) und das zweite mit Fußschaltung (Bild rechts). Dieses Motorrad war blau lackiert.

125 Turismo Rapido – 1954–1958

*Leistung
bei 6000/min:*
6,5 PS (4,8 kW)
Gewicht trocken:
102 kg
*Höchst-
geschwindigkeit:*
90 km/h

Der Zweitaktmotor, Schlüssel zur enormen Verbreitung des Serienmotorrads in den ersten Nachkriegsjahren, war zehn Jahre später beim Kunden immer weniger gefragt. Das konnte eine Rückwirkung der Tatsache sein, daß sich der Viertakter dem Zweitakter im Rennsport als überlegen erwiesen hatte (denn alle jene Methoden, durch die ab 1970 die Situation – zumindest bei reinen Rennmaschinen – wieder vollständig umgekehrt werden sollte, existierten damals noch nicht). Es konnte aber auch sein, daß der Viertakter für einen großen Teil der Benutzer den qualitativ hochwertigeren Motor darstellte, der das An-

sehen von Maschine und Besitzer hob. So begann MV nun – wie übrigens auch andere Hersteller – den Viertakter in die Serienfertigung von ausgesprochenen Alltagsmodellen zu übernehmen. Das erste so ausgerüstete Motorrad war die 125 Turismo Rapido mit ihrem braven Stoßstangen-Einzylinder und Vierganggetriebe. Der Rahmen folgte dem nun schon von MV gewohnten Schema mit offener Doppelschleife aus

Rohr vorn und aus Preßstahlelementen hinten. Die Turismo Rapido blieb bis 1958 in Produktion und wurde in mehreren Varianten angeboten, die sich lediglich in einigen Details unterschieden, etwa der Lenker- und Tankform oder der Lackierung. Der Preis lag zwischen 180.000 und 200.000 Lire, je nach Variante und Herstellungsjahr.

Der Motor der TR, eines der wenigen MV-Triebwerke mit genau quadratischen statt der traditionell langhubigen Abmessungen.

Modell und Baujahr	Turismo Rapido 1954–1958
Motor – Bauart	Einzylinder – Viertakt
Hubraum (cm³) – Bohrung × Hub (mm)	123,6 – 54 × 54
Verdichtungsverhältnis	8,5:1
Zylinderkopf	Leichtmetall
Zylinder	Grauguß
Ventile – Anordnung	geneigt, hängend
Ventile – Steuerung	Stoßstangen, Kipphebel
Zündung	Schwungradmagnetzünder
Vergaser	Dell'Orto MA 18 B
Schmierung	Ölsumpf
Kupplung	Ölbadlamellenkupplung
Getriebe – Bauart	angeblockt, 4 Gänge
Kraftübertragung	primär: Zahnräder, sekundär: Kette
Rahmen	Rohr und Stahlblech, offene Doppelschleife
Radstand (mm)	1285
Radaufhängung vorn	Telegabel
Radaufhängung hinten	Schwinge, Ölstoßdämpfer
Räder	Stahlspeichen, 2.50 × 18″
Bereifung	vorn + hinten 2.75–18″
Bremsen	zentrale Trommel, vorn + hinten 123,5 mm
Mittlerer Verbrauch (l/100 km)	2
Inhalt Kraftstofftank (l)	12
Inhalt Ölbehälter (l)	1,7

Die ersten Exemplare
der TR hatten einen
durchgehend aus
Rohr gefertigten Rah-
men. Er wurde recht
bald aufgegeben, wes-
halb solche Sammler-
stücke als Raritäten
einzustufen sind.

1955 wurde die Turis-
mo Rapido mit einem
Rahmen hergestellt,
der hinten aus profi-
lierten Stahlblechtei-
len bestand und zum
Vorbild für die nach-
folgenden Modelle
wurde. Diese Maschi-
ne wurde allgemein in
Schwarz mit rotem
Tank geliefert.

Von der TR gab es im Lauf der Jahre viele Varianten; dies ist die Rapido Sport (RS) von 1956 mit 8 PS (6 kW) und 105 km/h Spitze. Sie kostete 198.000 Lire.

Die Turismo Rapido Extra (TRE) von 1958: normaler Motor mit 6,5 PS (4,8 kW) und insgesamt bessere Ausstattung. Sie war rot lackiert mit weiß abgesetztem Tank.

Die Turismo Rapido Extra Lusso (TREL), ebenfalls von 1958: schwarzes Fahrwerk, weiß-roter Tank, größere Bremstrommel vorn, sorgfältiges Finish.

Die Turismo Rapido America
(TRA). Sie unterschied sich durch
einen buckligeren Tank und durch
eine andersartige Telegabel. Lackierung in Rot und Weiß.

Die Turismo Rapido Lusso (TRL)
der Jahre 1957/58 besaß einen der
damaligen neuesten Mode entsprechenden Tank und wuchtigere Kotflügel. Ihr Preis: 178.000 Lire.

Ciclomotore **48** 1955–1959

Nach dem Leichtmotorrad 125 TR mit Viertakter stellte MV 1955 eine andere wichtige Neuheit vor, nämlich ihr erstes Moped. Unmittelbar nach dem Krieg hatte die Motorisierung der Massen in Italien mit dem Fahrradhilfsmotor begonnen, dem »Mikromotor«, der, am vorhandenen Fahrrad montiert, den sparsamsten und billigsten Antrieb darstellte. Doch sehr bald zeigten sich im Alltag die Grenzen dieses unkomfortablen, dafür aber sehr anfälligen Verkehrsmittels. Und so dauerte es nicht lange, bis die echten Mopeds erschienen, einfache, leichte Fahrzeuge, die aber auf die höhere Beanspruchung durch den Motor ausgelegt waren. 1955 gab es bereits zahlreiche, gut ausgerüstete Mopedfabriken, doch darunter befand sich fast keiner der bekannten Motorradhersteller, so, als sei es für sie ein Makel, sich für diese kleinen Maschinchen zu interessieren, und nur MV bildete darin eine beachtliche Ausnahme. Das neue Moped war sehr sinnfällig aufgebaut und basierte auf einem Zentralträgerrahmen aus Stahlblech-Preßteilen. Zum Zweitaktmotor gehörte ein Getriebe mit drei Gängen, sehr nützlich sogar im bergigen Gelände. Das Modell verfügte über wirksame Federungen an beiden Rädern, damals durchaus keine Selbstverständlichkeit für Mopeds, und hatte deshalb – zum Preis von knapp 79 000 Lire – gute Chancen am Markt.

Leistung bei 5400/min:
2 PS (1,5 kW)
Gewicht trocken:
42 kg
Höchstgeschwindigkeit:
50 km/h

Modell und Baujahr	Ciclomotore (Moped) 1955–1959
Motor – Bauart	Einzylinder – Zweitakt
Hubraum (cm³) – Bohrung × Hub (mm)	47,6 – 38 × 42
Verdichtungsverhältnis	6:1
Zylinderkopf	Leichtmetall
Zylinder	Grauguß
Ventile – Anordnung	–
Ventile – Steuerung	–
Zündung	Schwungradmagnetzünder
Vergaser	Dell'Orto T1 12 DA
Schmierung	5%iges Gemisch
Kupplung	Ölbadlamellenkupplung
Getriebe – Bauart	angeblockt, 3 Gänge
Kraftübertragung	primär: Zahnräder, sekundär: Kette
Rahmen	Zentralträger aus Stahlpreßteilen
Radstand (mm)	1160
Radaufhängung vorn	geschobene Kurzschwinge
Radaufhängung hinten	teleskopische Radführung
Räder	Stahlspeichen, 2.00 × 20"
Bereifung	vorn + hinten 2.25–20"
Bremsen	seitl. Trommel, vorn + hinten 96 mm
Mittlerer Verbrauch (l/100 km)	1,5
Inhalt Kraftstofftank (l)	3
Inhalt Ölbehälter (l)	–

Das erste Moped von MV mit Preßstahlrahmen, Federung vorn und hinten und einem Dreigang-Triebwerk. Farbe: dunkelblau.

Superpullman – 1955–1957

Eine weitere Neuheit des Jahres 1955 war die Superpullman, das letzte Achtellitermodell von MV mit Zweitaktmotor. Ihr Name deutete auf eine Weiterentwicklung der erfolgreichen Pullman von 1953 hin, und tatsächlich folgte ihre Konzeption derjenigen der Pullman in bezug auf Wirtschaftlichkeit, Einfachheit und Erschwinglichkeit. Aber damit waren die Gemeinsamkeiten auch schon fast erschöpft. Vor allem haben wir es hier mit einem richtigen Motorrad zu tun, und das nicht nur wegen der herkömmlichen, großen Reifenabmessungen (2.75–18″), auch in bezug

auf die Sitzposition mit Fußrasten, Lenkerform usw. Der Motor war neu entwickelt und mit einem Vierganggetriebe verblockt. Trotzdem hielt sich der Preis in Grenzen, lag mit kaum 145.000 Lire sogar unter dem der Pullman. Das rührte insbesondere vom komplett überarbeiteten Fahrwerk her, das hier auf einem Zentralträgerrahmen aus Stahlblech-Preßteilen basierte, d. h. zwei

Halbschalen wurden elektrisch zusammengeschweißt, und in diesem Gebilde hing das Aggregat freitragend. Auch die Gabel mit geschobener Kurzschwinge war einfach und billig, aber trotzdem sehr komfortabel. Die Superpullman blieb bis 1957 mit mäßigem Erfolg im Katalog; die Verkaufszahlen ihrer Vorgängerin, deren Konzept offenbar besser ankam, erreichte sie nicht. Sie

erschien in Dunkelblau mit rot abgesetztem Tank.

Leistung bei 5200/min:
6 PS (4,4 kW)
Gewicht trocken:
82 kg
Höchstgeschwindigkeit:
75 km/h

Die Superpullman, eine wirtschaftliche 125er mit recht traditionellen Linien, die für kurze Zeit neben der sehr gelungenen Pullman gebaut wurde und sie dann ersetzte.

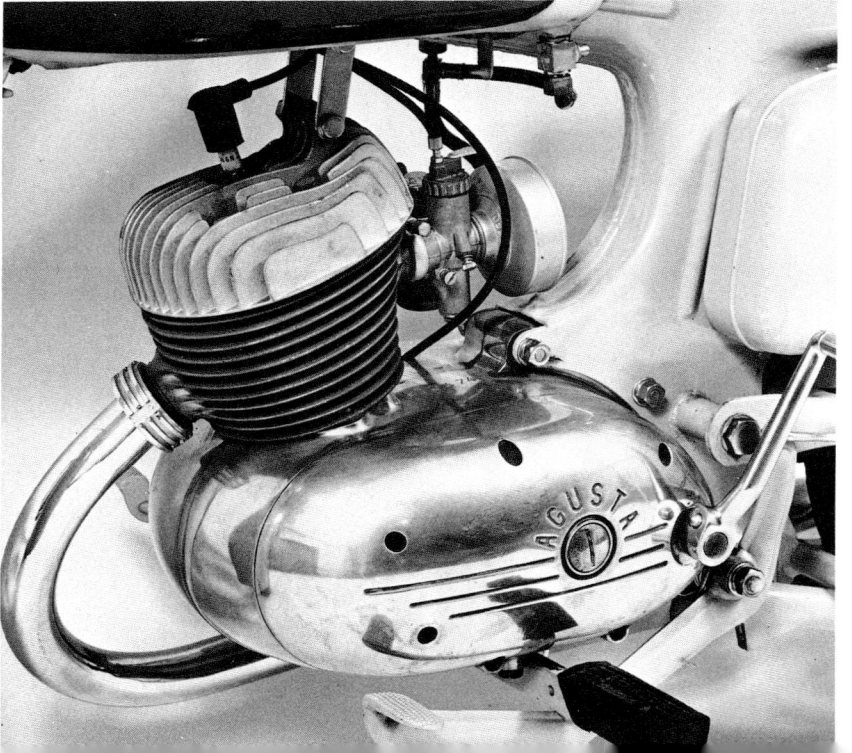

Modell und Baujahr	Superpullman 1955–1957
Motor – Bauart	Einzylinder – Zweitakt
Hubraum (cm³) – Bohrung × Hub (mm)	123,5 – 53 × 56
Verdichtungsverhältnis	6:1
Zylinderkopf	Leichtmetall
Zylinder	Grauguß
Ventile – Anordnung	–
Ventile – Steuerung	–
Zündung	Schwungradmagnetzünder
Vergaser	Dell'Orto MA 17
Schmierung	5%iges Gemisch
Kupplung	Ölbadlamellenkupplung
Getriebe – Bauart	angeblockt, 4 Gänge
Kraftübertragung	primär: Zahnräder, sekundär: Kette
Rahmen	Preßstahl-Zentralträger
Radstand (mm)	1245
Radaufhängung vorn	geschobene Kurzschwinge
Radaufhängung hinten	Schwinge; Ölstoßdämpfer
Räder	Stahlspeichen, 2.50 × 18″
Bereifung	vorn + hinten 2.75–18″
Bremsen	seitl. Trommel, vorn + hinten 125 mm
Mittlerer Verbrauch (l/100 km)	2,5
Inhalt Kraftstofftank (l)	14
Inhalt Ölbehälter (l)	–

Die niedrigen Fertigungskosten gründeten sich vor allem auf die sehr weitgehende Verwendung von Preßteilen. Unten: Der kompakte, elegante Motor mit seinem um 10° nach vorn geneigten Zylinder.

300 Bicilindrica – 1955

Wie schon erwähnt, wurden fast alle Konstruktionen von der kleinen, unmittelbar vom Conte Domenico Agusta abhängigen Technikerschar im Hause selbst ausgeführt. Eine der wenigen Ausnahmen, also eine »auswärts« bestellte Arbeit, war die des Ingenieurs Dr. Giannini in Rom um die Mitte der 50er Jahre. Aus dieser Zusammenarbeit erwuchs ein origineller Zweizylinder der Mittelklasse mit zwei obenliegenden Nockenwellen, Spulenzündung, Viergganggetriebe und – einer damals wahrhaft zukunftweisenden Raffinesse – elektrischem Anlasser. Dieses Aggregat, anfangs auf 300 und für eine spätere Vergrößerung

auf 350 cm³ ausgelegt, baute man in einen Rahmen aus Rohren und Blechteilen mit geschlossener Doppelschleife. Vorn verwendete man eine Earles-Gabel, ein Element, das gerade um diese Zeit großen Erfolg in Serien- wie Rennmaschinen zu verzeichnen hatte. Mit dieser Gesamtkonzeption rangierte die »Bicilindrica« unter den eindeutig sportlichen Modellen und schien ausersehen, das Image

der Maschine mit brillanten Fahrleistungen in einer Hubraumklasse wieder aufzubügeln, die gerade von den kleinen, äußerst schnellen 175ern, die damals in Mode kamen, überrollt zu werden drohte. Alles ließ daher einen guten Verkaufserfolg erwarten, doch – wie es bei MV häufig passierte – der Vorstellung am Mailänder Salon 1959 folgte keine reguläre Serienfertigung. Und nach einiger Zeit sprach nie-

mand mehr über dieses Motorrad.

Leistung
bei 8000/min:
20 PS (15 kW)
Gewicht trocken:
N.N.
Höchstgeschwindigkeit:
N.N.

Die schöne Zweizylinder, die 1955 nach Entwürfen von Dr. Giannini entstand und leider im Prototypstadium steckenblieb.

Modell und Baujahr	300 Bicilindrica 1955
Motor – Bauart	Zweizylinder – Viertakt
Hubraum (cm³) – Bohrung × Hub (mm)	294,8 – 57 × 57,8
Verdichtungsverhältnis	8 : 1
Zylinderkopf	Leichtmetall
Zylinder	Grauguß
Ventile – Anordnung	geneigt, hängend
Ventile – Steuerung	2 obenliegende Nockenwellen
Zündung	Spulenzündung
Vergaser	2 Dell'Orto
Schmierung	Ölsumpf
Kupplung	Ölbadlamellenkupplung
Getriebe – Bauart	angeblockt, 4 Gänge
Kraftübertragung	primär: Stirnräder, sekundär: Kette
Rahmen	Doppelschleifenrahmen aus Rohr und Stahlblech
Radstand (mm)	N.N.
Radaufhängung vorn	Earles-Gabel
Radaufhängung hinten	Schwinge, Ölstoßdämpfer
Räder	Leichtmetall, Speichen, vorn 2.75 × 19″, hinten 3.25 × 19″
Bereifung	vorn 3.00–19″, hinten 3.50–19″
Bremsen	zentrale Trommel
Mittlerer Verbrauch (l/100 km)	N.N.
Inhalt Kraftstofftank (l)	18
Inhalt Ölbehälter (l)	2,8

Die »300 Bicilindrica« und (unten) ihr Motor, aufgewertet durch den elektrischen Anlasser und die zwei obenliegenden Nockenwellen mit Stirnrädertrieb zwischen den Zylindern. Hinter den Vergasern erkennt man den aufrecht montierten Zündverteiler.

Raid 250–300 1956–1962

Die 250 Raid erschien unerwartet auf der Mailänder Mustermesse 1956 und erregte dort Interesse und Bewunderung. Es war eine Maschine mit sehr modernen, dem Zeitgeschmack entsprechenden Linien und einem vertrauenerweckend robusten Äußeren. In diesen Jahren, dominiert von 125er und 175er Sportmodellen, die mit ihren Fahrleistungen sogar klassische 500er in den Schatten stellten, sah man eine moderne 250er schon als »große« Maschine an, die zum einen nur einer begrenzten Käuferschaft vorbehalten war – vor allem denen, die weite Reisen unternahmen –, mit der

man zum anderen aber auch sehr hohe Erwartungen verband, zumindest was Komfort und Funktionssicherheit betraf. In der Praxis war die Raid zwar nicht übermäßig schnell, doch man kann im übrigen sagen, daß sie ihrem Namen alle Ehre machte. Einem Namen, der unter anderem auf eine Abstimmung unter den MV-Händlern zurückging, die offenbar den Einsatzzweck der

Neuschöpfung aus Cascina Costa sogleich richtig erkannt hatten. Die Raid blieb bis 1962 in Produktion; ihr knapp bemessener Preis betrug anfangs 290.000 Lire. 1959 wurde auch eine 300er Version vorgestellt, die dann aber praktisch nicht zum Verkauf kam. Von der Raid wurde auch eine Militärmaschine abgeleitet, die das Werk in geringer Stückzahl als 300er herstellte.

Leistung bei 5600/min: 14 PS (10 kW)
Gewicht trocken: 145 kg
Höchstgeschwindigkeit: 115 km/h

Die Raid, ein modernes Mittelklassemotorrad. Hier die 250er Version der Jahre 1956–58.

153

Oben noch einmal die Raid 250. Sie wurde schwarz-rot lackiert geliefert und kostete 286.000 Lire. Es gab auch eine Version Extra zum Preis von 290.000 Lire mit feinerem Finish.

Unten die Raid 300 vom November 1959. Sie verfügte über 16 PS (12 kW) bei 5000/min und erreichte 120 km/h. Man beachte die Stylingänderungen gegenüber der ersten Version an Kotflügeln, Schalldämpfer und Tank.

Eine Raid 300 für die Armee. MV baute zwar zu keiner Zeit echte Militärmaschinen, lieferte aber verschiedene Serienexemplare mit kleinen Ausstattungsänderungen an einzelne militärische Verbände.

Das kompakte Viergang-Aggregat der Raid, charakterisiert durch die reichliche, saubere Verrippung von Zylinder und Kopf.

Modell und Baujahr	Raid 1956–1962
Motor – Bauart	Einzylinder – Viertakt
Hubraum (cm³) – Bohrung × Hub (mm)	246,6 – 69 × 66
Verdichtungsverhältnis	7,2:1
Zylinderkopf	Leichtmetall
Zylinder	Grauguß
Ventile – Anordnung	geneigt, hängend
Ventile – Steuerung	Stoßstangen, Kipphebel
Zündung	Spulenzündung
Vergaser	Dell'Orto MB 22 B
Schmierung	Ölsumpf
Kupplung	Ölbadlamellenkupplung
Getriebe – Bauart	angeblockt, 4 Gänge
Kraftübertragung	primär: Zahnräder, sekundär: Kette
Rahmen	Rohr und Stahlblech, offene Doppelschleife
Radstand (mm)	1340
Radaufhängung vorn	Telegabel
Radaufhängung hinten	Schwinge, Ölstoßdämpfer
Räder	Stahlspeichen, 2.75 × 19″
Bereifung	vorn 3.00–19″, hinten 3.25–19″
Bremsen	zentrale Trommel, vorn + hinten 220 mm
Mittlerer Verbrauch (l/100 km)	3
Inhalt Kraftstofftank (l)	17
Inhalt Ölbehälter (l)	1,7

83 – Ottantatre – 1958–1960

Die »Ottantatre« (»83«), ein kleines Maschinchen für den Alltagsgebrauch, erschien 1958. Sie besaß einen Viertakter, der ihr mit seinem völlig ungebräuchlichen Hubraum, nämlich 83 cm³, den Namen gegeben hatte. Normalerweise hielten die Motorräder die von den Motorsport-Reglements vorgegebenen Hubraumgrenzen genau ein – mehr aus Gewohnheit freilich als aus technischen Motiven. MV aber stellte für die Konstruktion der neuen Maschine die Vernunftsgründe vor die traditionellen, und nach eingehenden Untersuchungen hatte man herausgefunden, daß gerade dieser

Hubraum die erforderliche Leistung brachte, um zwei Personen bei einem für diese Fahrzeugart günstigen Verbrauch zu befördern. Gewiß, die Fahrleistungen waren ob solcher Selbstbeschränkung für heutige Maßstäbe lächerlich; heute, wo eine Reisemaschine mit einem Liter Hubraum noch oft als zu klein angesehen wird. Damals aber dachten die Leute noch anders, stellten kleinere

Ansprüche und hatten vor allem weniger Geld. Und so erwies sich der Hubraum der 83er als vollauf akzeptabel. Das Motorrad bekam einen äußerst einfachen Zentralrohrrahmen, aber hydraulische Feder-Dämpferelemente und ein Dreiganggetriebe. Es gab wieder die beiden Varianten Turismo und Sport mit leichten Unterschieden in Leistung und Höchstgeschwindigkeit sowie

in Ausstattungsdetails. Die »83« blieb bis 1960 in Produktion; die Turismo wurde zu 127.000, die Sport zu 135.000 Lire angeboten.

Leistung bei 6000/min:
3,7 PS (2,7 kW)
bzw. 4,2 PS
(3,1 kW)
bei 6400/min
Gewicht trocken:
83 kg
Höchstgeschwindigkeit:
75 bzw. 80 km/h

Modell und Baujahr	Ottantatre (83) Turismo/Sport 1958–1960
Motor – Bauart	Einzylinder – Viertakt
Hubraum (cm³) – Bohrung × Hub (mm)	83,2 – 46,5 × 49
Verdichtungsverhältnis	7,1 bzw. 7,5:1
Zylinderkopf	Leichtmetall
Zylinder	Grauguß
Ventile – Anordnung	geneigt, hängend
Ventile – Steuerung	Stoßstangen, Kipphebel
Zündung	Schwungradmagnetzünder
Vergaser	Dell'Orto MA 15 B
Schmierung	Ölsumpf
Kupplung	Ölbadlamellenkupplung
Getriebe – Bauart	angeblockt, 3 Gänge
Kraftübertragung	primär: Zahnräder, sekundär: Kette
Rahmen	Zentralrohrstruktur
Radstand (mm)	1245
Radaufhängung vorn	Telegabel
Radaufhängung hinten	Schwinge, Ölstoßdämpfer
Räder	Stahlspeichen, 2.25 × 19"
Bereifung	vorn + hinten 2.50–19"
Bremsen	zentrale Trommel, vorn + hinten 118 mm
Mittlerer Verbrauch (l/100 km)	1,6 bzw. 1,8
Inhalt Kraftstofftank (l)	12
Inhalt Ölbehälter (l)	1,7

Der Motor der »83«, freitragend montiert und mit um 45° geneigtem Zylinder. Hier im Bild die Version Sport mit 4,2 PS (3,1 kW).

156

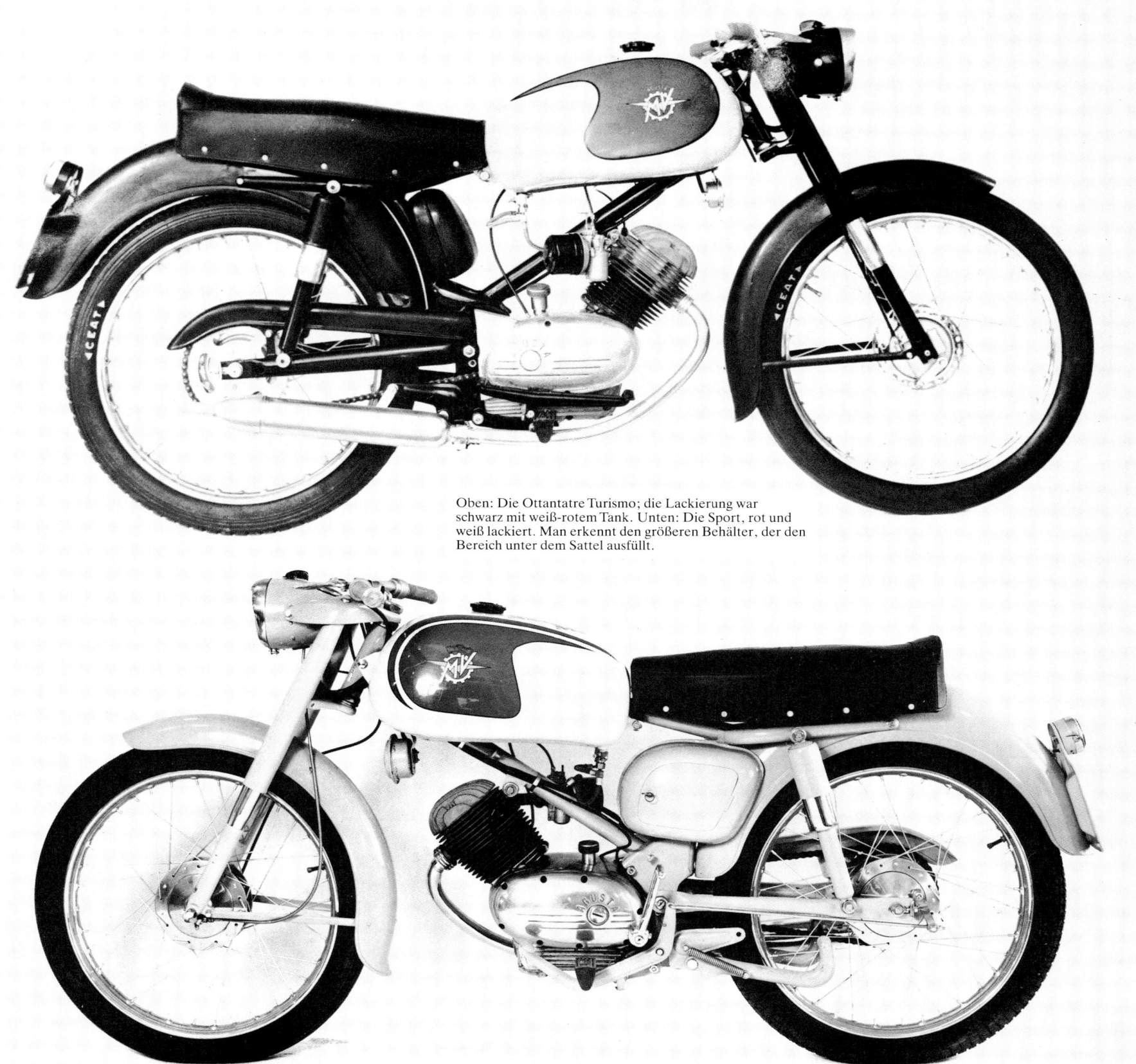

Oben: Die Ottantatre Turismo; die Lackierung war schwarz mit weiß-rotem Tank. Unten: Die Sport, rot und weiß lackiert. Man erkennt den größeren Behälter, der den Bereich unter dem Sattel ausfüllt.

Die 175 mit Stoßstangen-(ohv)-Einzylinder führte ein eher bescheidenes, unauffälliges Dasein. MV nahm sie 1957 ohne viel Aufhebens und ohne große Präsentation ins Programm auf. Offiziell wurde sie einige Zeit später eingeführt, und 1960 erschien sie nicht mehr im Werkskatalog. Im übrigen ähnelte sie äußerlich sehr der bekannteren – und berüchtigten – Schwestermaschine mit einer obenliegenden Nockenwelle (ohc), von der man sie tatsächlich nur schwer unterscheiden konnte. Ihre Entstehung verdankte sie dem Wunsch, einer besonderen Käuferschicht, die diesen Hubraum bevorzugte, ein Motorrad anzubieten, das zwar auf

175 A B – 1958–1959

Leistung
bei 5500/min:
7,5 PS (5,5 kW)
Gewicht trocken:
123 kg
Höchst-
geschwindigkeit:
98 km/h

Die 175 mit Stoßstangenmotor, Modell Turismo Economico, von 1958. Man erkennt die vereinfachte Telegabel. Unten: Der Motor. Auf ersten Blick unterscheidet er sich vom ohc-Modell durch die abgerundete Form der Kühlrippen oben auf dem Kopf, und auch der Zylinder ist anders.

Modell und Baujahr	175 AB 1958–1959
Motor – Bauart	Einzylinder – Viertakt
Hubraum (cm³) – Bohrung × Hub (mm)	172,3 – 59,5 × 62
Verdichtungsverhältnis	7 : 1
Zylinderkopf	Leichtmetall
Zylinder	Grauguß
Ventile – Anordnung	geneigt, hängend
Ventile – Steuerung	Stoßstangen, Kipphebel
Zündung	Schwungradmagnetzünder
Vergaser	Dell'Orto MA 18 B
Schmierung	Ölsumpf
Kupplung	Ölbadlamellenkupplung
Getriebe – Bauart	angeblockt, 4 Gänge
Kraftübertragung	primär: Zahnräder, sekundär: Kette
Rahmen	Rohr und Stahlblech, offene Doppelschleife
Radstand (mm)	1300
Radaufhängung vorn	Telegabel
Radaufhängung hinten	Schwinge, Ölstoßdämpfer
Räder	Stahlspeichen, 2.50 × 19″
Bereifung	vorn + hinten 2.75 –19″
Bremsen	zentrale Trommel, vorn 185, hinten 165 mm
Mittlerer Verbrauch (l/100 km)	2,5
Inhalt Kraftstofftank (l)	14
Inhalt Ölbehälter (l)	1,6

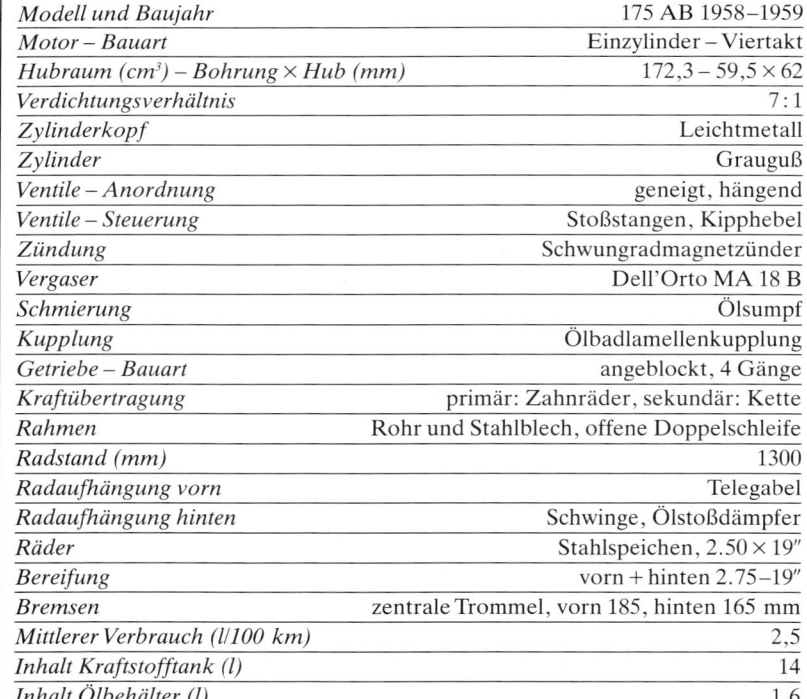

die Vorzüge eines ohc-Motors verzichtete, aber auch dessen unvermeidliche funktionelle Schattenseiten vermied. Schattenseiten, die der Sportfahrer gerade noch hinnahm, nicht aber derjenige, der eine normale Tourenmaschine wollte. Von der Stoßstangen-175er gab es in ihrem alles in allem recht kurzen Leben eine Anzahl Varianten, die sich alle praktisch nur in der Ausstattung unterschieden und womöglich in den Kurzzeichen und den Freuden und Leiden, die sie bei Sammlern und Historikern verursachen, weil ihre Zuordnung nicht immer nach logischen Gesichtspunkten erkennbar ist. Jedenfalls gab es die Turismo, die America und die America Lusso, die Turismo Extra Lusso und vermutlich noch einige andere Varianten. Die Preise lagen zwischen 200.000 und 225.000 Lire je nach Ausstattung.

Einige Versionen der 175 mit Stoßstangenmotor, voneinander nur im Finish und in einigen Äußerlichkeiten abweichend. Von oben nach unten: Turismo; America (mit Vorderkotflügel, der an die Raid erinnert); America Lusso.

125 TREL – Centomila – 1959–1963

*Leistung
bei 6200/min:
7,5 PS (5,5 kW)
Gewicht trocken:
105 kg
Höchst-
geschwindigkeit:
95 km/h*

Im Jahre 1959 erschien der Viertakter der 125 in gründlich überarbeiteter Form, auch wenn die Änderungen von außen her nicht allzu deutlich sichtbar waren. Im einzelnen betrafen sie die verbesserte Schmierung, d. h. die Einführung einer Ölwanne mit größerem Inhalt und eines Schleuderfilters in den Ölkreislauf, der mit der Kurbelwelle umlief. Dieser Zusatz erwies sich als so wirkungsvoll, daß MV einige Zeit nach Serieneinführung im Frühjahr beschloß, diese Neuerung werbewirksam zu nutzen und die Gewährleistung bis zur kaum glaublichen Grenze von 100.000 km auszu-

dehnen. Daher nannte man dieses Modell, das nach einem unverständlichen Schlüssel offiziell »T R E L« hieß (Turismo Rapido Extra Lusso), fortan einfach »Centomila« (»100.000«), um ihre Langlebigkeit und Zuverlässigkeit zum Ausdruck zu bringen. Es war uns nicht möglich, herauszufinden, wie viele Exemplare tatsächlich die 100.000 Kilometer bei voller Funktion erreich-

ten; doch die Ergebnisse der Maschinen aus dieser Serie waren gewiß ausgezeichnet. Man hatte auch die Zahl der Paßstifte am Kurbelgehäuse erhöht, um Steifigkeit und Kompaktheit zu verbessern. Die Centomila blieb bis 1963 mit kleinen Detailänderungen, anderen Ausstattungen und Lakkierungen im Katalog. Daraus ergaben sich die Modellvarianten RA und EL. Die Centomi-

la bot man je nach Ausführung zu Preisen zwischen 157.000 und 187.000 Lire an.

Modell und Baujahr	125 TREL/Centomila/RA-EL 1959–1963
Motor – Bauart	Einzylinder – Viertakt
Hubraum (cm³) – Bohrung × Hub (mm)	123,6 – 54 × 54
Verdichtungsverhältnis	8,5:1
Zylinderkopf	Leichtmetall
Zylinder	Grauguß
Ventile – Anordnung	geneigt, hängend
Ventile – Steuerung	Stoßstangen, Kipphebel
Zündung	Schwungradmagnetzünder
Vergaser	Dell'Orto MA 18 B
Schmierung	Ölsumpf
Kupplung	Ölbadlamellenkupplung
Getriebe – Bauart	angeblockt, 4 Gänge
Kraftübertragung	primär: Zahnräder, sekundär: Kette
Rahmen	Rohr und Stahlblech, offene Doppelschleife
Radstand (mm)	1285
Radaufhängung vorn	Telegabel
Radaufhängung hinten	Schwinge, Ölstoßdämpfer
Räder	Stahlspeichen, 2.50 × 18″
Bereifung	vorn + hinten 2.75–18″
Bremsen	zentrale Trommel
Mittlerer Verbrauch (l/100 km)	2,5
Inhalt Kraftstofftank (l)	13
Inhalt Ölbehälter (l)	1,7

Die 125 TREL, bald nur noch Centomila genannt. Der Motor mit dem Schleuderölfilter unterschied sich vom Vorgänger TR äußerlich durch eine Wanne mit größerem Ölinhalt, die unter dem Gehäuse hervorragte.

150 Viertakt – 1959–1970

Gleichzeitig mit der überarbeiteten 125 erschien ein neues 150er Modell, ein direkter Abkömmling, dessen größerer Hubraum durch Aufbohren des Zylinders erreicht wurde und der ansonsten all ihre neuen Errungenschaften – allen voran das Schmiersystem mit dem Schleuderfilter – teilte. Diese Hubraumgröße war, wie wir schon hörten, um 1951 in Mode gekommen, nachdem man die Zulassungsfreiheit für Krafträder bis 125 cm³ aufgehoben hatte, war dann aber wieder zugunsten der klassischen 175er Maschine in der Versenkung verschwunden. Jetzt aber waren 150er in Ita-

lien wegen der neuen Straßenverkehrsordnung von 1959 plötzlich wieder hochaktuell, weil Fahrzeuge mit einem Hubraum bis zu 150 cm³ nicht mehr auf die Autostrada durften. Die MV150 (mit ihrem Hubraum von genau 150,1 cm³, der also über dieser Grenze lag) entsprach äußerlich praktisch der als »Centomila« bekannten 125 und war genauso aufgebaut: Doppel-

schleifenrahmen in Rohr und Stahlblech, Tank mit Aussparung für den oberen Teil vom Zylinderkopf, lange Sitzbank. Als wirklicher Unterschied fielen dagegen die doppelten, übereinander liegenden und parallelgeschalteten Schalldämpfer sogleich ins Auge, die das Geräusch reduzieren sollten, ohne dem Abgas höheren Widerstand zu bieten. Die 150 blieb recht lange mit verschie-

denen Varianten im Katalog: Gran Turismo (GT), Rapido Sport (RS), Rapido Sport America (RSA). Die Preise lagen zwischen 200.000 und 220.000 Lire und stiegen im Lauf der Jahre etwas an.

Leistung bei 6000/min: 9 PS (6,6 kW) bzw. 10 PS (7,4 kW) bei 6400/min
Gewicht trocken: 110 kg
Höchstgeschwindigkeit: 110 bzw. 115 km/h

Modell und Baujahr	150 GT/150 RS 1959–1965
Motor – Bauart	Einzylinder – Viertakt
Hubraum (cm³) – Bohrung × Hub (mm)	150,1 – 59,5 × 54
Verdichtungsverhältnis	8,1 bzw. 8,5:1
Zylinderkopf	Leichtmetall
Zylinder	Grauguß
Ventile – Anordnung	geneigt, hängend
Ventile – Steuerung	Stoßstangen, Kipphebel
Zündung	Schwungradmagnetzünder
Vergaser	Dell'Orto MA 18 B / MB 20 B
Schmierung	Ölsumpf
Kupplung	Ölbadlamellenkupplung
Getriebe – Bauart	angeblockt, 4 Gänge
Kraftübertragung	primär: Zahnräder, sekundär: Kette
Rahmen	Rohr und Stahlblech, offene Doppelschleife
Radstand (mm)	1300
Radaufhängung vorn	Telegabel
Radaufhängung hinten	Schwinge, Ölstoßdämpfer
Räder	Stahlspeichen, 2.50 × 18″
Bereifung	vorn + hinten 2.75–18″
Bremsen	zentrale Trommel
Mittlerer Verbrauch (l/100 km)	2,5 bzw. 3,0
Inhalt Kraftstofftank (l)	13
Inhalt Ölbehälter (l)	1,8

Vorige Seite: Die erste Version der 150 von 1959.
Oben: Die Gran Turismo (GT) von 1961 mit hohem Lenker und ausnahms-
weise nur einem Schalldämpfer. Farben: weiß und rot.
Unten: Die Rapido Sport (RS) hatte hinten Dämpfer mit freiliegenden
Federn und war gewöhnlich in Rot und Silber lackiert.

Oben: Die 150 Rapido Sport America (RSA) mit hohem Lenker und Sturzbügel; kleines Foto: ihr Motor. Rechts: Noch einmal die Rapido Sport mit anderem Tank, dem für MV-Modelle wichtigsten Styling-Element.

Scooter Chicco – 1960–1964

Leistung
bei 5200/min:
5,8 PS (4,3 kW)
Gewicht trocken:
121 kg
Höchst-
geschwindigkeit:
75 km/h

1959 war ein für MV ausgesprochen fruchtbares Jahr: Außer den auf den letzten Seiten behandelten Neuheiten präsentierte das Werk auf dem Mailänder Salon im November auch zwei rundum neue Motorroller, den Bik und den Chicco. Unter ihnen war der Bik ganz sicher der technisch interessantere. Er besaß einen 166 cm³ Zweizylinder-Viertakter mit semi-hydraulischen Stößeln, doch dieses Modell ging – vermutlich wegen der für seine Zeit zu aufwendigen Mechanik – nicht in Produktion. Der Chicco dagegen wurde bis 1964 in Serie gefertigt – ein zwar eher konventioneller Roller,

doch mit einigen interessanten Lösungen wie etwa dem einseitig und direkt am Getriebeausgang aufgehängten Hinterrad. Auch sein Einzylinder-Zweitakter mit 155 cm³ hatte kaum Ähnlichkeit mit früheren Motoren des Hauses und war eigens für diesen Zweck konzipiert worden: horizontal liegender Zylinder, Gebläsekühlung, Primärantrieb durch Kette. Rahmen und Aufbau waren

selbsttragend, aus Stahlblech gefertigt und mit festem Vorderkotflügel. Die Serienausführung unterschied sich dann vom Mailänder Prototyp geringfügig im Heckteil, wo sich jetzt ein seitlicher Deckel befand, der Zugang zum Motor gewährte. Das (freilich nicht allzu originelle) Styling war harmonisch und wohlproportioniert. Der Preis des Chicco betrug exakt 157.500 Lire –

glückliche Zeiten, als man noch auf 500 Lire achtete!

Modell und Baujahr	Chicco 1960–1964
Motor – Bauart	Einzylinder – Zweitakt
Hubraum (cm³) – Bohrung × Hub (mm)	155,6 – 57×61
Verdichtungsverhältnis	7:1
Zylinderkopf	Leichtmetall
Zylinder	Leichtmetall
Ventile – Anordnung	–
Ventile – Steuerung	–
Zündung	Schwungradmagnetzünder
Vergaser	Dell'Orto MA 17
Schmierung	5%iges Gemisch
Kupplung	Ölbadlamellenkupplung
Getriebe – Bauart	angeblockt, 4 Gänge
Kraftübertragung	primär: Duplexkettte, sekundär: direkt
Rahmen	selbsttragender Preßstahlaufbau
Radstand (mm)	1310
Radaufhängung vorn	gezogene Kurzschwinge
Radaufhängung hinten	Motorschwingarm; Ölstoßdämpfer
Räder	Stahlscheibenräder 3.25×10″
Bereifung	vorn + hinten 3.50–10″
Bremsen	Trommel, vorn + hinten 150 mm
Mittlerer Verbrauch (l/100 km)	2,3
Inhalt Kraftstofftank (l)	8,5
Inhalt Ölbehälter (l)	–

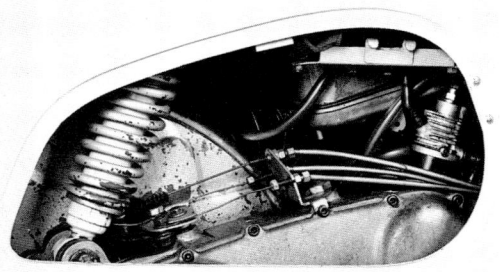

Der Chicco, ein Roller mit selbsttragendem Aufbau aus Stahlblech, mit seinem für MV-Begriffe unkonventionellen Motor: liegender Zylinder, Duplexkette zum Getriebe. Hinten links befindet sich ein Staukasten. Der Chicco war hell elfenbeinfarben lackiert.

Tevere 235 1959–1960

Unter dem Namen Tevere baute MV 1959 zweierlei Fahrzeuge, ein Motorrad und einen Kleinlaster. Sie hatten – von einigen zur Anpassung an den Einsatzzweck erforderlichen Abweichungen abgesehen – das gleiche Antriebsaggregat. Im Grunde war der Stoßstangenmotor noch immer der der alten Raid, zumindest vom Brennraum, freilich nicht vom Kurbeltrieb her. Denn den auf 235 cm³ verringerten Hubraum hatte man durch Verkürzen des Hubs erreicht, so daß der Tevere-Motor jetzt unterquadratisch war. Tatsächlich hatte das Motorrad Tevere einige Gemeinsamkeiten mit der Raid,

von der sie so etwas wie ein »Sparmodell« darstellte: Motorleistung und Fahrleistungen lagen etwas niedriger als bei der Raid. Das äußere Bild aber war sehr ähnlich, und die deutlichsten Unterschiede lagen im Mittelteil und betrafen die Sitzbank und den Werkzeugkasten darunter. Doch die Tevere wurde nicht lange gebaut. Sie ging zwar regulär in Serienfertigung und rangiert deshalb

nicht unter den reinen »Salonmodellen«, die MV oft wegen ihrer Werbewirksamkeit auf Ausstellungen zeigte und dann niemals produzierte. Doch großer Erfolg war ihr auch nicht gerade beschieden, vermutlich weil sie der Raid zu ähnlich war. Und so verschwand sie schon nach zwei Jahren wieder aus dem Katalog.

Leistung bei 5600/min:
13 PS (9,6 kW)
Gewicht trocken:
140 kg
Höchstgeschwindigkeit:
105 km/h

Modell und Baujahr	Tevere 1959–1960
Motor – Bauart	Einzylinder – Viertakt
Hubraum (cm³) – Bohrung × Hub (mm)	231,7 – 69 × 62
Verdichtungsverhältnis	7,2:1
Zylinderkopf	Leichtmetall
Zylinder	Grauguß
Ventile – Anordnung	geneigt, hängend
Ventile – Steuerung	Stoßstangen, Kipphebel
Zündung	Schwungradmagnetzünder
Vergaser	Dell'Orto MB 22
Schmierung	Ölsumpf
Kupplung	Ölbadlamellenkupplung
Getriebe – Bauart	angeblockt, 4 Gänge
Kraftübertragung	primär: Zahnräder, sekundär: Kette
Rahmen	Rohr; offene Doppelschleife
Radstand (mm)	1350
Radaufhängung vorn	Telegabel
Radaufhängung hinten	Schwinge, Ölstoßdämpfer
Räder	Stahlspeichen, vorn 2.50 × 19"; hinten 2.75 × 19"
Bereifung	vorn 2.75–19"; hinten 3.00–19"
Bremsen	zentrale Trommel, vorn + hinten 220 mm
Mittlerer Verbrauch (l/100 km)	3
Inhalt Kraftstofftank (l)	17
Inhalt Ölbehälter (l)	1,7

Die Tevere, ein sparsames Mittelklassemodell, lag in der Mitte zwischen der 175 und der Raid. Erkennbar war sie an ihrem kastenförmigen Luftfilter.

Checca 83–99–125 1960–1969

Die Checca war nach dem an neuen und aktualisierten Modellen so reichen 1959 die einzige Neuerscheinung des Jahres 1960. Sie wurde mit Viertaktern von 83 und 99 cm³ vorgestellt und hatte mit der früheren 83 nichts gemein. Ihr Motor war von der letzten Version der 125er (Centomila) mit vergrößerter Ölwanne abgeleitet und besaß ein Vierganggetriebe, während ihr Rahmen dem mittlerweile klassischen MV-Stil entsprach: offene Doppelschleife, vorn aus Rohr, hinten aus Preßstahlteilen aufgebaut. Anfangs wurden drei Varianten angeboten: eine 83er GT zu 139.500 Lire;

Leistung
bei 6000/min:
4 PS (2,9 kW)
bzw. 5,1 PS
(3,8 kW)
bei 6000/min
Gewicht trocken:
95 kg
Höchst-
geschwindigkeit:
80 bzw. 90 km/h

Modell und Baujahr	Checca GT 83/GTE 99/S 99 1960–1969
Motor – Bauart	Einzylinder – Viertakt
Hubraum (cm³) – Bohrung × Hub (mm)	83,2/98,8 – 46,5 × 49/50,7 × 49
Verdichtungsverhältnis	7,5:1
Zylinderkopf	Leichtmetall
Zylinder	Grauguß
Ventile – Anordnung	geneigt, hängend
Ventile – Steuerung	Stoßstangen, Kipphebel
Zündung	Schwungradmagnetzünder
Vergaser	Dell'Orto ME 16 BS
Schmierung	Ölsumpf
Kupplung	Ölbadlamellenkupplung
Getriebe – Bauart	angeblockt, 4 Gänge
Kraftübertragung	primär: Zahnräder, sekundär: Kette
Rahmen	Rohr und Stahlblech, offene Schleife
Radstand (mm)	1230
Radaufhängung vorn	Telegabel
Radaufhängung hinten	Schwinge, Teleelemente
Räder	Stahlspeichen, 2.25 × 17"
Bereifung	vorn + hinten 2.50–17"
Bremsen	zentrale Trommel, vorn 123,5 mm; hinten 118 mm
Mittlerer Verbrauch (l/100 km)	2,0 bzw. 2,5
Inhalt Kraftstofftank (l)	14
Inhalt Ölbehälter (l)	1,1

Die Checca, ein vom Serienmodell Centomila inspiriertes Leichtmotorrad, in ihren verschiedenen Varianten. Oben: die 83er GT. Rechte Seite von oben nach unten: die 99er GT Extra; die 99er Sport GT, auf 5,1 PS (3,8 kW) gesteigert; die 124er, die praktisch nie gefertigt wurde.

166

eine GT Extra mit auf 99 cm^3 aufgebohrtem Zylinder, die sich nur in der Ausstattung und durch geringe Leistungsgewinne unterschied (Preis: 149.000 Lire); schließlich eine Sport GT, deren 99er Motor so hergerichtet war, daß er mehr Leistung und daher höheres Fahrtempo bot. Diese Variante kostete aber auch 162.000 Lire. 1963 gesellte sich eine Ausgabe der Checca mit 124 cm^3 hinzu, die damit ganz nahe der Centomila rangierte. Allerdings blieb diese 124er mehr oder weniger im Prototypstadium stecken.

Liberty – 1962–1969

Nach Jahren der Abstinenz – das Modell »Ciclomotore 50« war 1959 ausgelaufen – begab sich MV 1962 mit der »Liberty«, die bis 1969 im Programm bleiben sollte, wieder auf den Sektor Kleinstkrafträder. Tatsächlich war die Liberty ein echtes Motorrad in Miniaturausgabe: Nachdem die 1959 in Kraft getretene Straßenverkehrsordnung keine Tretkurbeln mehr verlangte, hatte MV keinen Grund gesehen, dem Fahrradschema noch länger treu zu bleiben. Um so mehr, als diese Klasse im Begriff war, sich vom reinen Gebrauchsfahrzeug zum typischen führerscheinfreien Spielzeug der jungen Leute zu mausern. So war MV sicher nicht schlecht beraten, dieser neuen Gruppe von Käufern ein Fahrzeug anzubieten, das zwar die gesetzlichen Vorschriften erfüllte, den »Teens« aber den Eindruck vermittelte, ein wirkliches Motorrad zu besitzen, das denen der Erwachsenen in nichts nachstand. Um mit dem Motor zu beginnen: es war ein Viertakter, zum Verwechseln ähnlich den MV-Antrieben in den größeren Klassen. Dann der Rahmen – genau so eine Doppelschleifenstruktur aus Rohr und Blech wie bei den größeren in MVs Modellpalette. Anfangs hatte die Liberty ein Dreiganggetriebe mit Drehgriffschaltung am Lenker; Ende 1967 aber wurden daraus vier Gänge mit Fußschaltung. Es gab die üblichen Varianten Sport, Super Sport und Turismo. 1964 wurde auch eine auf 70 cm³ vergrößerte Version gebaut, die aber in die Kategorie Motorräder gehörte und Nummernschilder benötigte.

Leistung bei 4500/min:
1,5 PS (1,1 kW)
Gewicht trocken:
58,5 kg
Höchstgeschwindigkeit:
40 km/h

Modell und Baujahr	Liberty 50 1962–1967
Motor – Bauart	Einzylinder – Viertakt
Hubraum (cm³) – Bohrung × Hub (mm)	47,7 – 39 × 40
Verdichtungsverhältnis	7,5:1
Zylinderkopf	Leichtmetall
Zylinder	Leichtmetall
Ventile – Anordnung	geneigt, hängend
Ventile – Steuerung	Stoßstangen, Kipphebel
Zündung	Schwungradmagnetzünder
Vergaser	Dell'Orto SH 14/9/2
Schmierung	Ölsumpf
Kupplung	Ölbadlamellenkupplung
Getriebe – Bauart	angeblockt, 3 Gänge
Kraftübertragung	primär: Zahnräder, sekundär: Kette
Rahmen	offene Schleife
Radstand (mm)	1100
Radaufhängung vorn	Telegabel
Radaufhängung hinten	Schwinge, Teleelemente
Räder	Stahlspeichen, 1.75 × 18″ oder 1.75 × 16″
Bereifung	vorn + hinten 2.00–18″ oder 2.00–16″
Bremsen	zentrale Trommel, vorn + hinten 104 mm
Mittlerer Verbrauch (l/100 km)	1,5
Inhalt Kraftstofftank (l)	9
Inhalt Ölbehälter (l)	0,7

Der Stoßstangenmotor der Liberty. Das Dreiganggetriebe wurde vom Lenker aus geschaltet, ausgenommen die hier gezeigte Version. Man erkennt das Pedal für die Hinterradbremse, das mit dem Absatz betätigt wurde.

Varianten des Liber-
ty-Modells: Oben
links die Turismo vom
November 1961 mit
16″-Rädern; oben
rechts die Turismo T;
nebenstehend die
Sport Junior, eben-
falls vom November
1961, mit 16″-Rädern
und, wie man sieht,
sehr »korpulent« wir-
kend. Alle diese
Varianten hatten die
Schaltung am Lenker.

Später wurde die Liberty mit 18″-Rädern ausgerüstet, mit denen sie schlanker und sportlicher wirkte. Hier die Version Sport S.

Auf der Mailänder Mustermesse 1964 wurde eine Version der Liberty mit 70 cm³-Motor vorgestellt, die jedoch nur mäßigen Absatz fand.

Die Super Sport vom November 1965 kam mit neuem Styling. Die Federn der Telegabel waren ungekapselt; die vordere Bremse hatte Belüftungsattrappen.

170

Ebenfalls vom November 1965 war die Version America mit ihrem ungewöhnlich geformten Tank, dem hochgezogenen Lenker und den sichtbaren Chromteilen, zu denen auch der Sturzbügel zählte.

Die Sport S wurde auch mit Fußschaltung (linke Seite) gebaut. In diesem Fall war das Bremspedal rechts (siehe das Foto vom Motor) und wurde mit dem Absatz betätigt.

Germano – 1964–1968

Die Germano, ein Gebrauchsmoped, vorgestellt im November 1963 und fünf Jahre lang – bis Ende 1968 – im Katalog, stellt im Programm der MV eine Ausnahme dar, indem sie (und das gilt auch für den Motor) in großem Umfang Zulieferteile von Spezialfirmen aus der Emilia verwendete. Firmen, die damals in wachsender Zahl entstanden und binnen kurzer Zeit dieser Region dazu verhalfen, Zentrum des italienischen Motorradbaus zu werden und diesen Titel anderen norditalienischen Landen wie der Lombardei und Piemont streitig zu machen. Für MV gab es eine Reihe von Grün-

den; in erster Linie wollte man aber ein neues Moped in möglichst kurzer Zeit und zu niedrigem Preis auf den Markt bringen, und das ging nur mit Hilfe externer Lieferanten, die in großer Serie und damit preiswert standardisierte Bauteile fertigen konnten. Die Germano – werksintern etwas ironisch auch »il bolognese« genannt – wurde anfangs in Turismo- und Sport-Ausstat-

tung mit einem Zentralträgerrahmen aus Stahlblech gebaut. Später erschien sie in den Versionen GT, Sport und America mit Doppelschleife aus Stahlrohr und mit Fußrasten statt Tretkurbeln, was besonders bei den jungen Käufern besser ankam als die Pedale und der schwerere Preßstahlrahmen. Die Preise lagen je nach Ausstattung zwischen 115.000 und 120.000 Lire und

waren damit zweifellos konkurrenzfähig.

Leistung
bei 4500/min:
1,5 PS (1,1 kW)
Gewicht trocken:
50 kg
Höchst-
geschwindigkeit:
40 km/h

Um die Germano schnell und preisgünstig herausbringen zu können, griff MV – einmalig in ihrer Geschichte – zu einem Motor eines der großen spezialisierten Zulieferer aus der Region Emilia.

Modell und Baujahr	Germano 50 1964–1965
Motor – Bauart	Einzylinder – Zweitakt
Hubraum (cm³) – Bohrung × Hub (mm)	47,7 – 39 × 40
Verdichtungsverhältnis	7:1
Zylinderkopf	Leichtmetall
Zylinder	Grauguß
Ventile – Anordnung	–
Ventile – Steuerung	–
Zündung	Schwungradmagnetzünder
Vergaser	Bing
Schmierung	5%iges Gemisch
Kupplung	Ölbadlamellenkupplung
Getriebe – Bauart	angeblockt, 3 Gänge
Kraftübertragung	primär: Zahnräder, sekundär: Kette
Rahmen	Preßstahl-Zentralträger
Radstand (mm)	1100
Radaufhängung vorn	Telegabel
Radaufhängung hinten	Schwinge; Teleelemente
Räder	Stahlspeichen, 1.75 × 18″
Bereifung	vorn + hinten 2.00–18″
Bremsen	zentrale Trommel, vorn + hinten 104 mm
Mittlerer Verbrauch (l/100 km)	1,9
Inhalt Kraftstofftank (l)	4
Inhalt Ölbehälter (l)	–

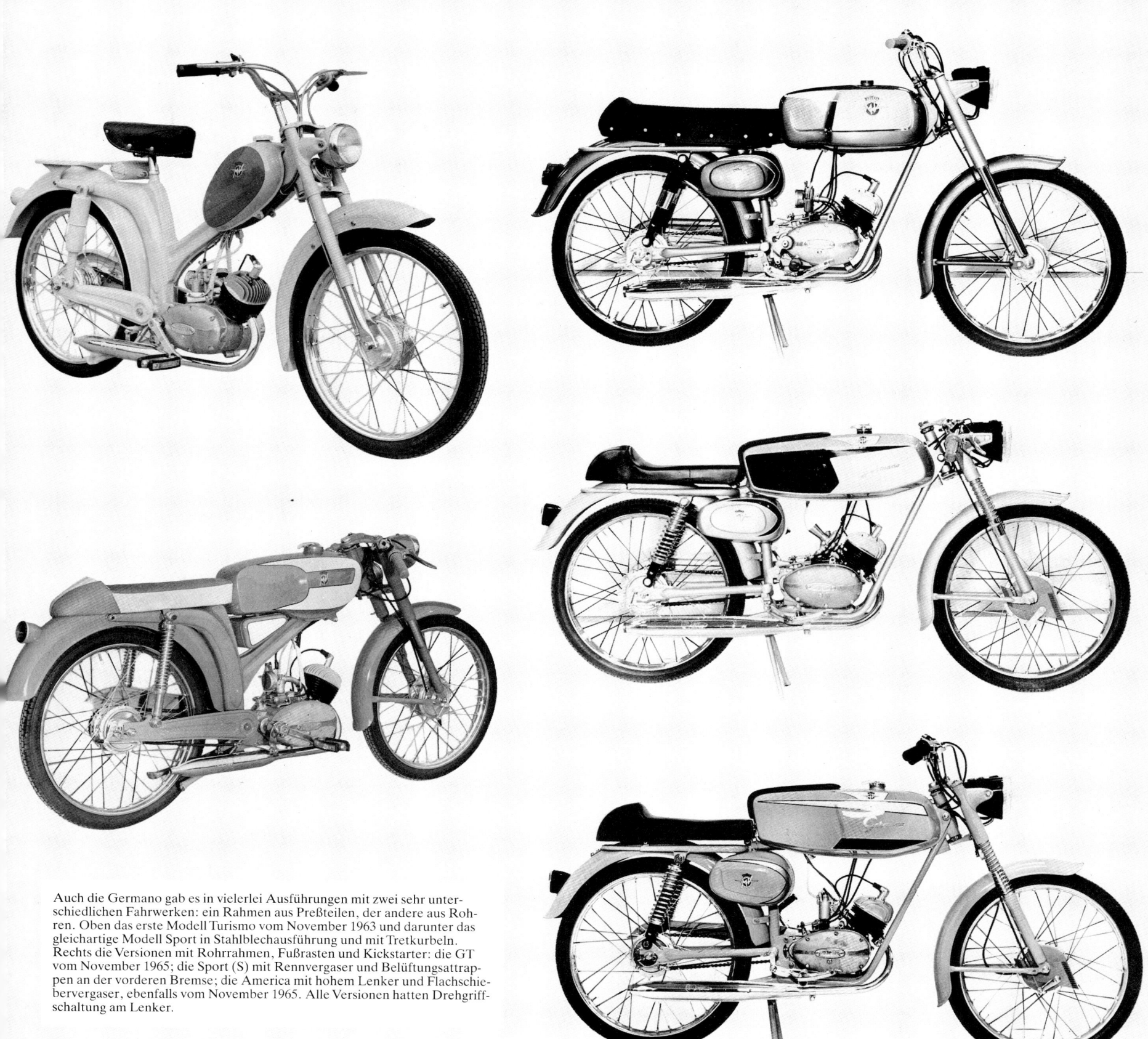

Auch die Germano gab es in vielerlei Ausführungen mit zwei sehr unterschiedlichen Fahrwerken: ein Rahmen aus Preßteilen, der andere aus Rohren. Oben das erste Modell Turismo vom November 1963 und darunter das gleichartige Modell Sport in Stahlblechausführung und mit Tretkurbeln. Rechts die Versionen mit Rohrrahmen, Fußrasten und Kickstarter: die GT vom November 1965; die Sport (S) mit Rennvergaser und Belüftungsattrappen an der vorderen Bremse; die America mit hohem Lenker und Flachschiebervergaser, ebenfalls vom November 1965. Alle Versionen hatten Drehgriffschaltung am Lenker.

Arno 166 GT 1964–1965

Leistung
bei 6000/min:
7,5 PS (5,5 kW)
Gewicht trocken:
145 kg
Höchst-
geschwindigkeit:
105 km/h

In einer für die Motorradindustrie weltweit besonders trüben Zeit, November 1963, kam die Arno zur Welt. Die potentiellen Käufer für Gebrauchs- und Sportmaschinen kauften lieber Autos, die aufgrund wachsenden Wohlstands für immer größere Bevölkerungsschichten erschwinglich geworden waren, während das Motorrad als Sinnbild schwerer, ärmlicher Zeiten, die man recht schnell vergessen wollte, an Image verloren hatte. Und die Zeit, da es zum Freizeit- und Hobbyfahrzeug werden sollte, war noch nicht gekommen, denn um es sich neben dem Auto leisten zu können,

fehlten noch die Mittel. Deshalb bedeutete jetzt die Präsentation einer Zweizylinder-Viertakt, selbst mit nur 166 cm³, ein enormes Risiko und ein Glaubensbekenntnis an die Zukunft des Motorrads. Doch bei MV, wo man Motorräder aus Passion und nicht aus reinem Kalkül baute, wagte man auch diesen Schritt. Dabei handelte es sich nicht etwa um ein Ausstellungsmodell, einen

Blickfang, sondern man ging damit in die reguläre Serienfertigung und bot die Arno um 246.000 Lire an – nicht eben billig, aber für das anspruchsvolle Modell wohl angemessen. Ehrlich gesagt, es wurde kein Schlager, doch die Arno diente als Wegbereiter für die späteren 250er und andere Zweizylinder, die dann unter veränderten Umständen wesentlich mehr Erfolg und bis

zur Aufgabe der Motorradproduktion in den Katalogen des Hauses ihren festen Platz haben sollten.

Modell und Baujahr	Arno 166 1964–1965
Motor – Bauart	Zweizylinder – Viertakt
Hubraum (cm³) – Bohrung × Hub (mm)	166,3 – 46,5 × 49
Verdichtungsverhältnis	7:1
Zylinderkopf	Leichtmetall
Zylinder	Leichtmetall
Ventile – Anordnung	geneigt, hängend
Ventile – Steuerung	Stoßstangen, Kipphebel
Zündung	Schwungradmagnetzünder
Vergaser	2 Dell'Orto MA 15 B
Schmierung	Ölsumpf
Kupplung	Ölbadlamellenkupplung
Getriebe – Bauart	angeblockt, 4 Gänge
Kraftübertragung	primär: Zahnräder, sekundär: Kette
Rahmen	Rohr und Stahlblech, offene Schleife
Radstand (mm)	1300
Radaufhängung vorn	Telegabel
Radaufhängung hinten	Schwinge, Ölstoßdämpfer
Räder	Stahlspeichen, 2.50 × 18"
Bereifung	vorn + hinten 2.75–18"
Bremsen	zentrale Trommel, vorn 170 mm; hinten 120 mm
Mittlerer Verbrauch (l/100 km)	3
Inhalt Kraftstofftank (l)	17
Inhalt Ölbehälter (l)	1,7

Der bildhübsche Zweizylinder der Arno mit den um 12° geneigten Zylindern und den Kerzen an der Rückseite. Das Gehäuse des Primärtriebs erinnert an das der Rennmaschinen.

Die Arno, hochkarätiges Modell der kleinen Klasse, kam zu einem gerade für teurere Maschinen recht ungünstigen Zeitpunkt auf den Markt. Kurios ist die Tankform mit den Kniepolstern, einstmals üblich, nun aber eher snobistisch wirkend. Zwischen den beiden Vergasern befindet sich die gemeinsame Schwimmerkammer. Die Maschinen wurden in Schwarz mit Tank in Silbermetallic geliefert.

125 GT-GTL – 1964–1973

Die 125 GT war eigentlich die direkte Nachfolgerin der »Centomila«; sie war sogar – mit wenigen Änderungen – genau die gleiche Maschine geblieben, und sie wurde auch, ohne daß man dies besonders herausstellte, mit der gleichen erstaunlichen Kilometergarantie angeboten. Doch schon bald gab es diverse formale und vor allem technische Verbesserungen, die sie zu einem wirklich neuen Modell machten. Die wichtigste davon war das Fünfganggetriebe, mit dem sie am Mailänder Salon im November 1965 erschien. Zur gleichen Zeit kamen auch neue Varianten heraus; erwähnenswert das

Enduromodell »Scrambler«, das neben Änderungen an Kotflügeln, Auspuff, Sitzbank, Lenker usw. auch eine andere Federung und einen andern Rahmen besaß (mit Rahmenbrücke unter dem Motor, demontierbar z. B. zum Ausbau der Ölwanne). Schließlich wurden 1969 die Straßenmodelle gründlich überarbeitet und wirkten vor allem durch ihre gestreckte, niedrigere Tank-

form auch im Styling moderner. Die seitlichen Gehäusedeckel wurden kantiger und die Instrumentierung reichhaltiger (nun mit Drehzahlmesser). Diese Änderungen erhielt gleichzeitig das Modell 150, das wir schon auf den Seiten 161 bis 163 ausführlich beschrieben haben. Die Preise der 125 variierten von anfangs 195.000– 230.000 bis zu 315.000– 340.000 Lire im Jahre

1973, als die Lira-Abwertung bereits begonnen hatte.

Leistung bei 8000/min:
9,5 PS (7 kW)
Gewicht trocken:
95 kg
Höchstgeschwindigkeit:
105 km/h

Modell und Baujahr	Gran Turismo 125 1964–1965
Motor – Bauart	Einzylinder – Viertakt
Hubraum (cm³) – Bohrung × Hub (mm)	123,5 – 53 × 56
Verdichtungsverhältnis	10,5 : 1
Zylinderkopf	Leichtmetall
Zylinder	Grauguß
Ventile – Anordnung	geneigt, hängend
Ventile – Steuerung	Stoßstangen, Kipphebel
Zündung	Schwungradmagnetzünder
Vergaser	Dell'Orto MB 22 B
Schmierung	Ölsumpf
Kupplung	Ölbadlamellenkupplung
Getriebe – Bauart	angeblockt, 4 Gänge
Kraftübertragung	primär: Zahnräder, sekundär: Kette
Rahmen	Rohr und Stahlblech, offene Doppelschleife
Radstand (mm)	1280
Radaufhängung vorn	Telegabel
Radaufhängung hinten	Schwinge, Ölstoßdämpfer
Räder	Stahlspeichen, 2.50 × 18″
Bereifung	vorn + hinten 2.75–18″
Bremsen	zentrale Trommel, vorn 158 mm; hinten 123,5 mm
Mittlerer Verbrauch (l/100 km)	2,5
Inhalt Kraftstofftank (l)	15
Inhalt Ölbehälter (l)	1,9

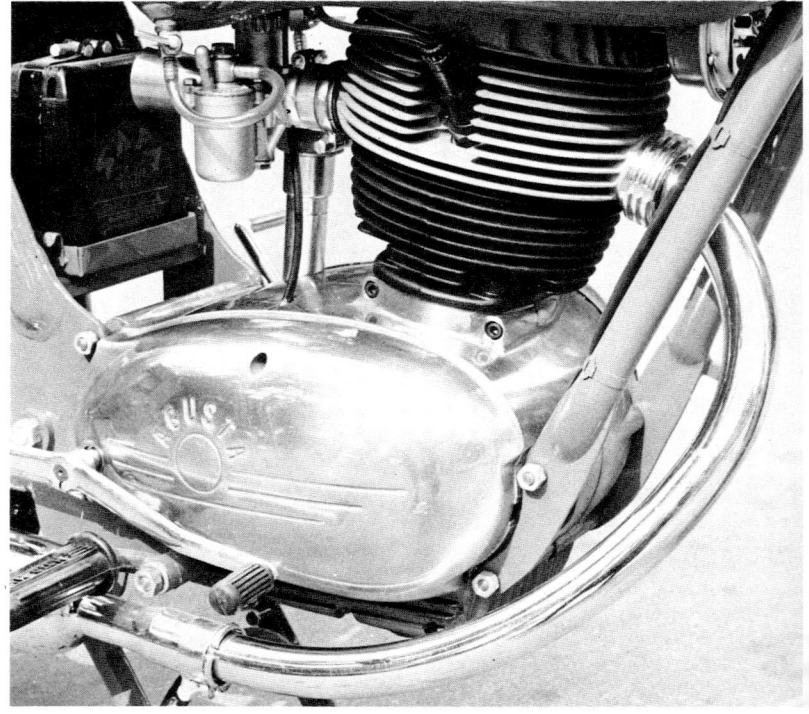

1964 wechselte die Centomila ihre Modellbezeichnung, blieb jedoch im wesentlichen – vor allem was den Antrieb angeht – unverändert. Ein Jahr später erhielt die Maschine ein Fünfganggetriebe.

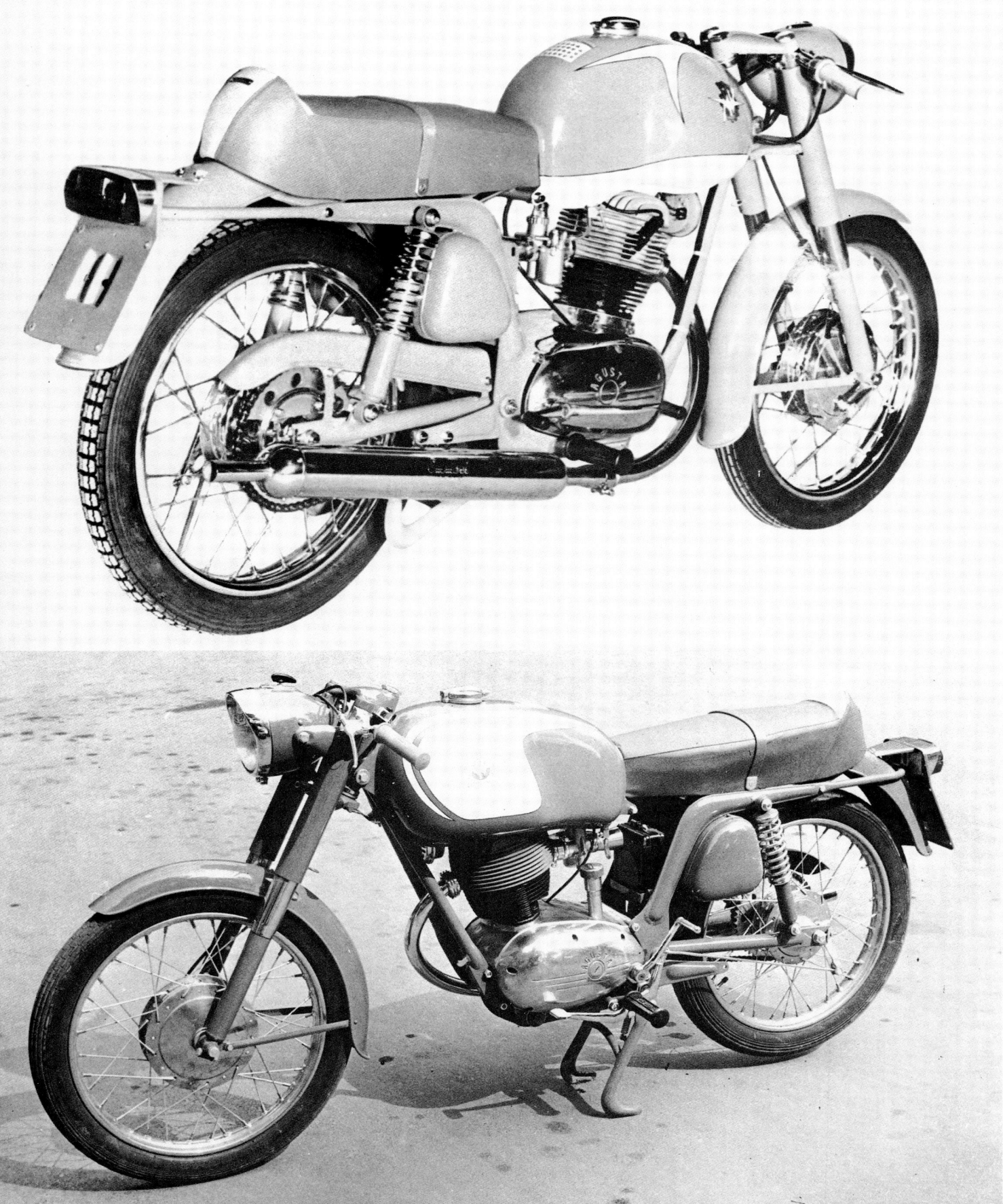

Die 125 Gran Turismo
Lusso (GTL) von
1964, hier noch mit
Vierganggetriebe.

Die 125 Gran Turismo
(GT), ebenfalls von
1964. Man erkennt
den anders geformten
Tank.

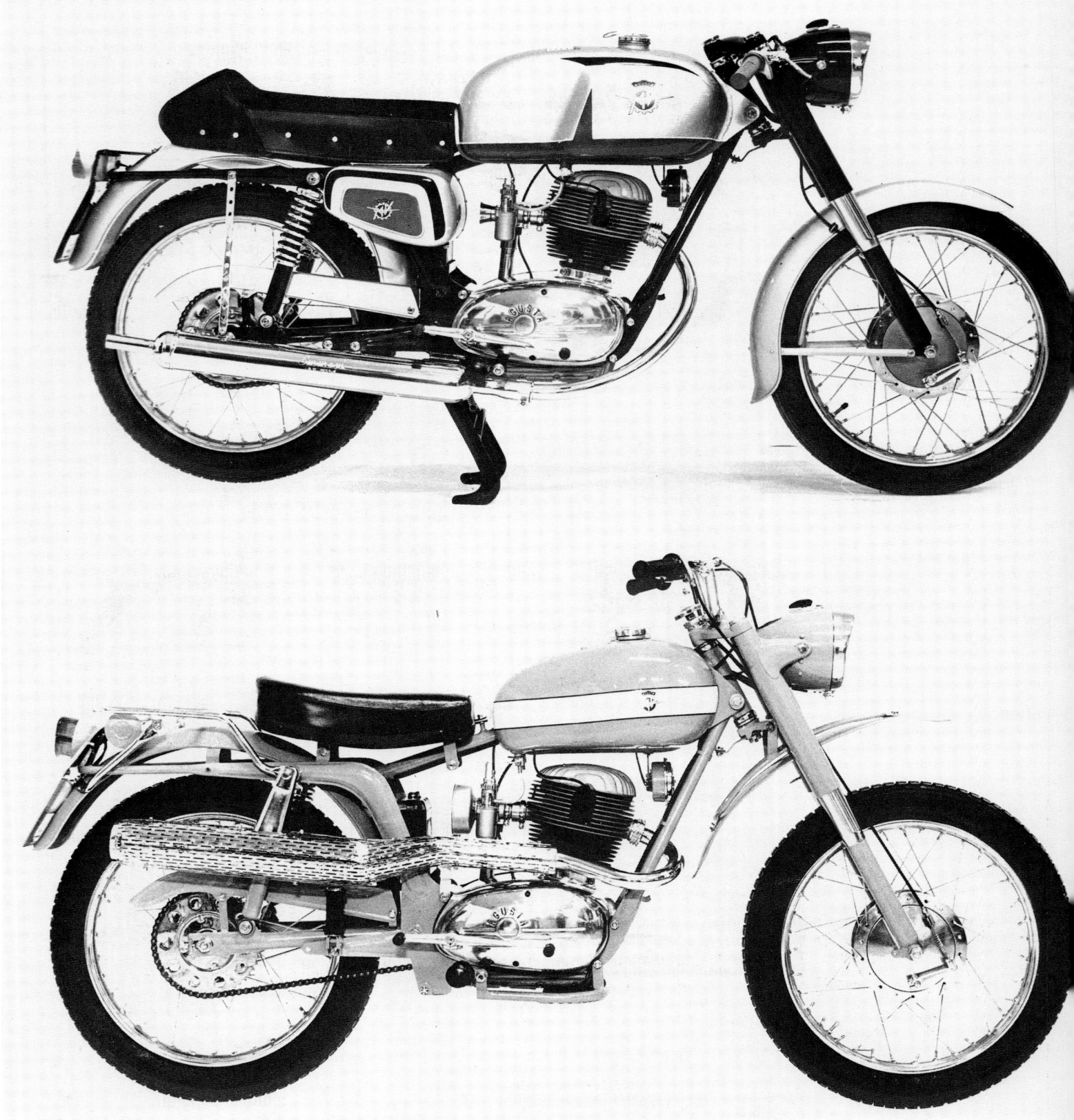

Die GTL vom
November 1965 mit
Fünfganggetriebe.

Die Scrambler 125,
vorgestellt im November 1965, mit ihrer
unter dem Motor
montierten Rahmen-
brücke.

178

Die 125 Super Sport, die man auf der Mailänder Mustermesse 1969 sah. Die GTLS und die 150 RS waren praktisch identisch.

Die 125 GT von 1971. Wie man im Foto oben erkennt, hat sich die Gehäuseform geändert.

Auch die 150er wurde der modernen Linienführung angepaßt: hier die GT von 1971 mit Fünfganggetriebe.

125 Regolaritá – 1965–1970

*Leistung
bei 8000/min:
10 PS (7,4 kW)
Gewicht trocken:
98 kg
Höchst-
geschwindigkeit:
100 km/h*

MV Agusta hatte von allem Anfang an eine Vorliebe für die Zuverlässigkeitsfahrten, und bei einer solchen gab es auch einen ihrer ersten Siege. Ab 1949 intensivierte das Werk seine Teilnahme an den Enduro-Rennen, so daß eine Anzahl schöner Erfolge auch bei internationalen Wettbewerben wie den »Six Days« errungen werden konnte. Von den Rundstreckenrennen zu stark in Anspruch genommen, nahm dann allmählich das Interesse an dieser Motorsportart ab, bis man die Teilnahme ganz aufgab. Nach 1960 revidierte das Werk in Cascina Costa seine Einstellung zum Enduro-Sport, wohl auch angesichts der Tatsache, daß er seit kurzem in der Öffentlichkeit wie bei der italienischen und europäischen Industrie hoch im Kurs stand und daher auch kommerziell interessant zu werden versprach. Doch in den letzten zehn Jahren hatte sich einiges geändert, so daß mit Serienmaschinen kaum noch etwas auszurichten war: Was man brauchte, waren nun speziell für diesen Job konzipierte Maschinen. So entstand die 125 Regolaritá, die nach einiger Anlaufzeit ab 1966 für den Einsatz als Enduromodell auch für Privatfahrer zur Verfügung stand. Dabei handelte es sich nicht um eine Abwandlung eines schon bekannten Serienmodells, sondern um ein für diese Sportart entwickeltes Fahrzeug, das z. B. schon von Anfang an das Fünfganggetriebe bekam, das es für Tourenmaschinen erst später gab. Die Regolaritá blieb bis Ende 1970 im Programm; der Preis betrug anfangs 310.000, am Ende 380.000 Lire.

Die 125 Regolaritá, speziell für Enduro-Rennen ausgelegt und sehr sorgfältig im Detail ausgeführt. Man erkennt die Schnellverschlüsse an den Rädern, das Schutzgitter vor dem Scheinwerfer, klappbare Fußrasten und Luftfilter.

Die 125 Regolaritá hatte eine Ceriani-Gabel mit sehr langem Federweg, damals die beste auf dem Markt. Der Tank war in Federn aufgehängt. Lackierung: rot-weiß.

Das Antriebsaggregat mit dem großen Luftfilter und dem für besseren Zugang zum Kettenritzel ausgeschnittenen seitlichen Deckel. Gut sichtbar auch der Schutzbügel unter dem Gehäuse, der damit eine geschlossene Rahmenschleife bildet.

Modell und Baujahr	125 Regolarità (Enduro) 1965–1970
Motor – Bauart	Einzylinder – Viertakt
Hubraum (cm³) – Bohrung × Hub (mm)	123,5 – 53 × 56
Verdichtungsverhältnis	10,5:1
Zylinderkopf	Leichtmetall
Zylinder	Leichtmetall
Ventile – Anordnung	geneigt, hängend
Ventile – Steuerung	Stoßstangen, Kipphebel
Zündung	Schwungradmagnetzünder
Vergaser	Dell'Orto MB 22 B
Schmierung	Ölsumpf
Kupplung	Ölbadlamellenkupplung
Getriebe – Bauart	angeblockt, 5 Gänge
Kraftübertragung	primär: Zahnräder, sekundär: Kette
Rahmen	Rohr und Stahlblech, offene Doppelschleife
Radstand (mm)	1330
Radaufhängung vorn	Telegabel
Radaufhängung hinten	Schwinge, Ölstoßdämpfer
Räder	Stahlspeichen, vorn 2.50 × 19''; hinten 2.75 × 19''
Bereifung	vorn 2.75–19''; hinten 3.25–19''
Bremsen	zentrale Trommel, vorn 180 mm; hinten 150 mm
Mittlerer Verbrauch (l/100 km)	3,3
Inhalt Kraftstofftank (l)	13
Inhalt Ölbehälter (l)	1,9

250 Bicilindrica – 1966–1971

Leistung
bei 7800/min:
19 PS (14 kW)
Gewicht trocken:
140 kg
Höchst-
geschwindigkeit:
135 km/h

1965 gab es die ersten Anzeichen für eine Wiederbelebung des Motorradmarktes. Viele, auch bessergestellte Leute hatten das Motorrad als Symbol des Ausbruchs aus dem »Establishment« in einer Welt entdeckt, in der das Auto nicht mehr Zeichen des Wohlstands, sondern Verkehrsmittel für alle geworden war. Natürlich nicht das Moped oder das Leichtmotorrad: Jetzt war die große, exklusive, leistungsstarke Maschine gefragt. Ein letztes Mal lebte nun auch die britische Motorradindustrie auf, die im Moment als einzige schwere Maschinen bauen und die Nachfrage der neuen, wohlha-

benden Käuferschicht befriedigen konnte. Dann aber kamen zuerst die Italiener, dann die Japaner mit großvolumigen, verlockenden Angeboten. Und, wie wir wissen, eroberten die letzteren schon in wenigen Jahren die Weltmärkte. MV mit ihrer Vierzylinder 600, die wir sogleich behandeln werden, war eine der ersten, die ein modernes Produkt anbieten konnte; gleichzeitig aber

auch eine wunderschöne 250er mit Zweizylindermotor, die im Styling und in den Fahrleistungen besonders für den Käuferkreis verführerisch war, der aus irgendwelchen Gründen keine der schweren Maschinen wollte. Tatsächlich ab 1967 in Serie gebaut, gab es die 250 in verschiedenen Varianten, darunter auch eine Version »Scrambler«, im Fachjargon eine für nicht zu anspruchsvol-

len Geländeeinsatz geeignete Maschine. Der Preis der Bicilindrica stieg von anfänglich 320.000 bis auf 474.000 Lire.

Die 250 Bicilindrica (Zweizylinder) von 1966 erntete, was die Arno einige Jahre zuvor gesät hatte, zu einem für Spitzenmodelle besonders günstigen Zeitpunkt.

Scrambler-Version der 250 Bicilindrica. Außer den auffälligen doppelten Auspuffrohren erkennt man den Schutzbügel unter der Ölwanne, die langhubige Gabel und einige Ausstattungsunterschiede.

Der Motor der 250 Bicilindrica unterschied sich von dem der Arno durch ein anderes Gehäuse und die seitlich angeordneten Kerzen.

Modell und Baujahr	250 Bicilindrica 1967–1971
Motor – Bauart	Zweizylinder – Viertakt
Hubraum (cm³) – Bohrung × Hub (mm)	247 – 53 × 56
Verdichtungsverhältnis	10:1
Zylinderkopf	Leichtmetall
Zylinder	Leichtmetall
Ventile – Anordnung	geneigt, hängend
Ventile – Steuerung	Stoßstangen, Kipphebel
Zündung	Spulenzündung
Vergaser	Dell'Orto UB 22 / UB 22 S
Schmierung	Ölsumpf
Kupplung	Ölbadlamellenkupplung
Getriebe – Bauart	angeblockt, 5 Gänge
Kraftübertragung	primär: Zahnräder, sekundär: Kette
Rahmen	Rohr und Stahlblech, offene Schleife
Radstand (mm)	1290
Radaufhängung vorn	Telegabel
Radaufhängung hinten	Schwinge, Ölstoßdämpfer
Räder	Stahlspeichen, 2.25 × 18"
Bereifung	vorn 2.75–18"; hinten 3.25–18"
Bremsen	vorn 2 Nocken/Trommel 180 mm; hinten Trommel 158 mm
Mittlerer Verbrauch (l/100 km)	5,9
Inhalt Kraftstofftank (l)	13
Inhalt Ölbehälter (l)	2,2

Die Vierzylinder – 1965–1980

Mit der Mailänder Ausstellung von 1965 begann die Wiederbelebung der italienischen Motorradindustrie nach den trüben Jahren der Rezession. Zahlreiche verlockende Neuheiten stellten die verschiedenen Werke jetzt vor, doch die größte Sensation war wohl die MV 600 Vierzylinder. Endlich wurde den Anhängern schwerer Maschinen ein Modell angeboten, das sich von allen anderen unterschied und darüber hinaus in direkter Linie von den berühmten Rennmaschinen abstammte, von den Boliden, die zuerst mit Surtees, dann mit Hailwood und jetzt mit Agostini im Sattel Jahr für Jahr Meistertitel sammelten. Freilich dachte man im Hause Agusta dabei mehr an ein reines Tourenfahrzeug, und daher war einiges hineinkonstruiert – vor allem das Hubvolumen –, was den Besitzer vom Einsatz im Rennsport abhalten sollte. Dennoch war das Image der Marke zweifellos dazu angetan, gerade die Sportfahrer anzulocken. Tatsächlich aber litt die »Quattro Cilindri« (Vierzylinder) stets an einer Art Identitätskrise: zu »touristisch« für die einen, zu »rennmäßig« für die andern, und zu teuer für sie alle, so daß sie nie ganz zu überzeugen vermochte. Immer wieder im Hubraum und in der Leistung angehoben – bis auf 800 cm³ in der letzten Version – war die Vierzylinder (zusammen mit der Ipotesi) auch das letzte von MV verkaufte Motorradmodell. Heute, da sie nicht mehr gefertigt wird, revanchiert sie sich bei ihren Kritikern: Sie gilt als eine der gesuchtesten und teuersten Gebrauchten ihrer Tage.

Modell und Baujahr	600 Quattro Cilindri 1966–1970
Motor – Bauart	Vierzylinder – Viertakt
Hubraum (cm³) – Bohrung × Hub (mm)	591,5 – 58 × 56
Verdichtungsverhältnis	9,3 : 1
Zylinderkopf	Leichtmetall
Zylinder	Leichtmetall
Ventile – Anordnung	geneigt, hängend
Ventile – Steuerung	2 obenliegende Nockenwellen
Zündung	Spulenzündung
Vergaser	Dell'Orto MB 24, MB 24 S
Schmierung	Ölsumpf
Kupplung	Ölbadlamellenkupplung
Getriebe – Bauart	angeblockt, 5 Gänge
Kraftübertragung	primär: Stirnräder, sekundär: Kardan
Rahmen	Rohr; geschlossene Doppelschleife
Radstand (mm)	1390
Radaufhängung vorn	Telegabel
Radaufhängung hinten	Schwinge, Ölstoßdämpfer
Räder	Leichtmetall, Speichen, 3.25 × 18″
Bereifung	vorn 3.50–18″, hinten 4.00–18″
Bremsen	vorn 2 Scheiben 216 mm/mechanisch; hinten Trommel 200 mm
Mittlerer Verbrauch (l/100 km)	5
Inhalt Kraftstofftank (l)	20
Inhalt Ölbehälter (l)	3,3

Der Motor der 600 Quattro Cilindri erweist sich – wenngleich mit notwendigen Modifikationen – als direkter Abkömmling der Renntriebwerke derselben Periode. Vom quer eingebauten Getriebe wird die Kardanwelle über Kegelräder angetrieben.

Rechts: Erste Ausgabe der 600 Vierzylinder wie im November 1965 in Mailand vorgestellt. Unten: Die zweite Baureihe mit zylindrischen Schalldämpfern und 2-in-1-Abgasanlage. Der große rechteckige Scheinwerfer, der bucklige Tank und die stark abgesetzte Sitzbank waren ausdrückliche Forderungen des Conte Agusta. Man erkennt Doppelscheibenbremsen vorn, die aber mechanisch betätigt wurden. Farbe: schwarz. Preis 1966: 1.060.000 Lire.

Die Vierzylinder – 1965–1980

Im November 1969 erschien die Sport (links) mit auf 750 cm³ aufgebohrtem Motor und vier einzelnen Schalldämpfern. Farbe: rot-blau-weiß; Preis: 1.980.000 Lire. Daneben die GT vom November 1971 in weniger sportlicher Ausstattung. Farbe: weiß-bronze; Preis: 1.950.000 Lire.

Modell und Baujahr	750 Sport 1970–1975
Motor – Bauart	Vierzylinder – Viertakt
Hubraum (cm³) – Bohrung × Hub (mm)	742,9 – 65 × 56
Verdichtungsverhältnis	9,5:1
Zylinderkopf	Leichtmetall
Zylinder	Leichtmetall
Ventile – Anordnung	geneigt, hängend
Ventile – Steuerung	2 obenliegende Nockenwellen
Zündung	Spulenzündung
Vergaser	je 2 Dell'Orto UB 24 B2 u. UB 24 BS2
Schmierung	Ölsumpf
Kupplung	Ölbadlamellenkupplung
Getriebe – Bauart	angeblockt, 5 Gänge
Kraftübertragung	primär: Stirnräder, sekundär: Kardan
Rahmen	Rohr; geschlossene Doppelschleife
Radstand (mm)	1390
Radaufhängung vorn	Telegabel
Radaufhängung hinten	Schwinge, Ölstoßdämpfer
Räder	Leichtmetall, Speichen, 3.25 × 18"
Bereifung	vorn 3.50–18", hinten 4.00–18"
Bremsen	vorn 4 Nocken/Trommel 230 mm; hinten Trommel 200 mm
Mittlerer Verbrauch (l/100 km)	6,5
Inhalt Kraftstofftank (l)	24
Inhalt Ölbehälter (l)	3,3

Die Licht-Anlaßmaschine liegt unter dem Flansch der Kardanwelle. Für Anlaß- und Generatorbetrieb dienen zwei verschieden übersetzte Keilriementriebe.

Leistung bei 7900/min: 69 PS (51 kW)
Gewicht trocken: 230 kg
Höchstgeschwindigkeit: 200 km/h

Die beiden oberen Fotos zeigen die 1973er Version der 750 Sport. Außer der Lackierung des Tanks wurde die Form der Sitzbank geändert. Sie hat vorn immer noch eine Bremstrommel mit vier Backen, außerdem die vier einzelnen Schalldämpfer. Der Preis ist bei 1.980.000 Lire geblieben.

Im Foto links unten ist die 1974er 750 Sport, die – außer der Verkleidung – vorn jetzt eine hydraulische Zweischeibenbremse von Scarab bekommen hat. Rechts daneben steht die Super Sport vom November 1971, die – wohl etwas optimistisch – mit 260 km/h Spitze angepriesen wurde. Ihr Preis: 2.500.000 Lire

Die Vierzylinder – 1965–1980

Letzte Generation: die 750 S America mit 790 cm³ Hubraum. Rechts die erste Ausgabe von 1975, links daneben ein Modell 1976 mit schwarzen Schalldämpfern. Als Extras gab es Alugußräder und hintere Scheibenbremse.

Modell und Baujahr	750 Sport America 1975–1980
Motor – Bauart	Vierzylinder – Viertakt
Hubraum (cm³) – Bohrung × Hub (mm)	789,3 – 67 × 56
Verdichtungsverhältnis	10:1
Zylinderkopf	Leichtmetall
Zylinder	Leichtmetall
Ventile – Anordnung	geneigt, hängend
Ventile – Steuerung	2 obenliegende Nockenwellen
Zündung	Spulenzündung
Vergaser	4 Dell'Orto VHB 26 D
Schmierung	Ölsumpf
Kupplung	Ölbadlamellenkupplung
Getriebe – Bauart	angeblockt, 5 Gänge
Kraftübertragung	primär: Stirnräder, sekundär: Kardan
Rahmen	Rohr; geschlossene Doppelschleife
Radstand (mm)	1390
Radaufhängung vorn	Telegabel
Radaufhängung hinten	Schwinge, Ölstoßdämpfer
Räder	Leichtmetall, Speichen, 3.25 × 18"
Bereifung	vorn 3.50–18", hinten 4.00–18"
Bremsen	vorn 2 Scheiben 280 mm; hinten zentr. Trommel 200 mm
Mittlerer Verbrauch (l/100 km)	8
Inhalt Kraftstofftank (l)	19
Inhalt Ölbehälter (l)	3,3

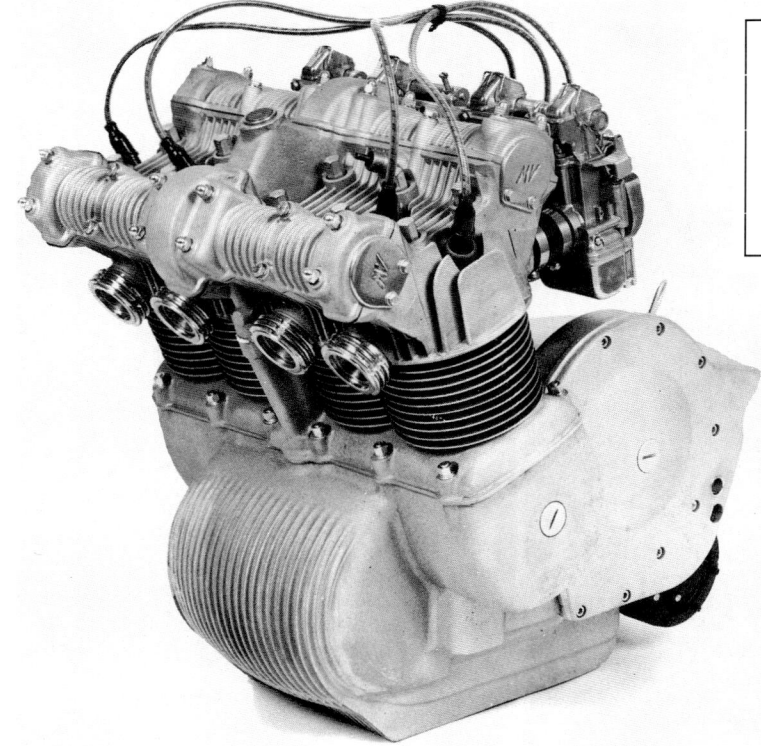

Leistung bei 8500/min: 75 PS (55 kW) Gewicht trocken: 240 kg Höchstgeschwindigkeit: 210 km/h

Den 790er Motor der Sport America versorgten vier Vergaser mit konzentrischen Schwimmerkammern.

350 Bicilindrica – 1970–1974

Die 350er Zweizylinder, am Mailänder Salon im November 1969 präsentiert, stammte unmittelbar von der 250er ab, deren Zylinder man um 10 mm von 53 auf 63 mm aufgebohrt hatte. Man erhielt damit eine 350er mit unterquadratischen Abmessungen und mit allen durch die erreichbaren höheren Drehzahlen erzielbaren Vorteilen in bezug auf Leistung und Temperament. Sie war die schon erwartete Antwort auf die Forderungen der neuen Kundschaft, die sich auch für die Mittelklassemodelle brillante Fahrleistungen und eine hohe Spitze wünschte. Und tatsächlich verdrängte sie die gleichzeitig angebotene 250er nach einer Weile: ein sicheres Zeichen dafür, daß der Käufer das stärkere Modell bevorzugte. Die 350 wurde 1975 durch ein äußerlich völlig neues, interessantes Modell ersetzt. Sie erlebte während ihrer alles in allem kurzen Produktionszeit eine Reihe Varianten: neben einer Scrambler-Version mit der typischen Offroad-Ausrüstung, die im November 1971 erschien, gab es im Frühjahr 1972 als wichtige Neuerung elektronische Zündung sowie eine »Delphin«-Verkleidung, die den maßlichen Vorschriften des Sportreglements entsprach und in die der Scheinwerfer einbezogen war – eine 1972 wieder gefragte Pseudo-Rennversion. Die Preise der 350er litten erheblich unter der galoppierenden Inflation im Lande und stiegen rasch von anfänglich 560.000 auf 678.000 Lire im letzten Jahr.

Leistung bei 8400/min: 28 PS (21 kW)
Gewicht trocken: 149 kg
Höchstgeschwindigkeit: 155 km/h

Die 350, im November 1969 erschienene Ableitung der 250 Bicilindrica, hier als Version Sport (S) mit Spulenzündung.
Farbe: weiß-rot; Preis: 560.000 Lire.

Die oberen Fotos zeigen die auf der Mailänder Mustermesse 1971 präsentierte GT; sie kostete 550.000 Lire und war schwarz-rot lackiert mit verchromten Kotflügeln. Rechts die Scrambler-Version mit hochgelegter Auspuffanlage.

Im Foto unten links eine andere Ausgabe der Scrambler vom November 1971. Daneben die Sport mit elektronischer Zündung (Sport EL) von der Mailänder Mustermesse 1972: Neu war hier auch das Styling. Ihr Preis: 605.000 Lire.

Links im Bild die GT Elettronica (GTE) mit hohem Lenker und zusätzlichen Leuchten. Rechts: Die Sport EL gab es auch mit dieser an Rennausführungen erinnernden Verkleidung.

Modell und Baujahr	350 Sport 1970–1974
Motor – Bauart	Zweizylinder – Viertakt
Hubraum (cm³) – Bohrung × Hub (mm)	348,9 – 63 × 56
Verdichtungsverhältnis	9:1
Zylinderkopf	Leichtmetall
Zylinder	Leichtmetall
Ventile – Anordnung	geneigt, hängend
Ventile – Steuerung	Stoßstangen, Kipphebel
Zündung	Spulenzündung
Vergaser	Dell'Orto UB 24 BS2 / UB 24 B2
Schmierung	Ölsumpf
Kupplung	Ölbadlamellenkupplung
Getriebe – Bauart	angeblockt, 5 Gänge
Kraftübertragung	primär: Zahnräder, sekundär: Kette
Rahmen	Rohr und Stahlblech, offene Schleife
Radstand (mm)	1300
Radaufhängung vorn	Telegabel
Radaufhängung hinten	Schwinge, Ölstoßdämpfer
Räder	Leichtmetall, Speichen, 1.85 ×18″
Bereifung	vorn 2.75–18″; hinten 3.25–18″
Bremsen	vorn 2 Nocken/Trommel 200 mm; hinten Trommel 200 mm
Mittlerer Verbrauch (l/100 km)	5,2
Inhalt Kraftstofftank (l)	13
Inhalt Ölbehälter (l)	2,2

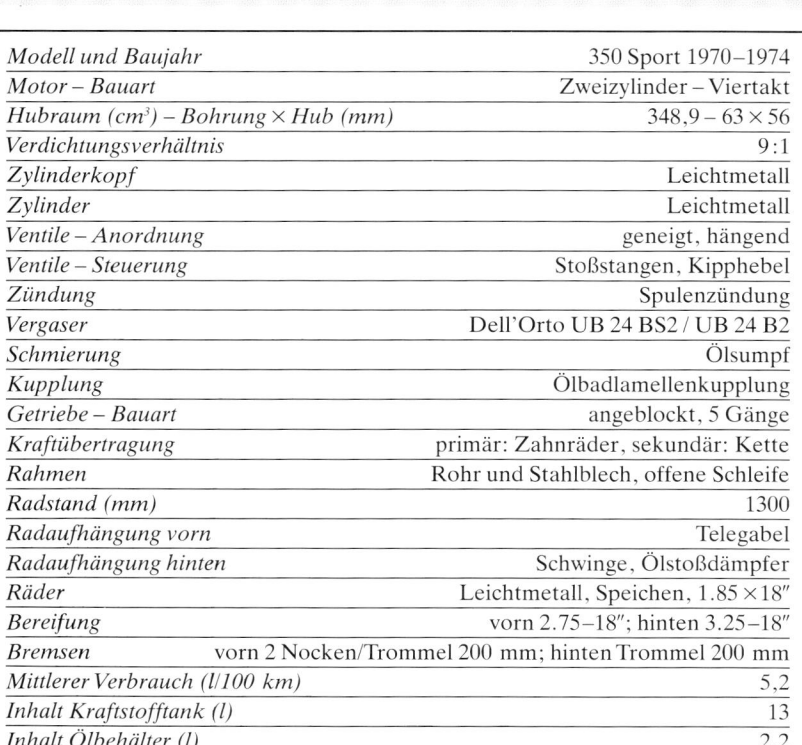

Eine Variante der GTE speziell für die städtische Polizei: mit Seitentaschen, einsitzigem Sattel, Sturzbügel, Beinschutz, Sirene und Richtungsblinkern.

350 »Ipotesi« – 1975–1980

Im Jahre 1973 begann die Lage bei MV konfus zu werden: Die Forderung, den Motorradbau aufzugeben, stand gegen den recht starken Wunsch, den so ruhmreichen Weg weiterzugehen. Eine Zeitlang obsiegte letzterer denn auch über diejenigen, die die Aufgabe verlangten, und das drückte sich in weiteren Versionen der Vierzylinder wie auch in einem neuen Zweizylinder-Mittelklassemodell aus, das vor allem durch das Styling der verschiedenen Bauteile wirken sollte: das Projekt »Ipotesi« (Hypothese), ein als Studie betiteltes Modell, das, noch stark verbesserungsfähig, am Mai-

länder Salon im November 1973 ausgestellt wurde. Es entstammte der Feder eines der großen Industriedesigner, Giorgio Giugiaro, und zeichnete sich durch ausgeprägte waagrechte Linien und scharfe Konturen aus. Neu war der offene Doppelschleifenrahmen, dessen oberes horizontales Rohr in einem Stück vom Lenkkopf bis zum Heck durchlief, von oben gesehen aber der

Kontur des Tanks exakt folgte. Der Motor basierte auf dem der letzten 350er Zweizylinder mit elektronischer Zündung, war äußerlich jedoch völlig neu und mit vielen Kanten versehen. Gegossene Alu-Speichenräder und Scheibenbremsen vervollständigten das ultramoderne Konzept. Das ab 1975 in Serie gebaute Motorrad war recht erfolgreich, doch die Entscheidung, die Motorrad-

fertigung aufzugeben, hinderte es daran, sich beim Publikum voll durchzusetzen, was es gewiß verdient gehabt hätte.

Leistung bei 8500/min:
34 PS (25 kW)
Gewicht trocken:
150 kg
Höchstgeschwindigkeit:
170 km/h

Modell und Baujahr	350 Sport 1975–1980
Motor – Bauart	Zweizylinder – Viertakt
Hubraum (cm³) – Bohrung × Hub (mm)	348,9 – 63 × 56
Verdichtungsverhältnis	9,5:1
Zylinderkopf	Leichtmetall
Zylinder	Leichtmetall
Ventile – Anordnung	geneigt, hängend
Ventile – Steuerung	Stoßstangen, Kipphebel
Zündung	Dansi elektronischer Schwungradmagnetzünder
Vergaser	Dell'Orto VHB 24 B, VHB 24 BS
Schmierung	Ölsumpf
Kupplung	Ölbadlamellenkupplung
Getriebe – Bauart	angeblockt, 5 Gänge
Kraftübertragung	primär: Zahnräder, sekundär: Kette
Rahmen	Rohr, offene Schleife
Radstand (mm)	1400
Radaufhängung vorn	Telegabel
Radaufhängung hinten	Schwinge, Ölstoßdämpfer
Räder	Leichtmetall, vorn 2.50 × 18″; hinten 3.00 × 18″
Bereifung	vorn 2.75–18″; hinten 3.25–18″
Bremsen	vorn 2 Scheiben 230 mm; hinten Scheibe 230 mm
Mittlerer Verbrauch (l/100 km)	4,3
Inhalt Kraftstofftank (l)	19
Inhalt Ölbehälter (l)	2,2

Der Motor der 350 Sport von 1975, besser bekannt als »Ipotesi«, wurde äußerlich völlig neu gestaltet; nur die Mechanik in seinem Innern blieb unverändert.

Für die Studie »Ipotesi« war die 350 Bicilindrica einer umfangreichen Modernisierung der Linienführung unterzogen worden in der Absicht, die funktionellen Bedingungen mit einem neuzeitlichen Styling in Einklang zu bringen, das aber auch nicht gar zu futuristisch wirken durfte.

Die Designstudie der »Ipotesi« stammt von Giorgio Giugiaro. Man beachte bei diesem Exemplar die schwarzen Schalldämpfer, die dem letzten Stand der Renntechnik entsprachen. Die Maschine kostete 1.232.000 Lire.

125 Sport – 1975–1980

Der 350 Sport, die von nun an nach der Studie »Ipotesi« genannt wurde, folgte 1975 sogleich ein ähnlich gestyltes 125er Modell. Es sollte die letzte Neuschöpfung des Hauses werden. Ihre oft beschworene Verwandtschaft mit der »Ipotesi« aber war nicht wirklich vorhanden; sie begründete sich zum allergrößten Teil auf den äußerlich neu gestalteten, eckigen und kantigen Motor und einige entsprechend geformte Bauteile. Der Stoßstangen-Einzylinder wies, wie alle 125er seit den ersten Zweitaktern, die MV-typischen Abmessungen 53 × 56 mm auf. Der Rahmen hatte zwar auch

die oben durchlaufenden, geraden Rohre, bildete aber im übrigen eine geschlossene (keine offene) Doppelschleife. Die 125 hatte Stahlspeichen, also keine Gußräder, und hinten war eine Trommelbremse. Aber wie dem auch sei: Auch diese kleine Maschine war bald nur noch unter dem Namen »Ipotesi« bekannt. Neben dem »nackten« Modell gab es bald eines mit »Delphin«-Verklei-

dung, genau wie zuvor bei der 350 und der Vierzylinder. Die 125 kam zum Preis von 784.000 Lire in den Handel; 840.000 zahlte man für die letzten im Jahr 1980 verkauften Exemplare ohne Verkleidung. Doch inzwischen hat die Produktion längst aufgehört, und schon 1980 gab es nur noch einige wenige Teile im Lager. Als auch die verkauft waren, fiel der Vorhang endgültig über der

faszinierenden Geschichte eines Werkes, das während einer recht kurzen Spanne von Jahren – zumindest im Motorsport – die erfolgreichsten Motorräder der Welt gebaut hatte.

Leistung
bei 8500/min:
12 PS (8,8 kW)
Gewicht trocken:
103 kg
Höchst-
geschwindigkeit:
115 km/h

Modell und Baujahr	125 Sport 1975–1980
Motor – Bauart	Einzylinder – Viertakt
Hubraum (cm³) – Bohrung × Hub (mm)	123,5 – 53 × 56
Verdichtungsverhältnis	9,8:1
Zylinderkopf	Leichtmetall
Zylinder	Leichtmetall
Ventile – Anordnung	geneigt, hängend
Ventile – Steuerung	Stoßstangen, Kipphebel
Zündung	Dansi elektronischer Schwungradmagnetzünder
Vergaser	Dell'Orto VHB 22
Schmierung	Ölsumpf
Kupplung	Ölbadlamellenkupplung
Getriebe – Bauart	angeblockt, 5 Gänge
Kraftübertragung	primär: Zahnräder, sekundär: Kette
Rahmen	Rohr, geschlossene Doppelschleife
Radstand (mm)	1300
Radaufhängung vorn	Telegabel
Radaufhängung hinten	Schwinge, Ölstoßdämpfer
Räder	Leichtmetall, Speichen, 1.60 × 18″
Bereifung	vorn + hinten 2.75–18″
Bremsen	vorn Scheibe 230 mm; hinten Trommel 136 mm
Mittlerer Verbrauch (l/100 km)	2,7
Inhalt Kraftstofftank (l)	19
Inhalt Ölbehälter (l)	2,2

Auch der Motor der 125 wurde im Styling entsprechend den für die »Ipotesi« gefundenen Linien überarbeitet: kantiger Gehäusedeckel, eckige Kühlrippen am Zylinder.

Die überarbeitete 125 Sport von 1975 verkörperte den Schwanenge-
sang der Marke MV – zusammen mit der »America«-Version des
Vierzylindermodells: Mit ihnen endet die Geschichte des Hauses. Die
125 kostete im Jahr 1975 volle 784.000 Lire; auch eine Verkleidung
wurde angeboten.

DIE TRANSPORT-FAHRZEUGE

Transportfahrzeuge – 1947–1968

Leistung
bei 4500/min:
3,5 PS (2,6 kW)
Gewicht trocken:
160 kg
Zuladung max.:
250 kg
Höchst-
geschwindigkeit:
40 km/h

Wie die Mehrzahl der italienischen Motorradhersteller, so betätigte sich auch MV auf dem Sektor »Motocarro«, baute also Kleinlast- oder Kleinlieferfahrzeuge, ein Gebiet, das gleich nach dem Krieg und noch eine ganze Anzahl weiterer Jahre in Italien hochaktuell war. Freilich behandelte MV diesen Markt stets nur ganz am Rande, und doch entstanden damals nicht wenige solcher Modelle. Das erste kam bereits 1947, als die Firma gerade ihre ersten Gehversuche machte. Es war ein dreirädriger »Vorderlader« mit 98er Zweitakter, der nur in ganz wenigen Exemplaren gefertigt wurde. Erst

1955 griff man den Gedanken wieder auf, diesmal mit einem Dreirad mit hinterer Ladefläche, eine Bauweise, die sich inzwischen als die vernünftigste herausgestellt hatte. Der 175er Motor war von dem des damals aktuellen Mittelklassemotorrads abgeleitet und hatte wie dieser eine obenliegende Nockenwelle. 1959 wurden dann in rascher Folge zwei sehr viel komplettere und zweck-

mäßigere Kleinlaster eingeführt. Sie hatten regelrechte Fahrerhäuser aus Blech und einen Rückwärtsgang: Der erste war der Centauro mit einem 150er Viertakter, der zweite der Tevero mit einem solchen von 235 cm³ und einer Reduzierstufe (beide hatten Vierganggetriebe). Die Produktion von Transportfahrzeugen endete bei MV 1968. Zu erwähnen wäre noch ein weiterer Winz-

ling mit einem den Mopedvorschriften entsprechenden 50 cm³-Motor, der allerdings nie in Serie ging.

Modell und Baujahr	Motocarro 98 1947–1948
Motor – Bauart	Einzylinder – Zweitakt
Hubraum (cm³) – Bohrung × Hub (mm)	97,7 – 48 × 54
Verdichtungsverhältnis	6:1
Zylinderkopf	Leichtmetall
Zylinder	Grauguß
Ventile – Anordnung	–
Ventile – Steuerung	–
Zündung	Schwungradmagnetzünder
Vergaser	Dell'Orto TA 16 A
Schmierung	6%iges Gemisch
Kupplung	Ölbadlamellenkupplung
Getriebe – Bauart	angeblockt, 3 + R-Gang; Reduzierstufe
Kraftübertragung	primär: Zahnräder, sekundär: Kette
Rahmen	Rohr- und Stahlblechstruktur
Radstand (mm)	N.N.
Radaufhängung vorn	Blattfeder
Radaufhängung hinten	starr
Räder	Stahlscheibenräder 3.75 × 8″
Bereifung	vorn + hinten 4.00–8″
Bremsen	Trommel, hydraulisch betätigt
Mittlerer Verbrauch (l/100 km)	4
Inhalt Kraftstofftank (l)	8
Inhalt Ölbehälter (l)	–

Das erste Lastendreirad der MV von 1947 besaß einen Rohrrahmen mit integrierten Stahlblechelementen. Es hatte ein Lenkrad, Hinterradantrieb, Öldruckbremsen und eine Pritsche aus Holz.

Ab 1955 stellte MV einen »Motocarro« mit 175er 1-ohc-Motor her, dem man ein Kühlgebläse zugefügt hatte. Er kostete 375.000 Lire.

Leistung bei 5600/min:	*8 PS (5,9 kW)*
Gewicht trocken:	*250 kg*
Zuladung max.:	*350 kg*
Höchstgeschwindigkeit:	*50 km/h*

Modell und Baujahr	Motocarro 175 1955–1958
Motor – Bauart	Einzylinder – Viertakt
Hubraum (cm³) – Bohrung × Hub (mm)	172,3 – 59,5 × 62
Verdichtungsverhältnis	6,6:1
Zylinderkopf	Leichtmetall
Zylinder	Leichtmetall
Ventile – Anordnung	geneigt, hängend
Ventile – Steuerung	obenliegende Nockenwelle
Zündung	Schwungradmagnetzünder
Vergaser	Dell'Orto MA 18 B
Schmierung	Ölsumpf
Kupplung	Ölbadlamellenkupplung
Getriebe – Bauart	angeblockt, 4 + R-Gang
Kraftübertragung	primär: Zahnräder, sekundär: Kardanwelle
Rahmen	Rohrrahmen
Radstand (mm)	1800
Radaufhängung vorn	Telegabel
Radaufhängung hinten	Blattfedern
Räder	vorn Speichen 2.25 × 17"; hinten Scheibenrad 4.00 × 15"
Bereifung	vorn 3.50–17"; hinten 4.25–15"
Bremsen	Trommel
Mittlerer Verbrauch (l/100 km)	4,5
Inhalt Kraftstofftank (l)	14
Inhalt Ölbehälter (l)	2,0

Leistung bei 5500/min:	*7 PS (5,2 kW)*
Gewicht trocken:	*270 kg*
Zuladung max.:	*350 kg*
Höchstgeschwindigkeit:	*60 km/h*

Modell und Baujahr	Centauro 150 1959–1966
Motor – Bauart	Einzylinder – Viertakt
Hubraum (cm³) – Bohrung × Hub (mm)	150,1 – 59,5 × 54
Verdichtungsverhältnis	7:1
Zylinderkopf	Leichtmetall
Zylinder	Grauguß
Ventile – Anordnung	geneigt, hängend
Ventile – Steuerung	Stoßstangen, Kipphebel
Zündung	Schwungradmagnetzünder
Vergaser	Dell'Orto MA 18 B
Schmierung	Ölsumpf
Kupplung	Ölbadlamellenkupplung
Getriebe – Bauart	angeblockt, 4-Gang; separates Wendegetriebe
Kraftübertragung	primär: Zahnräder, sekundär: Kardanwelle
Rahmen	Rohr- und Stahlblechrahmen
Radstand (mm)	1720
Radaufhängung vorn	gezogene Kurzschwinge
Radaufhängung hinten	Blattfedern
Räder	Stahlscheibenräder 3.75 × 8"
Bereifung	vorn + hinten 4.00–8"
Bremsen	Trommel
Mittlerer Verbrauch (l/100 km)	3
Inhalt Kraftstofftank (l)	12
Inhalt Ölbehälter (l)	2,2

Das Lieferdreirad Centauro von 1959. Man hatte die bisherige Motorradbauweise verlassen und ein sehr zweckmäßiges Fahrzeug mit hohem Nutzeffekt und gutem Fahrkomfort geschaffen.

Links der Tevere Trasporto, fast gleichzeitig mit dem Centauro herausgebracht, jedoch mit höherer Zuladung und mechanisch aufwendiger, mit Reduzierstufe und elektrischem Anlasser. Daneben der nie in Serie gegangene Prototyp mit 50 cm³-Mopedmotor.

Modell und Baujahr	Tevere Trasporto 235 1959–1968
Motor – Bauart	Einzylinder – Viertakt
Hubraum (cm³) – Bohrung × Hub (mm)	231,7 – 69 × 62
Verdichtungsverhältnis	6,5:1
Zylinderkopf	Leichtmetall
Zylinder	Grauguß
Ventile – Anordnung	geneigt, hängend
Ventile – Steuerung	Stoßstangen, Kipphebel
Zündung	Schwungradmagnetzünder
Vergaser	Dell'Orto MB 22
Schmierung	Ölsumpf
Kupplung	Ölbadlamellenkupplung
Getriebe – Bauart	angeblockt, 4 + R-Gang; Reduzierstufe
Kraftübertragung	primär: Zahnräder, sekundär: Kardanwelle
Rahmen	Rohr- und Stahlblechrahmen
Radstand (mm)	1936
Radaufhängung vorn	Schwinge; hydr. Federbeine
Radaufhängung hinten	Blattfedern
Räder	Stahlscheibenräder 4.50×10″
Bereifung	vorn + hinten 5.00–10″TL
Bremsen	Trommel
Mittlerer Verbrauch (l/100 km)	6
Inhalt Kraftstofftank (l)	15
Inhalt Ölbehälter (l)	2,2

Das Antriebsaggregat des Centauro: 150er Viertakter mit Vierganggetriebe und separatem Umkehrgetriebe. Der Antrieb ging über eine Kardanwelle.

Leistung
bei 5500/min:
9 PS (6,6 kW)
Gewicht trocken:
396 kg
Zuladung max.:
700 kg
Höchstgeschwindigkeit:
54 km/h

DIE RENNMASCHINEN

98 Zweitakt – 1946

MV war gerade erst vor einigen Monaten auf dem Markt erschienen, da wurden bereits ihre so friedlich und bescheiden aussehenden Leichtmotorräder bei zahlreichen sportlichen Wettbewerben eingesetzt – und dazu noch sehr erfolgreich. In der Tat hatte den Conte Domenico Agusta schon längst der sportliche Ehrgeiz wie ein Virus befallen, so daß er unter dem Eindruck dieser ersten Lorbeeren eine echte MV-Rennmaschine zauberte und sie der Öffentlichkeit auf dem Mailänder Motorradsalon im November 1946 vorstellte. Dieser erste Rennprototyp des Werks in Cascina Costa wich nun nicht allzuweit vom damaligen Tourenmodell ab: Der Motor war ein 98er Dreikanal-Zweitakter mit Dreiganggetriebe, der Rahmen war eine einfache, geschlossene Rohrschleife, und auch der lange Kettenschutz aus Blech fehlte nicht. Die Leistung betrug etwa eineinhalb PS (1,1 kW) mehr als die des Serienmotors, und die Spitze lag nahe bei 100 km/h – eine Zahl, die uns heute ein Lächeln abnötigt. Damals aber war das viel, und hinzu kamen noch einige ganz hübsche kleine Details: die brandneue Telegabel, der vergrößerte Tank, die zurückverlegten Fußrasten, die üppige Ausstattung mit Sattel und Polstern – zweifellos lauter »rennmäßige« Extras. Die Maschine nahm 1947 an diversen Rennen teil und siegte häufig; doch als sich das Publikum 1948 mehr und mehr den größeren Hubräumen zuwandte, ersetzte man die 98er durch eine neue, aggressivere und schnellere 125er.

Leistung
bei 5400/min:
5 PS (3,7 kW)
Gewicht trocken:
65 kg
Höchstgeschwindigkeit:
95 km/h

Die erste MV-Rennmaschine, die schlanke, brav wirkende, rot lackierte 98er von 1946; darunter ihr Motor.

Modell und Baujahr	98 Sport 1946–1947
Motor – Bauart	Einzylinder – Zweitakt
Hubraum (cm³) – Bohrung × Hub (mm)	98 – 49 × 52
Verdichtungsverhältnis	7:1
Zylinderkopf	Leichtmetall
Zylinder	Grauguß
Ventile – Anordnung	–
Ventile – Steuerung	–
Zündung	Schwungradmagnetzünder
Vergaser	Dell'Orto RAO 20
Schmierung	10%iges Gemisch
Kupplung	Ölbadlamellenkupplung
Getriebe – Bauart	angeblockt, 3 Gänge
Kraftübertragung	primär: Zahnräder, sekundär: Kette
Rahmen	Rohr; einfache, geschlossene Schleife
Radstand (mm)	1250
Radaufhängung vorn	Telegabel
Radaufhängung hinten	teleskopische Radführung
Räder	Stahlspeichen, Leichtmetall 2.25 × 19"
Bereifung	vorn + hinten 2.50 – 19"
Bremsen	seitl. Trommel, vorn + hinten 130 mm
Mittlerer Verbrauch (l/100 km)	N.N.
Inhalt Kraftstofftank (l)	13
Inhalt Ölbehälter (l)	–

125 Zweitakt-Dreigang – 1948

Leistung
bei 6900/min:
9 PS (6,6 kW)
Gewicht trocken:
55 kg
Höchst-
geschwindigkeit:
120 km/h

Gleichzeitig mit dem Erscheinen der neuen Serienmaschine mit dem 125er Einzylinder wurde auch eine Rennversion des gleichen Hubraums aufgelegt. Innerhalb kurzer Zeit hatten die Rennen für Leichtmotorräder so großen Zuspruch erfahren, daß der Verband ernsthaft erwog, die 125er Klasse auch für die Rundstreckenmeisterschaft wieder einzuführen. Also nicht mehr das enge Korsett regionaler Wettbewerbe, nicht mehr die kleinen Straßenrennen »rund um den Kirchturm« für einige Wenige, sondern wirkliche landesweite Wettkämpfe auf hohem Niveau und mit entsprechen-

der Resonanz, für die man sich ernsthaft engagieren mußte. Tatsächlich aber fanden die Werke zunächst, daß man mit Serienmodellen mit kleinen Änderungen zurechtkommen müsse, und so unterschied sich auch die erste MV 125 nicht wesentlich vom entsprechenden Tourenmodell. Im Verlauf der Saison begann man freilich unter dem Eindruck der Rennergebnisse mit wesentlichen

Verbesserungen: Besonders auffallend war die erheblich vergrößerte Verrippung am Kopf, die MV zum ersten wirklich wichtigen Sieg ihrer Laufbahn verhalf, dem GP der Nationen, der 1948 in Faenza ausgetragen wurde. Die 125er Dreigang wurde schon im Jahr darauf von einem neuen Viergang-Modell verdrängt. In der Historie des Hauses nimmt sie dennoch einen Ehrenplatz ein,

nicht zuletzt weil sie einer Anzahl späterer großer Asse, unter anderen auch Carlo Ubbiali, als Sprungbrett diente.

Modell und Baujahr	125 Tre Marce (3-Gang) 1948
Motor – Bauart	Einzylinder – Zweitakt
Hubraum (cm³) – Bohrung × Hub (mm)	123,5 – 53 × 56
Verdichtungsverhältnis	8,5:1
Zylinderkopf	Leichtmetall
Zylinder	Grauguß
Ventile – Anordnung	–
Ventile – Steuerung	–
Zündung	Schwungradmagnetzünder
Vergaser	Dell'Orto SS 25 A
Schmierung	12%iges Gemisch
Kupplung	Ölbadlamellenkupplung
Getriebe – Bauart	angeblockt, 3 Gänge
Kraftübertragung	primär: Zahnräder, sekundär: Kette
Rahmen	Rohr; einfache, geschlossene Schleife
Radstand (mm)	1260
Radaufhängung vorn	Parallelogrammgabel
Radaufhängung hinten	teleskopische Radführung
Räder	Stahlspeichen, Leichtmetall 2.25 × 21"
Bereifung	vorn + hinten 2.50–21"
Bremsen	seitl. Trommel
Mittlerer Verbrauch (l/100 km)	N.N.
Inhalt Kraftstofftank (l)	14
Inhalt Ölbehälter (l)	–

Das schmächtige 125er Dreigangmodell, unmittelbar vom Tourenfahrzeug abgeleitet, hier aber mit dem stärker verrippten Kopf. Man beachte die seltsame Aufschrift »Agusta Milano«.

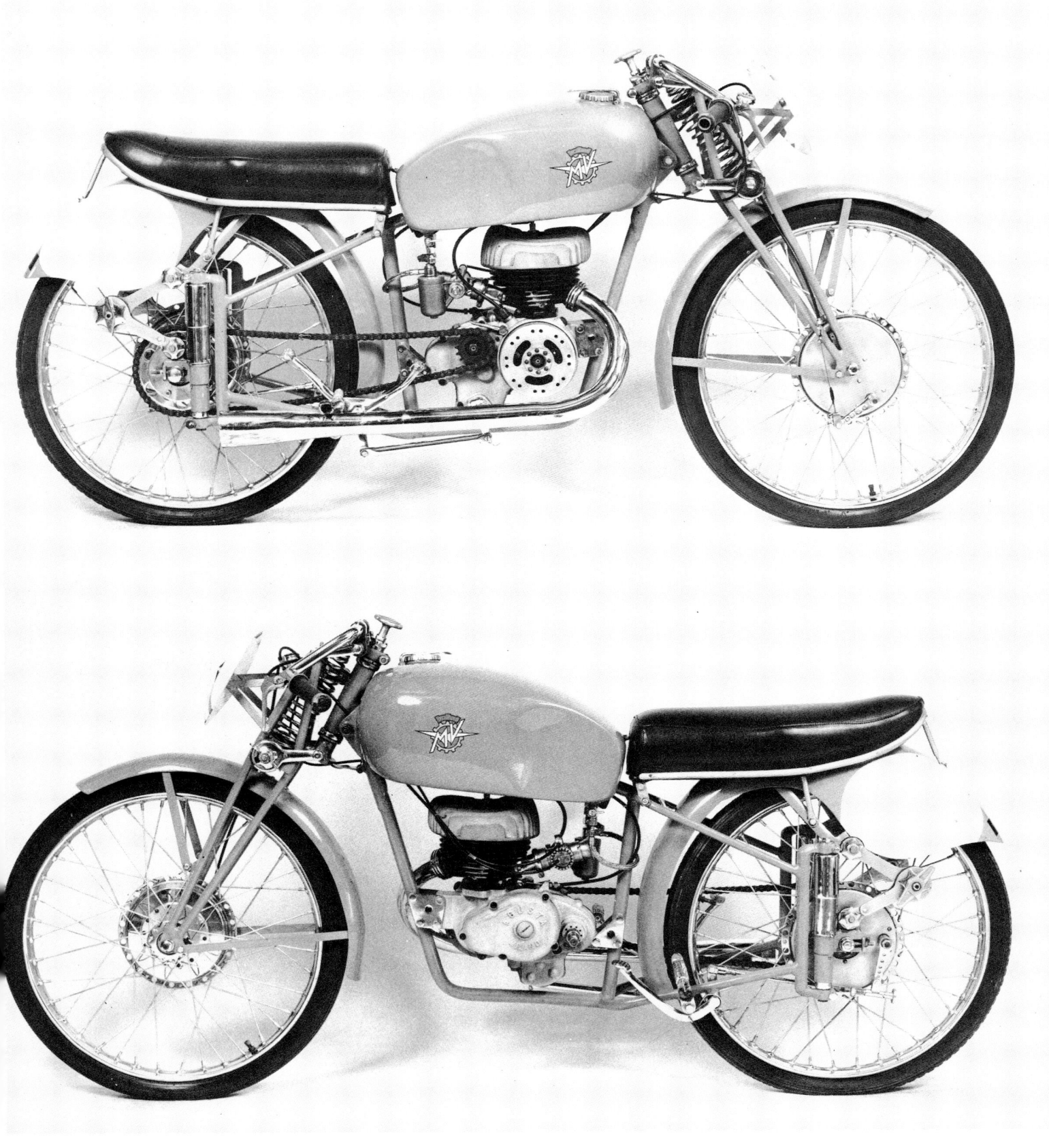

Die MV 125, wie sie zum GP der Nationen 1948 in Faenza am Start erschien, mit vergrößertem Tank und langer Sitzbank. Zylinder und Kopf waren voluminöser als das Kurbelgehäuse.

Charakteristisch für die MV 125 waren vor allem der Leichtbau und die Einfachheit der Konzeption, hier besonders an Rahmen und Rädern erkennbar.

125 Zweitakt-Viergang – 1949–1950

Die im Verlauf des Jahres 1949 in die Serie eingeführten Neuerungen wirkten sich natürlich auch auf die Rennfahrzeuge aus: Die 125er, die zu Beginn der Saison an den Start ging, besaß nun auch das langovale Gehäuse, das Viergangetriebe und den Rahmen mit der Hinterradschwinge. Sonderbarerweise behielt auch dieser Jahrgang vorn die Parallelogrammgabel, die vermutlich noch größere Fahrsicherheit ergab als die Telegabel der 98er, die sehr schön aussah, aber wohl noch nicht genügend durchentwickelt war. Die 125er Rennmaschine wurde zum Preis von etwa 400.000 Lire regulär angeboten und mit nur geringen Änderungen von den Werksfahrern in den Rennen der Saison benutzt. Sie war damals fraglos die schnellste Zweitaktmaschine auf dem Markt und erwies sich mit ihrem optimalen Gesamtkonzept als besonders geeignet für Privatfahrer. In den hochrangigen Wettbewerben aber – der italienischen und der gerade in diesem Jahr neu eingeführten Weltmeisterschaft – mußte sie sich den neuen Viertaktern der Konkurrenz beugen, die diese speziell für die WM-Rennen entwickelt hatten und die sich mit großer Überlegenheit auf allen Rennstrecken durchsetzen konnten. So blieb die 125er Zweitakt dann zwar noch im Verkaufskatalog, wurde aber als Werksrennmaschine 1950 durch ein Viertaktmodell ersetzt.

Leistung bei 6700/min:	10,5 PS (7,7 kW)
Gewicht trocken:	65 kg
Höchstgeschwindigkeit:	130 km/h

Modell und Baujahr	125 Quattro Marce (4-Gang) 1949–1950
Motor – Bauart	Einzylinder – Zweitakt
Hubraum (cm³) – Bohrung × Hub (mm)	123,5 – 53 × 56
Verdichtungsverhältnis	10:1
Zylinderkopf	Leichtmetall
Zylinder	Grauguß
Ventile – Anordnung	–
Ventile – Steuerung	–
Zündung	Schwungradmagnetzünder
Vergaser	Dell'Orto SS 25 A
Schmierung	12%iges Gemisch
Kupplung	Ölbadlamellenkupplung
Getriebe – Bauart	Semiblock, 4 Gänge
Kraftübertragung	primär: Zahnräder, sekundär: Kette
Rahmen	Rohr; geschlossene Doppelschleife
Radstand (mm)	1270
Radaufhängung vorn	Parallelogrammgabel
Radaufhängung hinten	Schwinge, Teleelemente, mech. Dämpfer
Räder	Stahlspeichen, Leichtmetall 1.75 × 21″
Bereifung	vorn + hinten 2.00–21″
Bremsen	seitl. Trommel
Mittlerer Verbrauch (l/100 km)	4,5
Inhalt Kraftstofftank (l)	14
Inhalt Ölbehälter (l)	–

Die 125er Zweitakt 1949, überarbeitet in bezug auf Motor, Getriebe, Rahmen und Hinterradfederung. Den Vergaser mit horizontalem Gasschieber und separater Schwimmerkammer erkennt man im nebenstehenden Foto.

125 Bialbero (2-ohc) – 1950–1960

Die 125er 2-ohc-Rennmaschine von 1950 markiert für MV einen entscheidenden qualitativen Sprung und den Bruch mit dem Zweitakter schlechthin. Bei den Rennmaschinen wird sich von nun ab in dieser und den größeren Hubraumklassen alles nur noch um optimale Rennergebnisse drehen; man wird weder Rücksicht auf Beziehungen zum Serienmodell noch auf Kosten nehmen. Insbesondere werden von der 125 Bialbero alle kleineren ein- und zweizylindrigen Rennmotoren und sogar noch auf lange Sicht die Vierzylinder der Oberklasse abgeleitet werden. Die 125 2-ohc blieb bis 1960 im

Einsatz und wurde in diesen elf Jahren naturgemäß viele Male überarbeitet, wodurch sie sich weit von ihrem Original entfernte. Es änderten sich der Fahrwerksaufbau, die Zündung, das Getriebe, der Rahmen, die Radaufhängungen; sie erhielt Verkleidungen, die immer umfassender und zweckmäßiger wurden. Doch bei alledem blieb das ursprüngliche Grundkonzept stets erhalten. Nach einer nicht ganz kurzen Entwicklungszeit wurde sie das Motorrad, das für MV (1952) den ersten Weltmeistertitel erobern konnte – den ersten einer unglaublich langen Reihe in den folgenden über zwanzig Jahren. Nach vier Jahren Pause hervorgeholt, gewann sie 1964 noch die italienische Meisterschaft, bevor sie endgültig ins Museum ging. Es wurde auch noch eine 1-ohc-Version von ihr abgeleitet, auf die wir noch zu sprechen kommen.

Leistung
bei 10 000/min:
13 PS (9,6 kW)
Gewicht trocken:
78 kg
Höchstgeschwindigkeit:
140 km/h

Eigens als Rennmaschine konzipiert, entbehrte die 125er Viertakt von 1950 jeder Verwandtschaft zur Serie, die beim Zweitaktprinzip blieb. Interessant der geschlossene Doppelschleifenrahmen mit Versteifungsrohren zu beiden Seiten der Hinterradschwinge.

Der 2-ohc-Motor in seiner ersten Ausführung mit dem im Nockenwellenbereich gerade verlaufenden Räderkasten und der auf diesem angeordneten Ölpumpe. Darunter liegt der Magnetzünder.

Der 1950er Motor hatte ein kleines außenliegendes Schwungrad, der Öltank lag unter der Sitzbank.

Die 52er Version des Motors hatte die Ölpumpe auf gleicher Höhe wie der Magnet.

Die Weltmeistermaschine von 1952 mit Telegabel und hinteren Ölstoßdämpfern.

Diese Formel-2-Version der 125 Bialbero nahm 1955 am Motogiro teil; man erkennt gut die Reserve-Ventilfedern.

Die Vollverkleidung aus Aluminium, eingesetzt beim GP der Nationen 1953 in Monza.

Die 1955er Ausgabe mit telehydraulischer Gabel und freiliegenden Federn vorn. Der Öltank lag jetzt vorn.

Übergangsversion von 1956 mit neuem, im unteren Teil demontierbarem
Rahmen (die Verbindungsstelle ist
gut erkennbar). Der Motor ist von
1954 und hat Magnetzündung, aber
kein Schwungrad mehr.

An einem solchen Versuchsmotor sollte die Einspritzung erprobt werden;
die Pumpe wurde auf dem Gehäusevorsprung oberhalb des Kettenritzels
montiert.

Modell und Baujahr	125 Bialbero 1950–1951
Motor – Bauart	Einzylinder – Viertakt
Hubraum (cm³) – Bohrung × Hub (mm)	123,5 – 53 × 56
Verdichtungsverhältnis	9,5:1
Zylinderkopf	Leichtmetall
Zylinder	Leichtmetall
Ventile – Anordnung	geneigt, hängend
Ventile – Steuerung	2 obenliegende Nockenwellen
Zündung	Magnetzünder
Vergaser	Dell'Orto SS 25 A
Schmierung	je eine Saug- und Druck-Zahnradpumpe
Kupplung	Ölbadlamellenkupplung
Getriebe – Bauart	angeblockt, 4 Gänge
Kraftübertragung	primär: Stirnräder, sekundär: Kette
Rahmen	Rohr; geschlossene Doppelschleife
Radstand (mm)	1250
Radaufhängung vorn	Parallelogrammgabel
Radaufhängung hinten	Schwinge, Teleelemente, mech. Dämpfer
Räder	Stahlspeichen 1.75 × 21"
Bereifung	vorn + hinten 2.00–21"
Bremsen	seitl. Trommel, vorn 180 mm; hinten 150 mm
Mittlerer Verbrauch (l/100 km)	N.N.
Inhalt Kraftstofftank (l)	15
Inhalt Ölbehälter (l)	2,2

Die letzte Ausführung der 125 Bialbero (Exemplar von 1959) mit Batteriezündung, leicht gekrümmtem oberen Teil des Räderkastens und neuer Lage der Ölpumpe.

Das 1959er Rennmodell. Der geschlossene Doppelschleifenrahmen besteht aus zwei verschraubten Bauteilen; der Ölbehälter befindet sich vor dem Benzintank.

Noch einmal das 1959er Aggregat von der Kupplungsseite her, mit neuem seitlichen Deckel und Zündverteiler. Man erkennt die elastische Aufhängung der Schwimmerkammer.

Die 125 Bialbero mit der letzten Ausführung der Teilverkleidung, die nach dem Verbot der glockenförmigen Vollverkleidung vom Ende 1957 montiert wurde.

500 4-Zylinder Kardan – 1950–1953

Es war ein sehr seltener, wenn nicht gar einmaliger Vorgang, als MV auf der Mailänder Mustermesse 1950 ihre 500er Vierzylinder-Rennmaschine – noch vor deren erstem Start bei einem Rennen – öffentlich zur Schau stellte. Und es war der Auftakt zu einem aufsehenerregenden Einstieg des Werkes in die großen Hubraumklassen, der von der festen Absicht zeugte, sich voll ins Zeug zu legen und an die Spitze zu gelangen. Die innerhalb weniger Monate von einem kleinen Team unter Leitung des Ingegnere Pietro Remor erstellte Konstruktion enthielt einige für Rennmaschinen unübliche

Lösungen wie etwa den Kardanantrieb oder die Drehstabfederung vorn und hinten. Sie debütierte einige Zeit später beim GP von Belgien, wo sie nach langwierigem Lkw-Transport gerade noch rechtzeitig zum offiziellen Training eintraf. Mit Arciso Artesiani im Sattel endete sie auf Platz vier hinter den bewährten Gilera und AJS, und das obwohl die ganze Rennvorbereitung in nur

einem kurzen Prüfstandslauf in Cascina Costa bestanden hatte. Die Maschine erwies sich vom Fleck weg als außerordentlich schnell, litt jedoch unter Mängeln im Fahrverhalten, weshalb man sie im Jahr darauf auf traditionelle Federelemente umstellen mußte. Schließlich wurde sie 1952 sogar mit Kettenantrieb als neu überarbeitete Version eingesetzt. Das Kardanmodell wurde dann

aber noch einigemal – auch mit einer Earles-Gabel – als Backup-Maschine für die Ketten-500er verwendet.

> *Leistung bei 9000/min:* 50 PS (37 kW)
> *Gewicht trocken:* 118 kg
> *Höchstgeschwindigkeit:* 190 km/h

Die 500 »Quattro Cilindri«, vorn und hinten mit Drehstabfederung, als äußerst elegantes Ausstellungsstück auf der Mailänder Mustermesse 1950, lackiert in Silbermetallic mit »flammendem« Blau.

Modell und Baujahr	500 Quattro Cilindri Albero 1950–1951
Motor – Bauart	Vierzylinder – Viertakt
Hubraum (cm³) – Bohrung × Hub (mm)	494,4 – 54 × 54
Verdichtungsverhältnis	9,5:1
Zylinderkopf	Leichtmetall
Zylinder	Leichtmetall
Ventile – Anordnung	geneigt, hängend
Ventile – Steuerung	2 obenliegende Nockenwellen
Zündung	Magnetzünder
Vergaser	Dell'Orto SS 28 DS / SS 28 DD
Schmierung	Ölsumpf
Kupplung	Einscheiben/trocken; zwischen Getriebe und Kardanwelle
Getriebe – Bauart	angeblockt, 4 Gänge
Kraftübertragung	primär: Kegelräder, sekundär: homokin. Gelenkwelle
Rahmen	Rohr + Stahlblech; geschlossene Doppelschleife
Radstand (mm)	1520
Radaufhängung vorn	Parallelogrammgabel, Drehstäbe
Radaufhängung hinten	Doppelschwinge, Drehstäbe, mech. Dämpfer
Räder	Stahlspeichen, 2.75 × 20″
Bereifung	vorn 3.00–20″, hinten 3.25–20″
Bremsen	zentrale Trommeln, vorn 230 mm; hinten 220 mm
Mittlerer Verbrauch (l/100 km)	N.N.
Inhalt Kraftstofftank (l)	18
Inhalt Ölbehälter (l)	2,8

1951 wurde vorn eine Telegabel montiert, doch die hintere Drehstabfederung behielt man einstweilen bei.

Das Aggregat mit dem Kardanwellentrieb wurde über zwei Vergaser versorgt. Die Kupplung lag am Getriebeausgang.

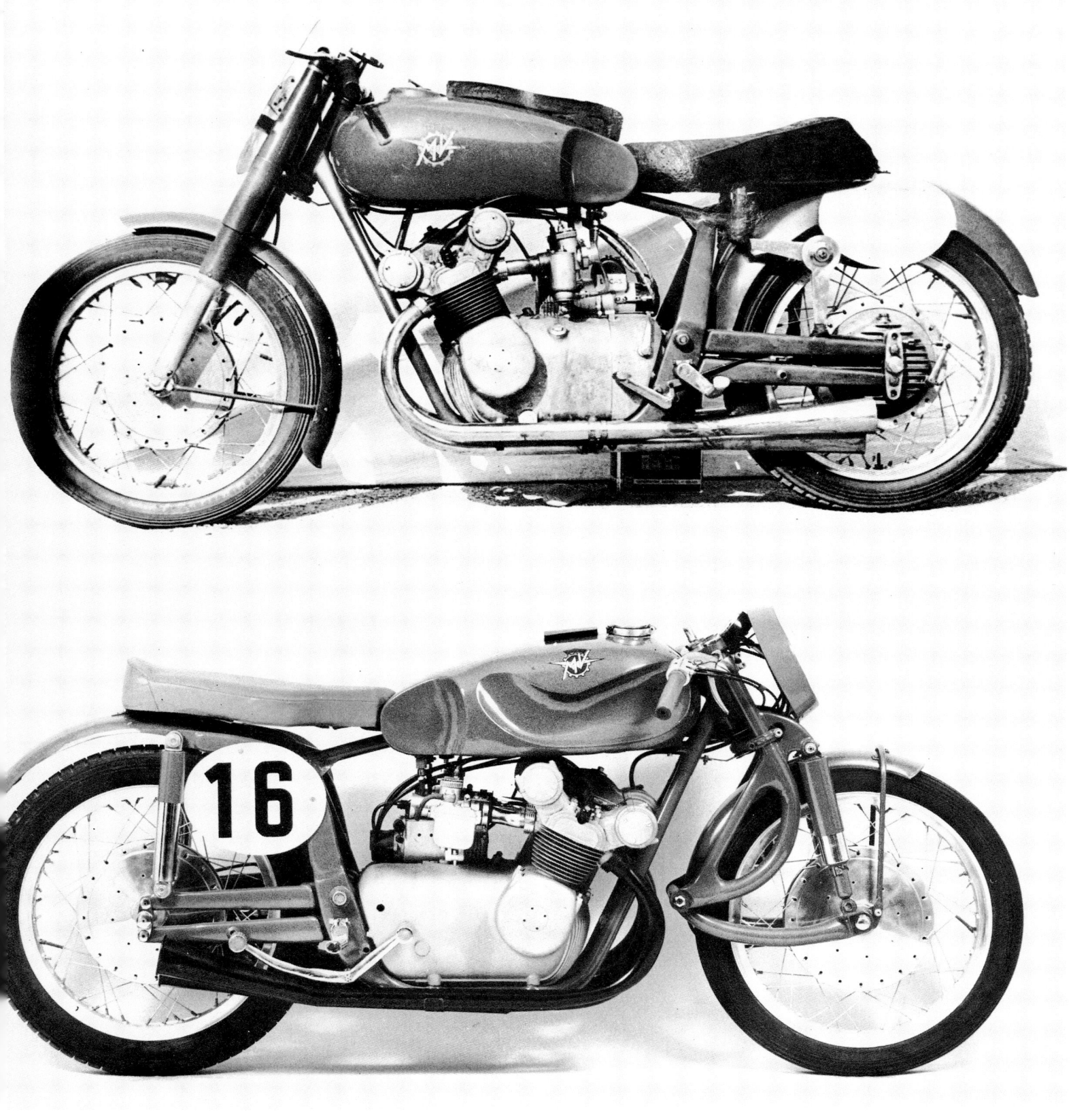

Noch einmal die im
Frühjahr 1951 fertig-
gestellte Ausführung.
Im Verlauf der Saison
entfielen auch hinten
die Drehstäbe, und
statt zweien montierte
man vier Vergaser.

Die Vierzylinder-
Kardan wurde auch
1953 noch eingesetzt,
und zwar mit Dreh-
stäben hinten und
Earles-Gabel vorn.
Man erkennt eine be-
scheidene Verklei-
dung der Startnum-
mernplatte vorn am
Gabelkopf.

213

500 4-Zylinder-Kette – 1952–1966

Leistung
bei 10 500/min:
56 PS (41 kW)
Gewicht trocken:
140 kg
Höchst-
geschwindigkeit:
230 km/h

Die 1950 entstandene 500er Vierzylinder wurde für die Rennsaison 1952 grundlegend verändert; zu den wichtigsten Punkten zählten der Ersatz der Kardanwelle durch einen normalen Kettentrieb und der Einbau eines Fünfganggetriebes. Damit war die langlebigste Rennmaschine der MV geboren; denn sie blieb – wennschon mit laufender Aktualisierung, besonders des Fahrwerks – volle fünfzehn Jahre lang im Dienst, erzielte dabei zahllose hervorragende Resultate und verhalf vielen der großen Rennfahrer zu Titel und Ruhm. Schon die Geheimhaltung in der Rennabteilung

macht es praktisch unmöglich, alle in dieser Zeitspanne erfolgten Änderungen aufzuzählen und zu illustrieren. Deshalb kann hier nur an die bedeutendsten Meilensteine erinnert werden: die Earles-Gabel, die Graham 1952 einführte; der zerlegbare Rahmen, später abgeändert in eine für den leichteren Aggregatausbau demontierbare unterer Brücke; die Hinterradschwinge mit ex-

zentrischer Lagerung; die unzähligen Versuche mit Teil- und Vollverkleidungen. Die Ketten-Vierzylinder lief ab 1961 auch mit der Aufschrift »Privat«, weil MV ihren offiziellen Rückzug aus dem Rennsport erklärt hatte. Ihre Karriere beendete die Quattro Cilindri schließlich 1966, als sie die Stafette an eine nicht minder erfolgreich und berühmt gewordene MV weitergeben mußte:

die Dreizylinder, deren Name aufs engste mit den unvergessenen Erfolgen Giacomo Agostinis verbunden ist.

Modell und Baujahr	500 Quattro Cilindri Catena 1952–1953
Motor – Bauart	Vierzylinder – Viertakt
Hubraum (cm³) – Bohrung × Hub (mm)	497,5 – 53 × 56,4
Verdichtungsverhältnis	10:1
Zylinderkopf	Leichtmetall
Zylinder	Leichtmetall
Ventile – Anordnung	geneigt, hängend
Ventile – Steuerung	2 obenliegende Nockenwellen
Zündung	Lucas-Magnetzünder
Vergaser	4 Dell'Orto SS 28
Schmierung	Ölsumpf
Kupplung	Ölbadlamellenkupplung
Getriebe – Bauart	angeblockt, 5 Gänge
Kraftübertragung	primär: Zahnräder, sekundär: Kette
Rahmen	Rohr; geschlossene Doppelschleife
Radstand (mm)	1370
Radaufhängung vorn	Telegabel / Earles-Gabel
Radaufhängung hinten	Schwinge, Ölstoßdämpfer
Räder	Stahlspeichen, Leichtmetall, vorn 2.50 × 19"; hinten 3.00 × 18"
Bereifung	vorn 3.00–19"; hinten 3.50–18"
Bremsen	zentrale Trommeln
Mittlerer Verbrauch (l/100 km)	10
Inhalt Kraftstofftank (l)	24
Inhalt Ölbehälter (l)	3,3

Der Motor der Ketten-Vierzylinder 500 unterscheidet sich in der Gehäuseform wesentlich von seinem Vorgänger, da nun Kupplung und Getriebe mit ihren Wellen quer im Fahrzeug liegen. Unter den Vergasern erkennt man den Magnetzünder.

Erste Andeutungen einer Verkleidung 1952: eine beiderseits des Tanks auslaufende Kuppel in Höhe des Lenkkopfes.

1953 experimentierte man mit freiliegenden Federn an den hinteren Stoßdämpfern.

1953 war auch das Jahr der Earles-Gabel. Beachtlich auch der großzügig dimensionierte Rahmen.

Für die Tourist Trophy erhielt die Maschine einen zusätzlichen Öltank unter dem Sattel.

Im Foto oben links ist eine glockenförmige Vollverkleidung von 1957 zu sehen. Der Rahmen ist abgesenkt und kann zum Motorausbau oben demontiert werden. Rechts davon ein Exemplar von 1959/60, bei dem unten eine Rahmenbrücke abgenommen werden kann. Unten links eine neue Verkleidung aus dem Anfang der 60er und die Bezeichnung »Privat«. Die letzte Version von 1964/65 zeigt das Foto unten rechts.

Nebenstehend erkennt man Details der Schwinge aus Kastenprofil, die 1965 erprobt wurde. Die exzentrische Lagerung wurde zuerst 1960 verwendet.

125 Monoalbero (1-ohc) – 1953–1956

Um einer möglichst großen Anzahl sportbegeisterter Fahrer Gelegenheit zu geben, sich mit fairen Chancen an Rennen zu beteiligen, führte der italienische Motorradsportverband FMI 1953 Wettbewerbe für Sportmaschinen ein, die unmittelbar von Serienprodukten abgeleitet und im freien Handel sein mußten. Damit wollte man die ungleiche Behandlung ausschließen, die die Werke zwischen den hochspezialisierten Fahrzeugen für ihre eigenen Piloten und den Maschinen machten, die sie Privatfahrern anboten. Die Formel Sport, die beachtlichen Anklang fand, wurde jedoch nach

und nach ausgedehnt, bis sie auch Fahrzeuge umfaßte, die meilenweit von der laufenden Serie von Alltagsmaschinen entfernt waren und sich in Technik, Fahrleistungen und leider auch Preis immer mehr den echten Werksmaschinen anglichen – genau das, was man hatte verhindern wollen. In der 125er Klasse entwickelte und verkaufte MV ein Motorrad, das praktisch mit denen

identisch war, die das Werk bei Läufen zu Welt- und nationalen Meisterschaften einsetzte, außer daß es, wie zunächst vom Reglement gefordert, nur eine statt zwei Nockenwellen besaß. Für diejenigen Rennen (wie z. B. Motogiro d'Italia), für die es unumgänglich war, erhielt die 125er auch Schwungradgenerator (links), Beleuchtung, Kickstarter und Nummerntafel. Sie blieb bis

1956 in Produktion und erntete eine Menge Erfolge, auch nachher noch in den Händen privater Besitzer.

Leistung bei 10 300/min:
16 PS (12 kW)
Gewicht trocken:
75 kg
Höchst-geschwindigkeit:
150 km/h

217

Modell und Baujahr	125 Monoalbero 1953–1956
Motor – Bauart	Einzylinder – Viertakt
Hubraum (cm³) – Bohrung × Hub (mm)	123,5 – 53 × 56
Verdichtungsverhältnis	9,2:1
Zylinderkopf	Leichtmetall
Zylinder	Leichtmetall
Ventile – Anordnung	geneigt, hängend
Ventile – Steuerung	obenliegende Nockenwelle
Zündung	Magnetzünder
Vergaser	Dell'Orto SS 27 A
Schmierung	je eine Saug- und Druck-Zahnradpumpe
Kupplung	Ölbadlamellenkupplung
Getriebe – Bauart	angeblockt, 4 Gänge
Kraftübertragung	primär: Stirnräder, sekundär: Kette
Rahmen	Rohr; geschlossene Doppelschleife
Radstand (mm)	1250
Radaufhängung vorn	Telegabel, zentraler Ölstoßdämpfer
Radaufhängung hinten	Schwinge, Ölstoßdämpfer
Räder	Leichtmetall, Speichen, vorn 1.75 × 19"; hinten 2.25 × 19"
Bereifung	vorn 2.00–19"; hinten 2.50–19"
Bremsen	zentrale Trommel, vorn 180 mm; hinten 150 mm
Mittlerer Verbrauch (l/100 km)	N.N.
Inhalt Kraftstofftank (l)	14
Inhalt Ölbehälter (l)	2,2

Vorige Seite und oben: Die 125 Monoalbero, ausgerüstet für Rundstreckenrennen.

Der Einnockenwellenmotor war direkt vom 2-ohc-Werksrenner abgeleitet. Die Ölpumpe ist gut zu erkennen.

Eine 125 Monoalbero in der typischen Ausstattung für Rennen der Formel Sport mit Nummernschild, Mittelständer, Starter und Lichtanlage mit einem kleinen Schwungradgenerator. Hier die Version vom Motogiro 1954.

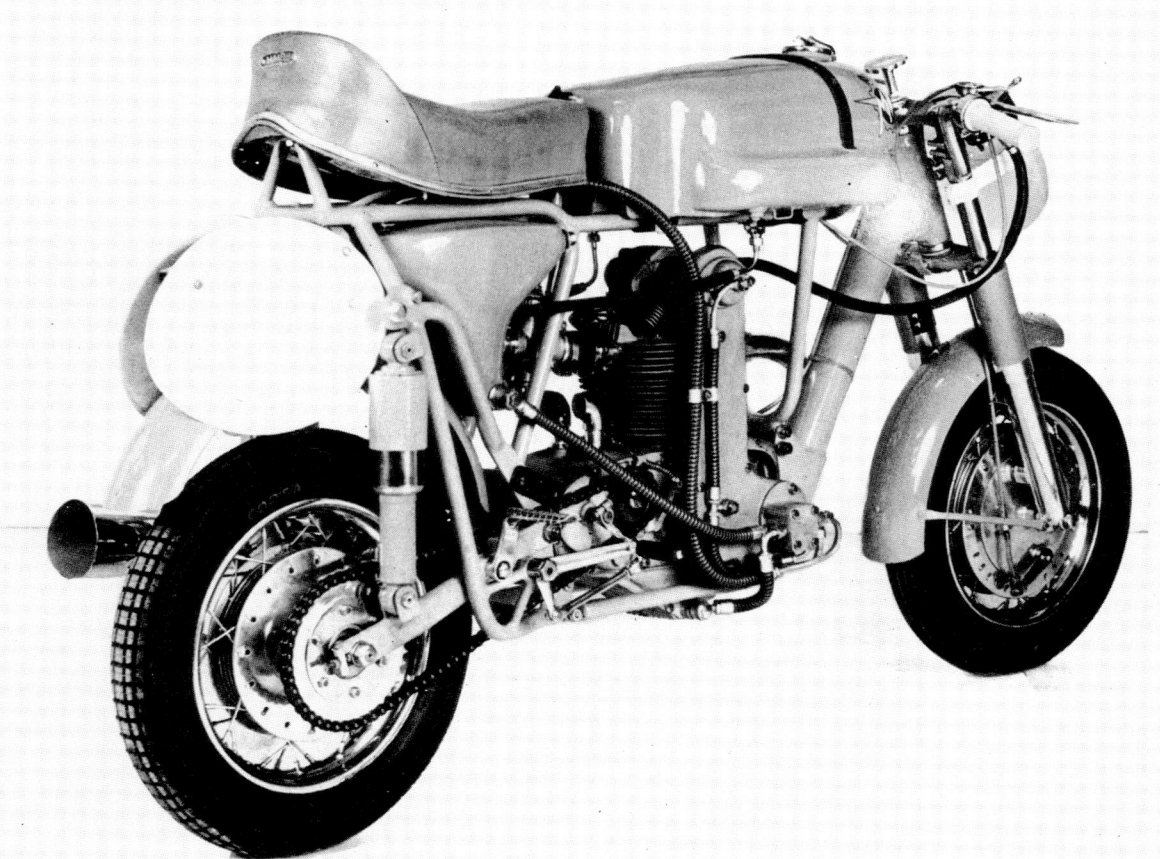

Renn-Scooter mit dem Motor der 125 Monoalbero – es gab sogar eine 2-ohc-Version davon. Ein Spalt von wenigen Zentimetern zwischen Lenkkopf und Tank reichte aus, um dem Buchstaben des Reglements Genüge zu tun.

350 Vierzylinder – 1953–1965

*Leistung
bei 11 000/min:
42 PS (31 kW)
Gewicht trocken:
145 kg
Höchst-
geschwindigkeit:
210 km/h*

Die 350er Vierzylinder entstand ein wenig im Verborgenen. 1953 setzte man sie vor allem dann ein, wenn man den Fahrern bessere Gewöhnungsmöglichkeit auf solchen Kursen – etwa der TT – geben wollte, wo die Zahl der Trainingsrunden nicht ausreicht. Später aber spielte sie eine außerordentlich wichtige Rolle für das sportliche Image des Hauses, besonders im Ausland, wo die 350er Klasse damals hoch im Kurs stand. Das erste Exemplar startete bei der TT, und sein Motor war ein 500er mit kleiner gebohrten Zylindern. Erst als zweiten Schritt konstruierte man auf der schon be-

währten Grundlage einen neuen Motor. Bereits in seiner ersten Version aber benahm sich die 350er trotz des hohen Gewichts ausgezeichnet und gewann sogar den GP von Deutschland; danach ließ man sie – nach dem Tod von Ray Amm – eine Zeitlang links liegen, bis sie mit John Surtees wieder in den Vordergrund trat, der ihr als erster zu Weltmeisterehren verhalf. Von nun

an gehörte sie zur festen Ausstattung der Werksteams bei allen wichtigen Wettbewerben und profitierte von allen Verbesserungen, die am Fahrwerk, an der Verkleidung und natürlich am Motor der 500er durchgeführt wurden. Ihre Vorherrschaft begann 1962 durch das Auftauchen der Japaner zu schwinden; von nun an trat sie immer seltener in Erscheinung, bis sie 1965 der

leichteren, kompakteren und wendigeren Dreizylinder weichen mußte.

Modell und Baujahr	350 Quattro Cilindri 1953–1955
Motor – Bauart	Vierzylinder – Viertakt
Hubraum (cm³) – Bohrung × Hub (mm)	349,3 – 47,5 × 49,3
Verdichtungsverhältnis	10,4:1
Zylinderkopf	Leichtmetall
Zylinder	Leichtmetall
Ventile – Anordnung	geneigt, hängend
Ventile – Steuerung	2 obenliegende Nockenwellen
Zündung	Lucas-Magnetzünder
Vergaser	4 Dell'Orto SSI 28 A
Schmierung	Ölsumpf
Kupplung	Ölbadlamellenkupplung
Getriebe – Bauart	angeblockt, 5 Gänge
Kraftübertragung	primär: Stirnräder, sekundär: Kette
Rahmen	Rohr; geschlossene Doppelschleife
Radstand (mm)	1400
Radaufhängung vorn	Telegabel
Radaufhängung hinten	Schwinge, Ölstoßdämpfer
Räder	Leichtmetall, Speichen, vorn 2.75 × 19″; hinten 3.25 × 19″
Bereifung	vorn 3.00–19″; hinten 3.50–19″
Bremsen	zentrale 240-mm-Trommeln, vorn 2, hinten 1 Nocken
Mittlerer Verbrauch (l/100 km)	8,5
Inhalt Kraftstofftank (l)	24
Inhalt Ölbehälter (l)	3,3

Das Aggregat der 350er Vierzylinder, im Aufbau identisch mit dem 500er Motor, von dem es 1953 abgeleitet wurde.

Die 350, vorbereitet für den GP der Nationen 1953. Interessant ist ein Vergleich dieser Earles-Gabel mit der aus der gleichen Zeit stammenden Gabel der 500er.

Die 350 Vierzylinder vom Beginn der 60er Jahre mit Teilverkleidung und einem Rahmen mit demontierbarer unterer Brücke. Dieses im MV-Museum stehende Exemplar trägt die Aufschrift »Privat«.

175 Bialbero (2-ohc) – 1955–1958

Die Kategorie der »seriennahen« Sportmaschinen wandelte sich allmählich zur »Formel 2« um, an der nur »Junior-Fahrer« teilnehmen durften und für die die technischen Vorschriften so locker waren, daß selbst die MV 500 Vierzylinder noch hineinpaßte. Königin in dieser Rennformel, die natürlich auf die jungen Fahrer abzielte, war aber die Klasse bis 175 cm³, in der sich die berühmtesten Marken jener Tage gegenüberstanden: Morini, Mondial und natürlich MV. Für diese Rennen, in denen die Werke mittlerweile ganz offiziell auftraten, ließ MV das 1-ohc-Modell »Disco Volante«

links liegen und setzte eine neue 175er 2-ohc ein, deren Hubraum man durch Vergrößern der Bohrung des 125er Motors von 53 auf 63 mm erhielt. Dieses Aggregat baute man in einen geschlossenen Doppelschleifenrahmen ein. Die Maschine erfüllte die Erwartungen vollauf und erntete eine Reihe von Erfolgen, deren größter der Gesamtsieg beim 1957er Motogiro war (das

war die letzte Ausgabe dieses beliebten Straßenrennens). Da inzwischen die 175er Klasse auch in die italienische Seniorenmeisterschaft aufgenommen worden war, baute man den neuen 2-ohc-Motor nun in GP-Versionen ein, und zwar mit Vollverkleidung und ohne die Beschränkungen (Lufttrichter-∅ etc.) des Formel-2-Reglements. Auch diese Variante erwies sich als äußerst

einträglich und wertvoll; so errang Masetti damit z. B. die italienische Meisterschaft 1955. In der Junioren-Version blieb das Modell bis 1958 im Programm.

Leistung bei 11 500/min: 25 PS (18 kW) Gewicht trocken: 90 kg Höchstgeschwindigkeit: 160 km/h

---

Modell und Baujahr	175 Bialbero (2-ohc) 1955–1958
Motor – Bauart	Einzylinder – Viertakt
Hubraum (cm³) – Bohrung × Hub (mm)	174,5 – 63 × 56
Verdichtungsverhältnis	9,5:1
Zylinderkopf	Leichtmetall
Zylinder	Leichtmetall
Ventile – Anordnung	geneigt, hängend
Ventile – Steuerung	2 obenliegende Nockenwellen
Zündung	Spulenzündung
Vergaser	Dell'Orto SS 25 A
Schmierung	je eine Saug- und Druck-Zahnradpumpe
Kupplung	Ölbadlamellenkupplung
Getriebe – Bauart	angeblockt, 5 Gänge
Kraftübertragung	primär: Stirnräder, sekundär: Kette
Rahmen	Rohr; geschlossene Doppelschleife
Radstand (mm)	1235
Radaufhängung vorn	Telegabel
Radaufhängung hinten	Schwinge, Ölstoßdämpfer
Räder	Leichtmetall, Speichen, 2.25 × 19"
Bereifung	2.50–19" bzw. 2.75–19"
Bremsen	zentrale Trommeln, vorn 180/200 mm; hinten 150 mm
Mittlerer Verbrauch (l/100 km)	N.N.
Inhalt Kraftstofftank (l)	18
Inhalt Ölbehälter (l)	3,3

Eine der letzten Ausgaben des 175er 2-ohc-Motors, auch er mit gekrümmtem Räderkastenoberteil und Batteriezündung.

Die 175 Bialbero entstand speziell für die Formel-2-Rennen, die aus der Formel Sport hervorgegangen waren. Dieses Exemplar gewann mit Remo Venturi den Motogiro d'Italia 1957. Das Fahrwerk entspricht dem der 250 GP.

Interessant ist auch die Vorbereitung einer Maschine für ein Langstreckenrennen: Polster auf dem Tank, eine Packtasche auf dem Nummernschildträger, Ersatz-Ventilfedern am Rahmenrohr, ein Ölbehälter vor dem Sattel.

203–250 Monocilindrica –

Der Einstieg der MV in die 250er Klasse datiert von 1955, als zum Shell-Goldcup auf dem Autodrom von Imola eine von der 175er Bialbero (2-ohc) abgeleitete Maschine mit gerade 203 cm³ erschien. Der weit unter dem Limit liegende Hubraum wurde durch niedriges Gewicht und große Handlichkeit gegenüber den mit echten 250ern modernster Konzeption fahrenden Gegnern wettgemacht, so daß die neue MV sogleich zur Spitze vorstoßen konnte: Schon im ersten Jahr sicherte sie sich die Markenweltmeisterschaft durch Siege bei der TT, in den Niederlanden und in Monza. Natürlich wollte man der Konkurrenz trotz der auf Anhieb so guten Ergebnisse nicht den Vorteil von über vierzig Kubikzentimetern lassen, und so brachte man nach und nach den Motor auf den vollen Viertelliter Hubraum: Anfang 1956 erreichte man 220 und zu den WM-Läufen 249 cm³. Auch in dieser Version erntete die Monocilindrica (Einzylinder), die entweder mit glockenförmiger Frontverkleidung oder der »Torpedo« Front- und Heckverkleidung eingesetzt wurde, zahlreiche Erfolge, die in den WM-Titeln 1956 und 1958 gipfelten. Ohne Karosserie und mit einer dem Reglement entsprechenden Ausstattung nahm sie auch an der italienischen Juniorenmeisterschaft teil. Daneben wurde ihr Motor für die Erprobung der Einspritzung verwendet. Das Auftreten immer schärferer Rivalen führte jedoch dazu, neue und radikalere Lösungen einzusetzen, und so ging man 1959 zu einem Zweizylinder über.

Leistung bei 9800/min:
29 PS (21 kW)
Gewicht trocken:
96 kg
Höchstgeschwindigkeit:
200 km/h

Modell und Baujahr	250 Monocilindrica 1956–1958
Motor – Bauart	Einzylinder – Viertakt
Hubraum (cm³) – Bohrung × Hub (mm)	248,2 – 72,6 × 60
Verdichtungsverhältnis	10:1
Zylinderkopf	Leichtmetall
Zylinder	Leichtmetall
Ventile – Anordnung	geneigt, hängend
Ventile – Steuerung	2 obenliegende Nockenwellen
Zündung	Spulenzündung
Vergaser	Dell'Orto SS 25 A
Schmierung	je eine Saug- und Druck-Zahnradpumpe
Kupplung	Ölbadlamellenkupplung
Getriebe – Bauart	angeblockt, 5 Gänge
Kraftübertragung	primär: Stirnräder, sekundär: Kette
Rahmen	Rohr; geschlossene Doppelschleife
Radstand (mm)	1230
Radaufhängung vorn	Telegabel
Radaufhängung hinten	Schwinge, Ölstoßdämpfer
Räder	Leichtmetall, Speichen, 2.25 × 19″
Bereifung	vorn 2.50–19″; hinten 2.75–19″
Bremsen	zentrale Trommeln, vorn 220 mm; hinten 180 mm
Mittlerer Verbrauch (l/100 km)	N.N.
Inhalt Kraftstofftank (l)	16
Inhalt Ölbehälter (l)	2,2

Der Einzylinder der Mittelklasse, zunächst mit 203, am Ende mit 250 cm³ Hubraum, entsprach genau dem inzwischen klassischen Schema des Hauses für die kleineren Hubvolumen.

Die 250 Monocilindrica mit glockenförmiger Verkleidung von 1957. Für Monza und andere schnelle Kurse wurde eine andere Karosserie mit Front- und Heckteil eingesetzt, wie wir sie bei der 125 Bialbero gesehen haben.

Die nach Abschaffung der Vollverkleidungen Ende 1957 montierte »kleine« Karosserie. Der Öltank saß vor der Sitzbank; das Rahmenheck war gegenüber dem der 125er abgeändert.

350 Zweizylinder – 1957

Der 1955 von Giannini entworfene 2-ohc-Zweizylinder (wir beschrieben ihn schon bei den Serienprodukten) diente als Basis für das zwei Jahre später erschienene Rennmodell, und auch dieses war wieder eigenwillig im Aufbau und in den technischen Lösungen. Der 350er Motor behielt die um 45° geneigten Zylinder und den fächerförmig verrippten Kopf, war aber auf Magnetzündung und Trockensumpfschmierung mit zwei Zahnradpumpen umgestellt worden. Außerdem hatte man das Getriebe auf fünf Gänge abgeändert. Eine Besonderheit war dagegen der Rahmen: eine Fachwerkstruktur aus lauter dünnen Rohren, die das Triebwerk teilweise umschloß. Sie war aus dem Flugzeugbau hergeleitet; Gitterrohrrahmen wurden damals häufig verwendet, z. B. für die Rahmen der Formel-1-Wagen, wo sie hohe Biege- und Verwindungssteifigkeit mit sehr niedrigem Gewicht vereinten. Die Gabel wurde nach dem Earles-Prinzip gebaut, ebenfalls als Fachwerk aus dünnen Rohren. Die Maschine wurde lange Zeit von Versuchsfahrern wie auch beim Training zu verschiedenen Grand Prix getestet, überwiegend in den Händen von Ken Kavanagh, einem australischen Spitzenpiloten. Am Ende aber beschloß man, diese Zweizylinder zugunsten der bewährten Vierzylinder zurückzustellen, die zwar weniger handlich war, dafür aber doch mehr Leistung bot.

Leistung
bei 12 000/min:
47 PS (35 kW)
Gewicht trocken:
132 kg
Höchst-
geschwindigkeit:
N.N.

Modell und Baujahr	350 Due Cilindri 1957
Motor – Bauart	Zweizylinder – Viertakt
Hubraum (cm³) – Bohrung × Hub (mm)	348,8 – 62 × 57,8
Verdichtungsverhältnis	10,5:1
Zylinderkopf	Leichtmetall
Zylinder	Leichtmetall
Ventile – Anordnung	geneigt, hängend
Ventile – Steuerung	2 obenliegende Nockenwellen
Zündung	Magnetzünder
Vergaser	2 Dell'Orto SS 29 A
Schmierung	je eine Saug- und Druck-Zahnradpumpe
Kupplung	trockne Lamellenkupplung
Getriebe – Bauart	angeblockt, 5 Gänge
Kraftübertragung	primär: Stirnräder, sekundär: Kette
Rahmen	Gitterrohrrahmen
Radstand (mm)	1380
Radaufhängung vorn	modifizierte Earles-Gabel
Radaufhängung hinten	Schwinge, Ölstoßdämpfer
Räder	Leichtmetall, Speichen, vorn 2.75×19″; hinten 3.75×19″
Bereifung	vorn 3.00–19″; hinten 4.00–19″
Bremsen	zentr. Tr., vorn 2 Nocken 230 mm, hinten 1 Nocken 180 mm
Mittlerer Verbrauch (l/100 km)	N.N.
Inhalt Kraftstofftank (l)	24
Inhalt Ölbehälter (l)	3,3

Der vom 300er Tourenmodell derselben Periode inspirierte 350er Zweizylinder. Der Steuerungsantrieb lag zwischen den Zylindern. Typisch der fächerförmig verrippte Zylinderkopf.

Rahmen und Gabel – diese nach dem Earles-Prinzip – waren als Fachwerk ausgeführt. Gut zu erkennen die hochgelegte Heckpartie, die progressiven Federn der Telegabel und das sehr große hintere Kettenrad.

Einzigartig waren die kleinen, außenliegenden Schwungräder zu beiden Seiten des Motors. Der Öltank lag unter der Sitzbank. Ungewöhnlich war damals noch die Bauart der vorderen Trommelbremse mit zwei Nocken und vier Backen.

250 Bicilindrica – 1959–1966

Der erste 250er Zweizylindermotor wurde in Cascina Costa 1955 gebaut: durch Aneinandersetzen zweier 125er. Doch der Versuch brachte nicht die erwarteten Resultate, und das Projekt wurde zunächst eingestellt. Erst im Winter 1958/59 kam man wieder auf einen zweizylindrigen Viertellitermotor, weil dem Einzylinder allmählich die Konkurrenz zu sehr im Nacken saß. Diesmal aber wurde ein komplett neues Aggregat aufgelegt, das mit seinen Vorgängern nichts mehr gemeinhatte. Zwar weiterhin langhubig, standen die Zylinder hier um 10° nach vorn geneigt, und der Motor hatte

Naßsumpfschmierung und Spulenzündung sowie natürlich zwei obenliegende Nockenwellen. Dieses neue Triebwerk lieferte auf Anhieb etwa 5 PS (3,7 kW) mehr als das frühere, so daß die Maschine trotz der inzwischen dem neuen Reglement entsprechend verkleinerten Verkleidung auf 220 km/h kam. Die »Bicilindrica« errang die WM-Titel 1959 und 1960 und wäre sicherlich imstande

gewesen, für einige Zeit dem Ansturm der Japaner zu widerstehen, die gerade in diesen Jahren ihren massiven Angriff begannen. Doch der Beschluß des Conte Domenico, von 1961 an offiziell den Rennsport aufzugeben, und die anschließende Entscheidung, sich nur auf die großen Hubraumklassen zu konzentrieren, ließ diese Maschine bis auf sporadische Auftritte praktisch von den Rennstrecken verschwinden. Ihr letzter siegreicher Auftritt war in Alicante 1966 mit Agostini im Sattel.

*Leistung
bei 12 000/min:
36 PS (26 kW)
Gewicht trocken:
109 kg
Höchst-
geschwindigkeit:
220 km/h*

Modell und Baujahr	250 Bicilindrica 1959–1966
Motor – Bauart	Zweizylinder – Viertakt
Hubraum (cm³) – Bohrung × Hub (mm)	247 – 53 × 56
Verdichtungsverhältnis	10,8:1
Zylinderkopf	Leichtmetall
Zylinder	Leichtmetall
Ventile – Anordnung	geneigt, hängend
Ventile – Steuerung	2 obenliegende Nockenwellen
Zündung	Spulen-Doppelzündung
Vergaser	2 Dell'Orto SS 31 A
Schmierung	Ölsumpf
Kupplung	Ölbadlamellenkupplung
Getriebe – Bauart	angeblockt, 7 Gänge
Kraftübertragung	primär: Stirnräder, sekundär: Kette
Rahmen	Rohr; geschlossene Doppelschleife
Radstand (mm)	1310
Radaufhängung vorn	Telegabel
Radaufhängung hinten	Schwinge, Ölstoßdämpfer
Räder	Leichtmetall, Speichen, 2.50 × 18″
Bereifung	2.75 – 18″
Bremsen	zentrale 210-mm-Trommeln, vorn 2, hinten 1 Nocken
Mittlerer Verbrauch (l/100 km)	N.N.
Inhalt Kraftstofftank (l)	15
Inhalt Ölbehälter (l)	2,2

Eine auffallende Neuerung an den MV-Rennmotoren der kleineren Klassen war die Ölwanne unter dem Gehäuse. Die Zylinder waren um 10° geneigt. Man beachte die großdimensionierte Zündanlage für zwei Kerzen je Zylinder.

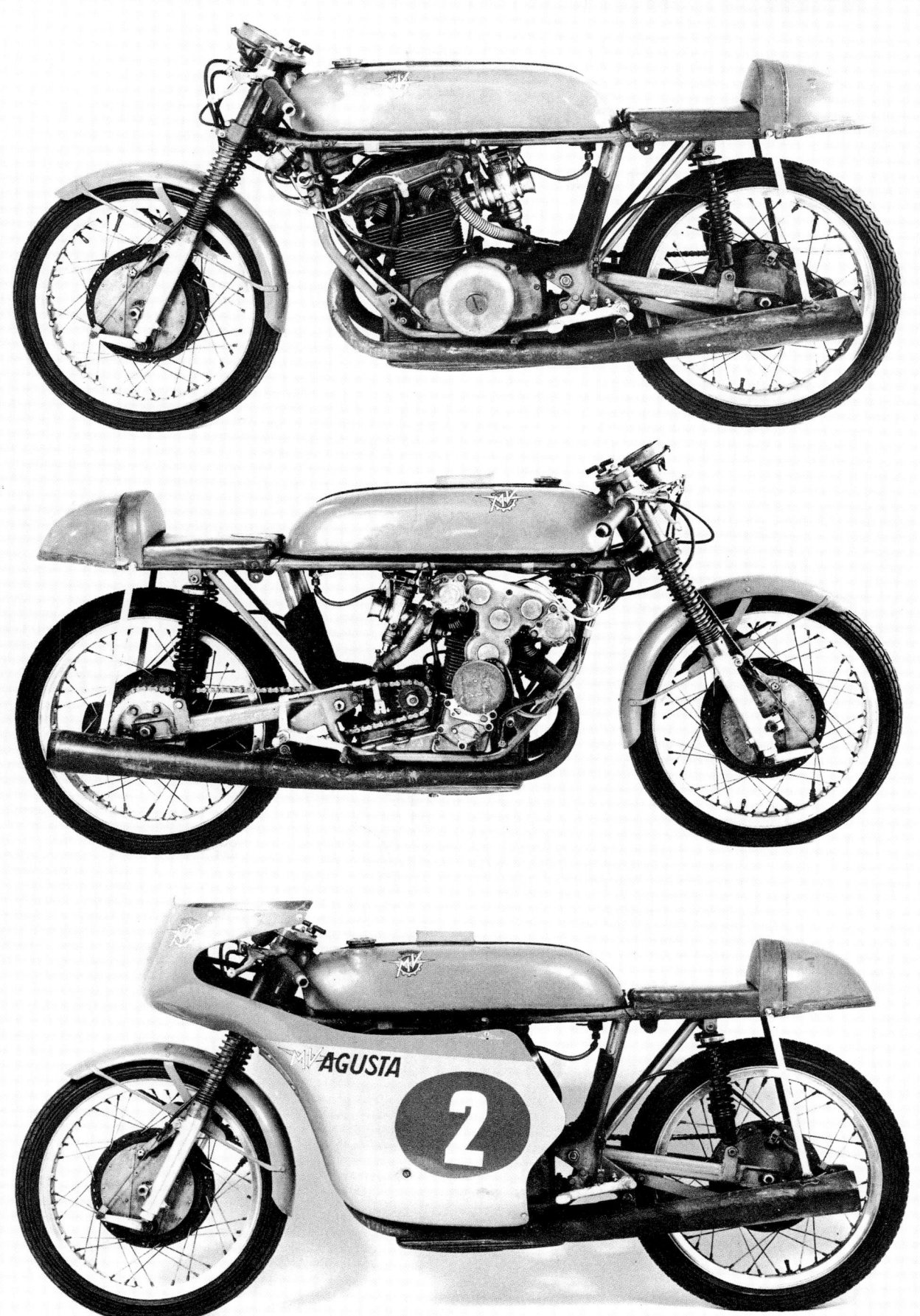

Der Rahmen entsprach mit seinen am Lenkkopf breit gegabelt angesetzten Rohren weiterhin dem sog. »Federbett«-Schema, und die ungewöhnliche Rohrführung der Doppelschleife folgte besser der Kontur des Antriebsaggregats.

Die 250 Bicilindrica (Zweizylinder) hatte eine Teleskopgabel mit »geschobener« Radachse und eine Hinterradschwinge aus Kastenprofil, Details, die auch heute noch häufig angewandt werden. Die Vorderradbremse hatte zwei Nocken und vier Backen.

Vorgeschriebene Verkleidung an der 250 Zweizylinder. Damals bestanden die Karosserien aus Alu- oder gar Elektronblech und waren handgemacht. Die Maschine erschien im typischen Rot-Silber.

500 Sechszylinder – 1957–1958

Beim Training zum GP der Nationen 1957 im Autodrom von Monza erschien eine neue MV 500 mit Sechszylindermotor. In jenem Jahr wurde die technische Seite der Szene von Gileras Vierzylinder und von Guzzis Achtzylinder – die größte je in einem Motorrad gesehene Zylinderzahl – beherrscht. Es bot sich an, dieser Spur zu folgen, um dadurch die Drehfähigkeit zu erhöhen und die Leistung weiter zu steigern. Der Aufbau des 6-Zylinders entsprach im Prinzip dem des Vorgängers, des »Quattro« aus Cascina Costa. Die Zylinder waren nebeneinander quer im Rahmen und um 10° nach vorn

geneigt angeordnet; das Antriebszahnrad des Primärtriebs saß auf einer Schulter der Kurbelwelle; es gab sechs Gänge und Magnetzündung. Technisch interessant waren die hartverchromten Zylinderlaufbahnen. Auch der Rahmen folgte dem Muster desjenigen der zur gleichen Zeit gebauten Vierzylindermaschine, mit doppelter Dreiecksstruktur am Heck und zum leichteren Motorausbau zerlegbarem unteren Teil der Schleife. Die

Sechszylinder erschien von nun an beim Training zu verschiedenen Rennen und nahm mit Hartle im Sattel am GP in Monza 1958 teil. Das Fehlen gleichwertiger Gegner aufgrund der vereinbarten Abstinenz von Guzzi, Gilera und Mondial machte die weitere Entwicklung der neuen Sechszylinder leider überflüssig, und

so verschwand sie in der Versenkung, noch ehe sie hatte zeigen können, was in ihr steckte.

Leistung bei 15 000/min:
75 PS (55 kW)
Gewicht trocken:
145 kg
Höchstgeschwindigkeit:
240 km/h

Die erste MV mit sechs Zylindern tauchte 1957 auf, eine furchterregende Maschine, die aber durch das Fehlen starker Konkurrenten praktisch nutzlos wurde, und die deshalb verschwand, bevor sie ihr ganzes Potential unter Beweis stellen konnte.

Die Sechszylinder hatte ein hinteres Fachwerk aus Rohren und – wie die gleichzeitig eingesetzte Vierzylinder – eine Doppelschleife, deren Unterteil man zur Aggregatmontage öffnen konnte. Die vordere Bremstrommel besaß vier Nocken.

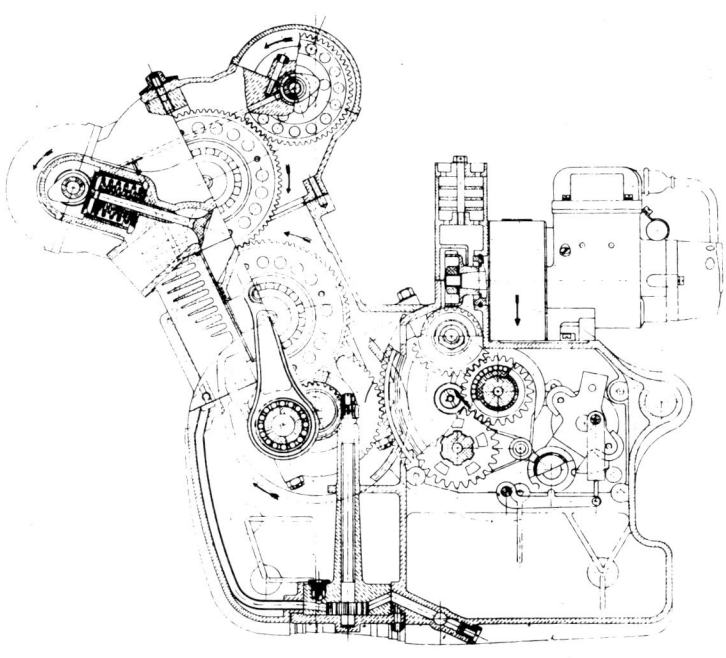

Die Bauweise des Sechszylinders wiederholte praktisch die der früher konzipierten »Quattro«. Man erkennt den vom Getrieberadsatz angetriebenen Magnetzünder.

Modell und Baujahr	Sei Cilindri 500 1957–1958
Motor – Bauart	Sechszylinder – Viertakt
Hubraum (cm³) – Bohrung × Hub (mm)	499,2 – 48 × 46
Verdichtungsverhältnis	10,8:1
Zylinderkopf	Leichtmetall
Zylinder	Leichtmetall
Ventile – Anordnung	geneigt, hängend
Ventile – Steuerung	2 obenliegende Nockenwellen
Zündung	Magnetzünder
Vergaser	6 Dell'Orto SSI 26 A
Schmierung	Ölsumpf
Kupplung	Ölbadlamellenkupplung
Getriebe – Bauart	angeblockt, 6 Gänge
Kraftübertragung	primär: Stirnräder, sekundär: Kette
Rahmen	Rohr; geschlossene Doppelschleife
Radstand (mm)	1350
Radaufhängung vorn	Telegabel
Radaufhängung hinten	Schwinge, Ölstoßdämpfer
Räder	Leichtmetall, Speichen, vorn 2.75 × 18″; hinten 3.25 × 18″
Bereifung	vorn 3.00–18″; hinten 3.50/5.20–18″
Bremsen	zentr. Tr., vorn 4 Nocken 260 mm, hinten 2 Nocken 190 mm
Mittlerer Verbrauch (l/100 km)	N.N.
Inhalt Kraftstofftank (l)	22
Inhalt Ölbehälter (l)	3,3

125 Disco – 1965

Gegen Mitte der 60er Jahre begann der Zweitaktmotor den ewigen Rivalen Viertakter in seiner Dominanz zu bedrohen. Neue technische Erkenntnisse und vor allem bahnbrechende Technologien der letzten Jahre hatten das Leistungsdefizit gegenüber den Viertaktmotoren schrumpfen lassen und versprachen die Situation binnen kurzer Zeit umzukehren. Und so beeilte sich 1965 auch die MV – immer empfänglich für fortschrittliche Lösungen – eine neue leichte 125er Rennmaschine zu erstellen. Ihr Zweitaktmotor enthielt schon alle jene Merkmale, die erst zehn Jahre später die Spitzenmaschinen in der ach so ausgereizten Szene des internationalen Motorradsports auszeichnen sollten: hartverchromte Zylinderlaufbahnen und ringlose Kolben; Einlaßsteuerung durch rotierenden Schieber; getrennte Pumpenschmierung; Flüssigkeitskühlung. Des weiteren gab es am Fahrwerk mit seinem Doppelschleifenrahmen und den hydraulisch gedämpften Federungen am Vorderrad eine Scheibenbremse, trotz ihrer mechanischen Betätigung bereits ein großer Schritt vorwärts. Die Maschine erschien erstmals beim Training zum Rennen in Cesenatico im Frühjahr 1965 und wurde danach sporadisch bei anderen Gelegenheiten gesichtet, ohne je in einem Rennen zu starten. Es war logisch, daß man eine gewisse Reifezeit brauchte; doch nach vielerlei Versuchen tat man die Maschine beiseite, wohl auch, weil sie den Conte Agusta nie ganz hatte überzeugen können.

Leistung bei 12 000/min: 21 PS (15 kW) *Gewicht trocken:* 69 kg *Höchstgeschwindigkeit:* N.N.

Modell und Baujahr	125 Due Tempi (Zweitakt) 1965
Motor – Bauart	Einzylinder – Zweitakt
Hubraum (cm³) – Bohrung × Hub (mm)	124,5 – 54,2 × 54
Verdichtungsverhältnis	14:1
Zylinderkopf	Leichtmetall
Zylinder	Leichtmetall
Ventile – Anordnung	–
Ventile – Steuerung	–
Zündung	Spulenzündung
Vergaser	Dell'Orto SSI 29 D, Drehschiebersteuerung
Schmierung	separat mit Kolbenpumpe
Kupplung	Ölbadlamellenkupplung
Getriebe – Bauart	angeblockt, 7 Gänge
Kraftübertragung	primär: Stirnräder, sekundär: Kette
Rahmen	Rohr; geschlossene Doppelschleife
Radstand (mm)	1275
Radaufhängung vorn	Telegabel
Radaufhängung hinten	Schwinge, Ölstoßdämpfer
Räder	Leichtmetall, Speichen, 2.25 × 18″
Bereifung	vorn 2.50–18″; hinten 2.75–18″
Bremsen	vorn mech. Scheibenbr. 230 mm; hinten zentr. Trommeln 150 mm
Mittlerer Verbrauch (l/100 km)	N.N.
Inhalt Kraftstofftank (l)	16
Inhalt Ölbehälter (l)	1,7

Das hochmoderne Zweitakttriebwerk, erstellt 1965, ohne so recht zu überzeugen. Der Drehschieber ist an der rechten Seite, die Ölpumpe wird vom Wasserkühler halb verdeckt.

Der Doppelschleifenrahmen war sehr einfach und zweckmäßig gebaut. Man beachte die seilzugbetätigte vordere Scheibenbremse.

Der Zylinderkopf war luft-, der Zylinder wassergekühlt. Gut zu erkennen sind Lamellenkupplung und Zündanlage.

350 Dreizylinder – 1965–1973

Leistung
bei 13 500/min:
62,5 PS (46 kW)
Gewicht trocken:
116 kg
Höchst-
geschwindigkeit:
240 km/h

Die Dreizylinder 350 erschien 1965, als die »Quattros«, vor allem die 350er, begannen, unter der Last der Jahre zu leiden. Die Dreizylinder war völlig neu, ihre Zylinderzahl besonders für Viertaktmotoren ungewöhnlich. Doch schon nach kurzer Zeit sollte sie – zusammen mit ihrer 500er Schwester – zu einem der berühmtesten Rennmotorräder aller Zeiten werden, untrennbar mit Giacomo Agostini und seinen Siegen und Titeln verbunden. Sie debütierte 1965 in Imola und ging zum letzten Mal 1973 an den Start; zwischen diesen beiden Daten liegen die Jahre höchsten Ruhms

und größter Beliebtheit der Marke MV – und der Beginn ihres Untergangs. Die Dreizylinder lieferte gegenüber der Vierzylinder zuerst einige PS weniger, war jedoch flinker, kleiner und handlicher als diese und erwies sich deshalb sogleich als konkurrenzfähig. In den ersten Saisons freilich hinderte eine regelrechte Pechsträhne sie daran, mit den japanischen Rivalen aufzuräu-

men, die in großer Zahl und Stärke in die internationale Szene eingegriffen hatten. Doch kaum hatte die Maschine ihre volle Reife erreicht, brachte sie von 1968–71 nacheinander vier WM-Titel nach Hause. Die Feinabstimmung lief ständig und unter größter Verschwiegenheit weiter, weshalb es heute praktisch unmöglich ist, alle Phasen genau zu verfolgen, zumal häufig

Falschmeldungen zur Täuschung der Konkurrenz verbreitet wurden. Auf jeden Fall sind die von uns hier genannten Daten das Ergebnis langer, mühsamer Recherchen und dürfen als offiziell betrachtet werden.

Modell und Baujahr	350 Tre Cilindri 1965–1966
Motor – Bauart	Dreizylinder – Viertakt
Hubraum (cm³) – Bohrung × Hub (mm)	343,9 – 52 × 54
Verdichtungsverhältnis	11 : 1
Zylinderkopf	Leichtmetall
Zylinder	Leichtmetall
Ventile – Anordnung	geneigt, hängend
Ventile – Steuerung	2 obenliegende Nockenwellen
Zündung	Spulenzündung
Vergaser	3 Dell'Orto SS 28 B
Schmierung	Ölsumpf
Kupplung	trockne Lamellenkupplung
Getriebe – Bauart	angeblockt, 7 Gänge
Kraftübertragung	primär: Stirnräder, sekundär: Kette
Rahmen	Rohr; geschlossene, demontierbare Doppelschleife
Radstand (mm)	1310
Radaufhängung vorn	Telegabel
Radaufhängung hinten	Schwinge, Ölstoßdämpfer
Räder	Leichtmetall, Speichen, 2.75 × 18″
Bereifung	vorn 3.00–18″; hinten 3.25–18″
Bremsen	Trommel, vorn 4 Nocken 240 mm, hinten 2 Nocken 230 mm
Mittlerer Verbrauch (l/100 km)	N.N.
Inhalt Kraftstofftank (l)	16
Inhalt Ölbehälter (l)	3,3

Die Dreizylinder-MV von 1965 in der 350er Version, gewiß eine der berühmtesten Rennmaschinen unserer Zeit. Die Details des Motors findet man auf Fotos im Teil 1 dieses Buches.

Das große Foto unten zeigt die 350 Dreizylinder (»Tre«) in ihrer ersten Ausführung mit Trommelbremsen. Rechts eine Version ohne Verkleidung mit doppelter, hydraulischer Scheibenbremse vorn, die es ab 1973 gab. Die gleiche Änderung erhielt damals auch die 500er. Die Tankform dieser Maschine unterscheidet sich von denen der früheren Exemplare.

500 Dreizylinder – 1966–1974

Das dreizylindrige Schema wurde 1966 ebenfalls auf den Halblitermotor angewandt, um den Hondas, die auch in dieser Klasse sehr gefährlich geworden waren, Paroli bieten zu können. Das erste Exemplar entstand gewissermaßen auf dem Schlachtfeld, denn man vergrößerte während des Trainings zum GP der Niederlande die Bohrung der 350er auf 55 mm und erhielt damit 377 cm³. Anschließend wuchs der Hubraum zuerst auf 420 und schließlich auf das Klassenlimit, genauer gesagt auf 497,9 cm³. Auch die 500er »Tre« war aufs engste verknüpft – mehr noch vielleicht

als die 350er – mit den goldenen Jahren der MV und Agostinis, der mit ihr schon 1966 seinem Ex-Kompagnon Mike Hailwood den Titel abnahm und damit seine erste Weltmeisterschaft gewann. Seine Siegesserie währte dann ununterbrochen bis 1973, mit einer Ausbeute an Erfolgen, die einmalig in den Annalen des Motorradsports geblieben ist. Für das Halblitermodell galt

das gleiche wie für die Dreizylinder-350er: Ihre Evolution fand unter strengster Geheimhaltung statt, hier und da durch absichtlich ungenaue »Indiskretionen« gewürzt, vor allem was Hub und Bohrung, Zahl der Ventile und Getriebeübersetzungen betraf. Inzwischen konnten viele Schleier gelüftet werden, doch über die Jahre sind auch zahlreiche Spuren verwischt, weshalb sich

die Geschichte der 500er und ihrer Änderungen auch nicht weiter rekonstruieren ließ, als wir es unseren Lesern auf diesen Seiten vorlegen.

*Leistung
bei 12 000/min:*
78 PS (57 kW)
Gewicht trocken:
118 kg
Höchstgeschwindigkeit:
260 km/h

Modell und Baujahr	500 Tre Cilindri 1967–1972
Motor – Bauart	Dreizylinder – Viertakt
Hubraum (cm³) – Bohrung × Hub (mm)	497,9 – 62 × 55
Verdichtungsverhältnis	11 : 1
Zylinderkopf	Leichtmetall
Zylinder	Leichtmetall
Ventile – Anordnung	geneigt, hängend
Ventile – Steuerung	2 obenliegende Nockenwellen
Zündung	Spulenzündung
Vergaser	3 Dell'Orto MASSI 27 A
Schmierung	Ölsumpf
Kupplung	trockne Lamellenkupplung
Getriebe – Bauart	angeblockt, 7 Gänge
Kraftübertragung	primär: Stirnräder, sekundär: Kette
Rahmen	Rohr; geschlossene, demontierbare Doppelschleife
Radstand (mm)	1310
Radaufhängung vorn	Telegabel
Radaufhängung hinten	Schwinge, Ölstoßdämpfer
Räder	Leichtmetall, Speichen, 2.75 × 18″
Bereifung	vorn 3.00–18″; hinten 3.25–18″
Bremsen	Trommel, vorn 4 Nocken 240 mm, hinten 2 Nocken 230 mm
Mittlerer Verbrauch (l/100 km)	N.N.
Inhalt Kraftstofftank (l)	18
Inhalt Ölbehälter (l)	3,3

Das Dreizylinder-Halblitertriebwerk war praktisch identisch mit dem der 350er. Auch dieser Motor erscheint in weiteren Fotos im Text des Teils 1 dieses Buches.

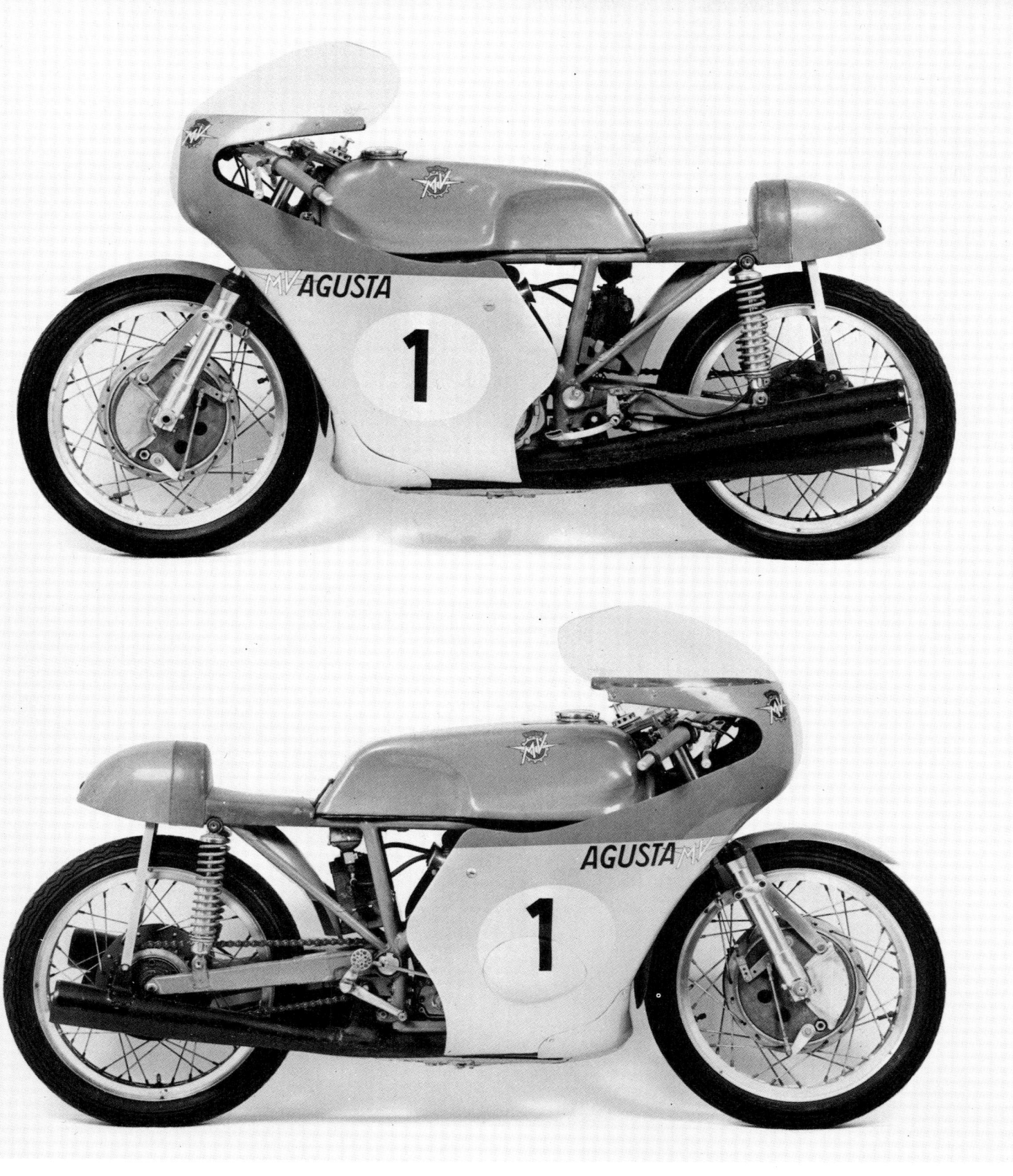

Die 500 »Tre« in der Version mit Trommelbremse; die vordere mit vier Nocken stammte von MV oder von Ceriani. Auch die Gabel und die Hinterradfederung waren Ceriani-Bauteile.

Das Fahrwerk der 500er entsprach genau dem der 350er; hinsichtlich der Rahmenstruktur verweisen wir auf das Foto Seite 235 oben. Beide Modelle wurden in den typischen Farben rot und silber lackiert.

350 Sechszylinder – 1969

Eines der geheimnisvollsten MV-Rennmodelle war zweifellos die Sechszylinder 350, die 1969 fertiggestellt wurde und die man bei verschiedenen GP-Trainingsläufen verdeckt einsetzte. Fotos gibt es kaum; nur wenige heimlich geschossene sind noch vorhanden, und vermutlich sind die Bilder auf diesen Seiten die einzigen, die die unverkleidete Maschine zeigen. Das Aggregat mit den fast vertikalen (um kaum 10° nach vorn geneigten) Zylindern nimmt die Bauweise der Vierzylinder vorweg, die später für die letzten Erfolge der MV sorgten. Die Ventile wurden natürlich von zwei obenliegenden Nockenwellen betätigt, deren Stirnradantrieb zwischen den mittleren Zylindern lag, und auch hier war eine Schulter der Kurbelwelle zum Primärzahnrad umfunktioniert. Die Maschine brauchte eine lange Erprobungszeit, und ihre Feinabstimmung erwies sich, wie nicht anders zu erwarten war, als äußerst schwierig. So mußte man die futuristische elektronische zugunsten der bewährten Spulenzündung zurückstellen. Die Ergebnisse wären – nach einer gewissen Anlaufzeit – sicher nicht schlecht gewesen (schon von Anfang an leistete der Motor z. B. über 70 PS/52 kW); doch schon nach kurzer Zeit kamen die Beschränkungen im Reglement für internationale Motorradrennen heraus, nach denen Motoren der Klasse 350–500 cm³ nicht über vier Zylinder haben durften, gerade weil man zu komplexe, anfällige Triebwerke vermeiden wollte. Daher stellte MV die weitere Entwicklung der »Sei« ein.

Leistung bei 16 000/min: 72 PS (53 kW)
Gewicht trocken: 125 kg
Höchstgeschwindigkeit: 250 km/h

Die mächtige und doch schlank wirkende 350 Sechszylinder. Der geschlossene Schleifenrahmen war im unteren Teil demontierbar.

Im Foto erkennt man die sechsteilige Vergaserbatterie, den dicken Schlauch zur Gehäuseentlüftung und die trockne Lamellenkupplung. Der Zündverteiler liegt rechts vor dem Gehäuse (vgl. Foto Seite 238).

Der Nockenwellenantrieb liegt in Motormitte. Man beachte den engen Ventilwinkel und den vorn oben unter dem Tank montierten Ölkühler.

Modell und Baujahr	350 Sei Cilindri 1969
Motor – Bauart	Sechszylinder – Viertakt
Hubraum (cm³) – Bohrung × Hub (mm)	348,8 – 43,3 × 39,5
Verdichtungsverhältnis	11 : 1
Zylinderkopf	Leichtmetall
Zylinder	Leichtmetall
Ventile – Anordnung	geneigt, hängend
Ventile – Steuerung	2 obenliegende Nockenwellen
Zündung	Spulenzündung
Vergaser	6 Dell'Orto SS 19
Schmierung	Ölsumpf
Kupplung	trockne Lamellenkupplung
Getriebe – Bauart	angeblockt, 7 Gänge
Kraftübertragung	primär: Stirnräder, sekundär: Kette
Rahmen	Rohr; geschlossene, demontierbare Doppelschleife
Radstand (mm)	1360
Radaufhängung vorn	Telegabel
Radaufhängung hinten	Schwinge, Ölstoßdämpfer
Räder	Leichtmetall, Speichen, 2.75 ×18″
Bereifung	vorn 3.00–18″; hinten 3.25–18″
Bremsen	Trommel, vorn 4 Nocken 240 mm, hinten 2 Nocken 230 mm
Mittlerer Verbrauch (l/100 km)	N.N.
Inhalt Kraftstofftank (l)	18
Inhalt Ölbehälter (l)	3,3

350 Vierzylinder – 1971–1976

Anfang der 70er Jahre war der Vorsprung der MV in den beiden großen Klassen noch genügend deutlich, doch der Himmel begann sich leicht zu bewölken, und zwar im Osten, wo die Japaner dem Zweitaktmotor Leistungen abgewannen, die man noch vor wenigen Jahren für unmöglich gehalten hatte. Auch die Handlichkeit der Dreizylindermodelle ließ Wünsche offen, zumal die neuen japanischen Boliden noch leichter und wendiger geworden waren. Daher blieb nichts übrig als die Leistung unter Anhebung der Drehzahlen weiter zu erhöhen – und das hieß: mehr Zylinder. Die neue

»Quattro« debütierte beim GP der Nationen im Herbst 1971 und erforderte eine so lange Reifezeit, daß man sie die ganze folgende Saison über nur im Wechsel mit der alten Dreizylinder einsetzen konnte. Dennoch reichte es ihr für den 350er WM-Titel 1972, und auch 1973 ermöglichte sie Agostini, sich diesen Titel zu sichern. Inzwischen war jedoch die Überlegenheit der Zweitakter zu

stark geworden. Hinzu kam, daß sich im Hause MV erste Zeichen einer Unsicherheit abzeichneten – Vorboten einer späteren, vollständigen Aufgabe des Rennsports –, weshalb man keine langfristigen Projekte mehr in Angriff nehmen konnte. So versuchte man, die 350er Vierzylinder nach Kräften zu verbessern, z. B. durch eine elektronische Zündung und durch viel Arbeit am Rah-

men und der Federung. Nach dem überraschenden Weggang Agostinis wurde sie 1974 und 1975 beiseitegestellt, um 1976 noch einmal zu erscheinen und sich zwei Siege in Assen und Mugello zu holen – und dann für immer zu verschwinden.

Die neue, 1973 fertiggestellte 350 Vierzylinder. Diese Ausführung mit Leichtmetall-Gußrädern ist die letzte, die in einem Rennen zu sehen war.

Modell und Baujahr	350 Quattro Cilindri 1971–1976
Motor – Bauart	Vierzylinder – Viertakt
Hubraum (cm³) – Bohrung × Hub (mm)	349,8 – 53 × 38,2
Verdichtungsverhältnis	12,2:1
Zylinderkopf	Leichtmetall
Zylinder	Leichtmetall
Ventile – Anordnung	geneigt, hängend
Ventile – Steuerung	2 obenliegende Nockenwellen
Zündung	elektronische Zündung
Vergaser	4 Dell'Orto SS 28 A
Schmierung	Ölsumpf
Kupplung	trockne Lamellenkupplung
Getriebe – Bauart	angeblockt, 6 Gänge
Kraftübertragung	primär: Stirnräder, sekundär: Kette
Rahmen	Rohr; geschlossene, demontierbare Doppelschleife
Radstand (mm)	1320
Radaufhängung vorn	Telegabel
Radaufhängung hinten	Schwinge, Ölstoßdämpfer
Räder	Leichtmetall-Speichen- oder Gußrad, 18"
Bereifung	vorn 3.25/3.50–18"; hinten 3.25/3.50–18"
Bremsen	vorn 2 Scheiben 250 mm; hinten 1 Scheibe 230 mm
Mittlerer Verbrauch (l/100 km)	N.N.
Inhalt Kraftstofftank (l)	18
Inhalt Ölbehälter (l)	3,3

Der Vierzylindermotor von 1971 hatte einiges gemein mit dem Sechszylinder. Er besaß anfangs Spulen-, später elektronische Zündung. Wie man an den Schrauben unter dem Lenkkopf sieht, war der untere Teil der Rahmenschleife abnehmbar.

500 Vierzylinder – 1973–1976

In der 500er Klasse erwies sich der Dreizylinder noch die ganze Saison 1972 hindurch – wenngleich mit etwas Angst – als ausreichend stark. Doch für 1973 mußte man nun auch in dieser Klasse auf vier Zylinder umstellen. In gewohnter Weise begann man mit einem kleineren Hubraum von 433 cm³ (56 × 44 mm), um erst dann bis ans Limit zu gehen. Es handelt sich wahrscheinlich um das MV-Rennmodell, an dem am häufigsten herumoperiert wurde: Unter dem Erfolgsdruck wurden Fahrwerk und Motor laufend geändert, und letzterer kam, wie aus den technischen Daten ersichtlich, sogar mit zwei verschiedenen Hub/Bohrungs-Verhältnissen heraus. Daneben probierte man es hinten auch mit einer »Monocross«-Federung, zu der aber zwei seitliche Ölstoßdämpfer installiert wurden. Bei den Bremsen wechselte man von vorderen Trommeln zu Scheiben über und landete am Ende bei drei Scheibenbremsen und Gußrädern vorn und hinten. Auf jeden Fall gelang es 1973 mit der neuen Vierzylinder 500, die Marken- und Fahrerweltmeisterschaft (Read) zu gewinnen. Im Jahr darauf konnte sich Read noch einmal mit dem Titel schmücken. 1975 verlief glücklos für die Marke MV, und 1976 entwickelte sich trotz der Rückkehr Agostinis mit Marlboro als finanzkräftigem Sponsor von Anfang an negativ. Der Nürburgring im August markierte den letzten MV-Sieg in einem WM-Lauf und auch den letzten mit einer MV 500. Danach fiel endgültig der Vorhang für die ruhmvollste Motorradmarke aller Zeiten.

Leistung bei 14000/min: 98 PS (72 kW) Gewicht trocken: 120 kg Höchstgeschwindigkeit: 285 km/h

241

Modell und Baujahr	500 Quattro Cilindri 1974–1976
Motor – Bauart	Vierzylinder – Viertakt
Hubraum (cm³) – Bohrung × Hub (mm)	498,6 (499,5) – 58 × 47 (57 × 49)
Verdichtungsverhältnis	11,2:1
Zylinderkopf	Leichtmetall
Zylinder	Leichtmetall
Ventile – Anordnung	geneigt, hängend
Ventile – Steuerung	2 obenliegende Nockenwellen
Zündung	Magnetzünder
Vergaser	4 Dell'Orto E 154–32
Schmierung	Ölsumpf
Kupplung	trockne Lamellenkupplung
Getriebe – Bauart	angeblockt, 6 Gänge
Kraftübertragung	primär: Stirnräder, sekundär: Kette
Rahmen	Rohr; geschlossene, demontierbare Doppelschleife
Radstand (mm)	1360
Radaufhängung vorn	Telegabel
Radaufhängung hinten	Schwinge, Ölstoßdämpfer
Räder	Leichtmetall-Gußrad, 18″
Bereifung	vorn 3.25/3.50–18″; hinten 4.00/4.50/4.75–18″
Bremsen	vorn 2 Scheiben 250 mm; hinten 1 Scheibe 230 mm
Mittlerer Verbrauch (l/100 km)	N.N.
Inhalt Kraftstofftank (l)	18
Inhalt Ölbehälter (l)	3,3

Oben und vorige Seite: Die 500 Vierzylinder von 1973 mit traditioneller Rahmenbauweise. Der Motor unterscheidet sich vom 350er im wesentlichen durch die vorn-unten liegende Magnetzündung.

1974 erstellte MV einen neuen Rahmen mit Tragrohren, die vom Lenkkopf bis zur Hinterradschwinge und um den Zylinderkopf herumgeführt wurden, sowie Gußrädern und einer Bremsanlage mit drei hydraulisch betätigten Scheiben. Auch die Lagerung der Schwinge wurde geändert.

An diesem Exemplar, ebenfalls von 1974, erkennt man den Öltank vor dem Lenker sowie eine neue, anatomisch verbesserte Tankform. Die senkrechten Rahmenrohre sind etwas anders abgewinkelt.

Im Jahre 1975 wurde mit einem Rahmen experimentiert, dessen herkömmliche Federbeine am Hinterrad sehr schräg angestellt und im oberen Befestigungspunkt verstellbar waren. Vorn an der Verkleidung erkennt man den Kühlgrill für den Ölkühler.

1975 erprobte MV auch einen Rahmen mit Monocross-Federung, die sogar in Rennen eingesetzt wurde. Außer der Gitterform des Rahmens ist einer der beiden kleinen Ölstoßdämpfer am Hinterrad erkennbar.

Oben links: Als Forderung des Sponsors Marlboro erschien 1976 die MV 500 eine Zeitlang in weiß-roter Lackierung, an der das ruhmreiche Markenzeichen des Herstellers angesichts der großen Werbeaufschrift kaum mehr auffiel.

Oben und links: Die letzte Version der MV 500, ebenfalls aus dem Jahr 1976, mit ihrem nochmals modifizierten Rahmen: Die schräg nach hinten führenden Rohre sind entfallen; man ist zu einer eher herkömmlichen Doppelschleife mit (für leichteren Motorausbau) demontierbarem vorderen-unteren Teil, zurückgekehrt. Auch der Tank wurde wieder geändert, und die Megaphon-Auspuffrohre sind so hoch gezogen wie möglich. Das Hinterrad erhielt einen (profillosen) Slick, während man vorn beim bewährten Profilreifen blieb. Mit dieser letzten Ausgabe der 500 verabschiedete sich MV für immer von der Welt des Rennsports.

245

NAMENSREGISTER

ANMERKUNG: Die Herstellernamen bzw. Marken von Motorrädern, Autos und Komponenten sowie die Namen anderer Industriefirmen, Verbände usw. sind durch Halbfettschrift hervorgehoben. Nicht im Verzeichnis enthalten sind aus Platzgründen die Namen der Rennstrecken, Veranstaltungen und Ausstellungsorte.